高等院校应用型人才培养“十四五”规划旅游管理类系列教材

# 酒店法规与法律实务（第二版）

主　编◎徐松华
副主编◎宁宜汉　吴丽慧　鲁婉婷　梁　珊

Jiudian Fagui yu Falü Shiwu（Di-er Ban）

華中科技大學出版社
http://press.hust.edu.cn
中国·武汉

## 内容简介

本书是一本全面、系统地介绍酒店经营与管理法律法规的专业教材，其针对应用型本科教育的专业定位及酒店行业的最新发展情况，合理选取教材内容，主要阐述了酒店设立、酒店管理和酒店经营过程中的有关法律法规内容。既注重法律条文的严谨性，又突出了法律条文在酒店行业中的具体应用。本书共计10章，主要包括酒店法导述、酒店同客人的权利与义务、酒店设立、酒店服务合同、酒店劳动管理、酒店星级评定、酒店安全管理、酒店竞争及价格管理、酒店行业管理规范和酒店侵权责任及赔偿制度等内容。

本书内容完备、体例新颖、应用性强，既可作为应用型本科院校酒店管理、餐饮管理等专业的教学用书，也可作为酒店职业培训、酒店行业管理的参考用书或酒店从业人员的培训教材和参考书。

**图书在版编目(CIP)数据**

酒店法规与法律实务/徐松华主编. —2版. —武汉：华中科技大学出版社，2023.1(2024.9重印)
ISBN 978-7-5680-9069-8

Ⅰ. ①酒… Ⅱ. ①徐… Ⅲ. ①饭店-商业经营-法规-中国-高等学校-教材 Ⅳ. ①D922.294

中国国家版本馆CIP数据核字(2023)第004336号

**酒店法规与法律实务(第二版)** 徐松华 主编
Jiudian Fagui yu Falü Shiwu(Di-er Ban)

策划编辑：李 欢
责任编辑：刘 烨
封面设计：原色设计
责任校对：谢 源
责任监印：周治超
出版发行：华中科技大学出版社(中国·武汉) 电话：(027)81321913
武汉市东湖新技术开发区华工科技园 邮编：430223
录 排：华中科技大学惠友文印中心
印 刷：武汉开心印印刷有限公司
开 本：787mm×1092mm 1/16
印 张：15.5
字 数：368千字
版 次：2024年9月第2版第3次印刷
定 价：49.90元

本书若有印装质量问题，请向出版社营销中心调换
全国免费服务热线：400-6679-118 竭诚为您服务

# 出版说明

## Introduction

党的十九届五中全会确立了到2035年建成文化强国的远景目标，明确提出发展文化事业和文化产业。"十四五"期间，我国将继续推进文旅融合，实施创新发展，不断推动文化和旅游发展迈上新台阶。国家于2019年和2021年先后颁布的《国家职业教育改革实施方案》《关于深化本科教育教学改革　全面提高人才培养质量的意见》《本科层次职业教育专业设置管理办法（试行）》，强调进一步推动高等教育应用型人才培养模式改革，对接产业需求，服务经济社会发展。

基于此，建设高水平的旅游管理专业应用型人才培养教材，将助力旅游高等教育结构优化，促进旅游专业应用型人才的能力培养与素质提升，进而为中国旅游业在"十四五"期间深化文旅融合、持续迈向高质量发展提供有力支撑。

华中科技大学出版社一向以服务高校教学、科研为己任，重视高品质专业教材出版。"十三五"期间，在教育部高等学校旅游管理类专业教学指导委员会和全国高校应用型本科旅游院校联盟的大力支持和指导下，在全国范围内特邀中组部国家"万人计划"教学名师、近百所应用型院校旅游管理专业学科带头人、一线骨干"双师双能型"教师，以及旅游业界精英等担任顾问和编者，组织编纂出版"高等院校应用型人才培养'十三五'规划旅游管理类系列教材"。该系列教材自出版发行以来，被全国近百所开设旅游管理类专业的院校选用，并多次再版。

为积极响应"十四五"期间我国文旅行业发展及旅游高等教育发展的新趋势，"高等院校应用型人才培养'十四五'规划旅游管理类系列教材"应运而生。本套教材依据文旅行业最新发展和学术研究最新进展，立足旅游管理应用型人才培养特征进行整体规划，对高水平的"十三五"规划教材进行修订、丰富、再版，同时开发出一批教学紧缺、业界急需的教材。本套教材在以下三个方面做出了创新：

一是紧扣旅游学科特色，创新教材编写理念。本套教材基于旅游高等教育发展新形势，结合新版旅游管理专业人才培养方案，遵循应用型人才培养的内在逻辑，在编写团队、编写内容与编写体例上充分彰显旅游管理应用型专业的学科优势，有利于全面提升旅游管理专业学生的实践能力与创新能力。

二是遵循理实并重原则，构建多元化知识结构。在产教融合思想的指导下，坚持以案例为引领，同步案例与知识链接贯穿全书，增设学习目标、实训项目、本章小结、关键概念、案例解析、实训操练和相关链接等个性化模块。

三是依托资源服务平台，打造新形态立体教材。华中科技大学出版社紧抓"互联网＋"时代教育需求，自主研发并上线的华中出版资源服务平台，可为本套教材作立体化教学配套服务，既为教师教学提供便捷，提供教学计划书、教学课件、习题库、案例库、参考答案、教学视频等系列配套教学资源，又为教学管理提供便捷，构建课程开发、习题管理、学生评论、班级管理等于一体的教学生态链，真正打造了线上线下、课内课外的新形态立体化互动教材。

本编委会力求通过出版一套兼具理论与实践、传承与创新、基础与前沿的精品教材，为我国加快实现旅游高等教育内涵式发展、建成世界旅游强国贡献一份力量，并诚挚邀请更多致力于中国旅游高等教育的专家学者加入我们！

华中科技大学出版社

2021 年 11 月

# 第二版前言

Preface

本书自2018年出版至今，已经过去四年多了，在此期间，国家于2020年5月28日颁布了《中华人民共和国民法典》，自2018年后组建了各级市场监督管理部门，改变了酒店业经营管理的法制环境。在此背景下，承蒙广大读者和同行的厚爱，在华中科技大学出版社的大力支持下，本书编写组根据四年来读者的反馈和教学实践积累，对一版教材进行了力所能及的修改。

本次教材的修订，全书章节均有调整，第九章"酒店行业管理规范"是本次调整的重点，增补了"旅游民宿基本要求与评价"等内容；对第三章"酒店设立"进行了修订和完善，针对第四章"酒店服务合同"和第十章"酒店侵权责任及赔偿制度"等涉及《中华人民共和国民法典》和《中华人民共和国旅游法》的内容补充了大量案例，更新了课后习题，新增了案例导入和同步案例的分析；在附录中增补了《中华人民共和国民法典》和《旅游民宿基本要求与评价》等新法法律和行业标准。

经过本次修订，该教材内容更丰富，体系更完备，案例更新颖，可读性更强。衷心感谢广大读者和各位同仁，是他们不断指正和建议，推动着本书的不断完善和进步。还要感谢华中科技大学出版社的编辑们，他们认真细致的工作作风给予作者很大的帮助，在此一并表示由衷的谢意。

编　者

2022年10月于武汉后官湖畔

# 第一版前言

Preface

酒店管理专业在2013年首次被教育部列入本科专业目录，为了帮助学生树立良好的酒店管理法律意识和思维，培养依法经营的未来酒店管理者，部分地方本科高校逐步开发了“酒店法规与法律实务”课程，并逐渐确立了专业基础课的课程地位。武汉商学院是首批申办酒店管理专业本科的高校，并率先在国内开设了该课程。多位教学一线教师通过近10年的教学实践和探索，编写了本书。

本书突出“以应用为导向”，倡导学以致用，加强能力培养，突出创新意识，力求使学生在分析问题和解决问题上提高能力。首先，本书内容新颖、实用，针对学生的特点及酒店行业的最新发展情况，对酒店法规与法律进行了全面和系统的介绍；其次，本书紧密联系中国酒店经营的实践，选用了酒店行业的一些典型案例，既鲜活又紧密结合现实，具有很强的实用性；最后，本书附录中收录了相关的重要酒店法规与法律，使读者既了解条文，又不拘泥于条文，举一反三。

学习本书，有助于学习者树立酒店法律思维和法律意识，初步掌握基本的酒店法律法规知识，并且能够对酒店经营与管理过程中的法律现象、纠纷及事件进行分析和处理，以维护客人、员工和酒店各方的合法权益。因此，本书既可作为应用型本科院校酒店管理、餐饮管理等专业的教学用书，也可作为酒店职业培训、酒店行业管理的参考用书或酒店从业人员的培训教材和参考书。

本书是武汉商学院徐松华老师多年的教学实践和研究成果的积累，同时也得到了武汉商学院宁宜汉、鲁婉婷、梁珊老师和湖北第二师范学院吴丽慧老师的积极投入和支持。其中，武汉商学院的徐松华老师进行了教材编写的总体框架设计，并编写了第一、三、四、八章，并负责全书的统稿工作；宁宜汉老师编写了第七章和第十章；吴丽慧老师编写了第二章和第九章；鲁婉婷老师编写了第六章；梁珊老师编写了第五章。同时，在编写过程中查阅了大量的相关著作及资料，吸收并采纳了其中部分的观点和研究成果，谨向原作者及相关人士表示感谢。此外，由于作者水平有限，本书难免有疏漏和欠妥之处，恳请各位专家和读者批评指正！

编　者

2018年5月于武汉后官湖畔

# 目录

Contents

# 第一章

## 酒店法导述

### 学习目标

1. 了解并掌握酒店法的概念，了解国内外酒店立法情况。
2. 重点掌握酒店法律关系和酒店法的内容。
3. 能够结合现实的法律现象或法律事件，分析相关酒店法律关系。
4. 逐步重视酒店法的学习，初步树立酒店法律意识和思维。

### 案例导入

**顾客喝免费酒划破嘴　酒店要赔偿吗？**

2016年夏，某酒店承办了一个聚会。按照事先约定，酒店为主办方提供免费酒水。在聚会中，有一个顾客在喝啤酒时嘴被破了的瓶口划伤了。顾客到医院进行缝合和消毒一共花费了1000元，主办方要求酒店赔偿这笔费用。但是，酒店辩称，酒水是免费向他们提供的，顾客是被酒瓶口划伤的，酒店不应当赔偿。

**思考**：对于本案例，请谈谈你的看法。

**分析**：本案例是客人在酒店消费过程受到人身伤害而产生的法律纠纷。在该案例中，酒店和客人双方是该酒店法律关系的主体，而啤酒厂商不属于该酒店法律关系，因此，该酒店法律关系是酒店和客人之间的法律纠纷，酒店不应推卸责任。因为客人是在酒店消费过程中受到伤害的，酒店有在消费过程中保证客人人身财产安全的法律义务，这与酒店是否收取费用无关。酒店作为公共消费场所，有保证一切客人人身安全的义务，当然也包括访客。假若本案例中啤酒瓶质量不合格，酒店在赔偿客人后，可追加啤酒厂商应该承担的法律责任。

## 第一节　酒店法的形成及渊源

### 一、酒店法的形成

最早产生酒店法的是英国，至今已有几百年的历史，英国、美国、法国、比利时等国家的法律百科全书中，都有"旅馆法"这一条目。详细论述客人同旅馆、餐厅之间有关接待、服务、人身财产安全等方面的权利义务关系。英、美等普通法系的国家还有大量关于酒店法的判例和单行法规。我国香港地区也有关于酒店的单行法例，如香港的《旅馆业条例》和《酒店东主条例》。而大陆法系的德国则在其《民法典》的债务关系法编中明确了酒店对客人财产的责任。从各国立法上看，对酒店业的专门性的立法并不多，尤其在确认酒店和客人之间的权利义务关系的问题上，主要侧重于适用民法的规定。

第二次世界大战后，随着国际形势的相对稳定，世界经济得以恢复和发展，酒店业也蓬勃发展起来。酒店业的兴起与发展，产生了酒店业主与客人之间的关系，产生了酒店业主与其他相关部门之间的关系，从而逐步形成了调整这些关系和确定各当事方权利和义务的各种规范。而在国际上，随着各国酒店的涉外接待服务量的增长，在涉外接待服务过程中产生一系列的国际酒店法律纠纷。于是，一些有关酒店的国际公约、国际条约和国际协定被制定出来，并被越来越多的国家所承认及执行。1978 年国际私法统一协会拟订和通过的《关于旅馆合同的协定草案》，具体地规定了酒店经营者和客人之间的权利和义务。国际饭店协会也制定了《国际旅馆法》(中国旅馆协会于 1994 年加入国际饭店协会)，此法获得了国际酒店业的普遍承认。该法在宗旨中写明，"法规可作为各国有关饭店住宿契约立法的辅助性条款"。

从国际酒店立法情况看，酒店法发展到今天，已有一定的系统性和完整性，越来越受到各国立法的重视。一个新兴的法律部门产生了，它体现了国家意志，对构成酒店法律关系的当事人具有法律约束力，对保护和促进酒店业的发展起着重要的推动作用。

### 二、酒店法的概念

酒店法是调整酒店开设、管理和经营中各种法律关系的法律规范的总和。这些法律关系包括酒店与客人以及酒店与其他法律关系主体之间的相互权利义务关系，是酒店法的调整对象。因此，酒店法是一系列法律规范的总和，而不是单一的法律或法规。这些法律规范包括国家有关部门制定的有关酒店方面的法律、法规及各省、自治区、直辖市制定的有关酒店方面的地方性法规，此外，还包括我国参加和承认的国际有关公约或规章。

### 三、酒店法的调整对象

酒店法调整酒店活动中所产生的各种各样的社会关系，这些关系主要包括以下几类。

1. 酒店与客人之间的关系

这是酒店法所调整的最主要的社会关系。酒店同客人之间的关系是一种横向的法律关系，酒店同客人之间的法律地位是平等的，他们之间的关系一般以合同的形式予以确立，各主体在享有权利的同时承担义务，也就是说，酒店与客人在履行义务的同时也享有相应的权利。

2.酒店与酒店之间的关系

酒店在经营管理过程中与许多部门都产生关系，如旅行社、交通运输部门及供水、供电、供气等企业和部门。酒店同这些企业和部门之间的关系既有横向的法律关系又有纵向的法律关系。

3.酒店与行政管理部门之间的关系

这是一种纵向的法律关系。国家行政管理部门对酒店的经营管理活动负有监督、管理的责任。这种关系具体表现为领导与被领导、管理与被管理、监督与被监督的关系。前者主要表现为权利的行使，后者主要表现为义务的履行，双方的主体地位是不平等的。

4.具有涉外因素的法律关系

这种法律关系包括涉外酒店客人和国际酒店组织在中国的法律地位，中外合资、合作饭店中的中外各方的合作关系等。这些关系一般由我国法律进行调整，但我国参加的国际有关酒店的公约、条约以及国际惯例除外。

## 四、中国酒店法的立法情况

在我国目前的法律体系中，还没有一部完整的酒店法用来调整酒店和客人之间的权利与义务和法律责任以及酒店在经营管理中的各种法律关系。而我国调整酒店和其他法律关系主体之间的权利义务关系的法律法规主要适用我国《公司法》《劳动合同法》《价格法》，以及《消费者权益保护法》《反不正当竞争法》等相关法律。

近年来，我国制定了一系列涉及酒店方面的全国性和地方性的法律、法规和规章制度，以加强对酒店的管理。

1987 年 11 月 10 日公安部发布、2022 年第三次修订的《旅馆业治安管理办法》。

1989 年 9 月 30 日国家旅游局、财政部、国家物价局、国家税务局联合发布的《关于旅游涉外饭店加收服务费的若干规定》。

1993 年 7 月 29 日国家旅游局发布的《饭店管理公司管理暂行办法》。

1993 年 10 月 31 日全国人民代表大会常务委员会第四次会议通过的《中华人民共和国消费者权益保护法》。

1998 年 4 月 29 日第九届全国人民代表大会常务委员会第二次会议通过，2021 年 4 月 29 修订的《中华人民共和国消防法》。

2002 年 5 月 1 日颁布实施的《中国旅游饭店行业规范》。

2006 年 3 月 1 日颁布、2020 年 11 月 29 日修订的《娱乐场所管理条例》。

2006 年 3 月 7 日起实施《星级饭店访查规范》(LB/T 006—2006)。

2009 年 2 月 28 日通过、2021 年 4 月 29 日修订的《食品安全法》。

2011 年 1 月 1 日实施的《旅游饭店星级的划分与评定》(GB/T 14308—2010)。

2018 年 10 月 26 日修订的《中华人民共和国旅游法》。

此外，一些地方也结合本地酒店业的实际，制定了一些地方性的酒店法律法规。

2010 年 9 月 13 日出台的《广州市旅馆业单位住宿登记规定》。

1991 年 6 月 20 日江苏省旅游局和公安厅联合颁布的《江苏省旅游涉外饭店安全管理规定》。

1991年10月21日北京市旅游事业管理局发布的《北京市旅游涉外饭店管理试行办法》。

1991年10月长沙市公安局制定的《长沙市旅客住宿管理规定》。

规范性文件与规章的发展，为我国酒店法的颁布实施打下了一定的基础。随着我国旅游事业和酒店业的发展，酒店和客人以及酒店和其他法律关系主体之间行为规范的法律法规将更加完善。

## 第二节　酒店法的内容与作用

### 一、酒店法的内容

酒店法是调整酒店在经营管理过程中各种关系的法律规范的总称。虽然世界各国在酒店法的形式、法律效力以及名称上各不相同，但它们所调整的权利和义务关系都属同一类，都有其基本内容。

1. 酒店设立、变更和终止的规定

酒店的设立、变更和终止是酒店存在和消亡的法律问题。酒店的设立又称酒店的开办，是指酒店设立人为取得酒店经营的资格，依照法定程序所实施的行为。我国的《旅馆业治安管理办法》第四条规定："申请开办旅馆，应取得市场监管部门核发的营业执照，向当地公安机关申领特种行业许可证后，方准开业。经批准开业的旅馆，如有歇业、转业、合并、迁移、改变名称等情况，应当在市场监管部门办理变更登记后3日内，向当地的县、市公安局、公安分局备案。"

在我国境内的规模以上酒店、外商投资酒店、股份制酒店和私营酒店等，都由国家行政管理机关审批设立。申请设立的酒店必须具备法定的设立条件，由主管机关或其他授权机关审查批准。

2. 酒店经营范围的规定

现代酒店是一个具有多种功能的综合性企业。除客房和餐饮外，酒店还应包括它的附属设施的范围，如网球场、保龄球馆、桑拿中心、游泳池、健身房等。凡是在该酒店实际控制的部门或空间，均属酒店经营的范围。

3. 酒店权利和义务的规定

酒店作为独立的市场经营主体，它有独立的经营权和管理权，并在对客服务过程中有权拒绝客人，有权收取合理的费用，有权要求客人赔偿因客人的原因而使酒店遭受的损失等。

与之相对应，酒店作为独立的市场经营主体，它也应遵纪守法，接受各级各类国家行政管理机关的监督管理，并在对客服务过程中保障客人的人身安全和财产安全，有义务提供与酒店等级相符的各种服务等。

4. 客人权利和义务的规定

客人有广义和狭义之分，广义的客人包括住店客人、在店消费客人，以及潜在的消费客人等。狭义的客人仅指在酒店住宿、用餐或接受其他服务的消费人员。本书中所指的客人，多为狭义的客人。

客人的权利包括住宿、餐饮、娱乐等消费权，客人有权要求酒店保证其人身安全和财产安全。客人的义务包括在登记入住时要提供有效的身份证件，在住宿期间遵守国家和酒店所在地的法律法规，要爱护酒店的财物和支付酒店消费费用等。

5.酒店法律责任的规定

酒店要对客人负有法律上的义务，这些义务包括保护客人人身安全、保护客人财产安全等。酒店的客人一旦在住店期间或者在接受酒店提供服务的过程中，由于酒店的过错而造成人身损害以及财物损失等情况，就应当承担相应的法律责任。

## 二、酒店法的作用

建立酒店法律制度，是保护酒店业健康发展和保护客人权利、解决纠纷的客观要求。

1.酒店法是约束酒店和客人双方行为的准则

酒店法明确界定了酒店和客人之间的权利义务准则和要求，是衡量双方行为是否合法的有效标尺，可促进双方在法律允许的范围内经营和消费。

2.酒店法是酒店和客人权益的保证

酒店法通过明确酒店和客人的权利及义务为酒店和客人提供了法律的保障，对酒店法律纠纷的解决提供了评判的标准，是保证合同依法履行、酒店及客人合法权益得到保护的坚强后盾。

3.酒店法是酒店正常经营的有力手段

酒店员工的招聘、酒店餐饮服务质量的管理、消防设施的配置、酒店治安管理等都应该纳入法治化的管理轨道，使酒店各管理层的操作规范化，使员工与管理者之间、行政管理机关与酒店之间的法律关系有规可循，减少矛盾出现的可能性。

4.酒店法是国家机关进行行政管理和宏观调控的依据

在我国酒店业的发展过程中，经济政策、行政手段对酒店星级的评定、酒店设立的申请与审批等都发挥着作用，但局限性也日益显现。作为社会主义法治建设的一部分，国家对酒店的宏观调控和监督管理都必须以法律为准绳来进行。

# 第三节　酒店法律关系与法律责任

## 一、酒店法律关系的概念及构成

酒店法律关系是指由酒店法律法规所确认和调整的、各方当事人之间在酒店经营管理活动中形成的权利和义务关系。其特征有以下几点。

1.酒店法律关系是受酒店法律规范调整的、具体的社会关系

酒店法律关系反映了当事人在酒店经营管理活动中所结成的一种社会关系。同其他法律关系一样，酒店法律关系以相应的酒店法律规范为前提。由于规定和调整酒店关系的法律规范的存在，因此产生了酒店法律关系。

2.酒店法律关系是以权利和义务为内容的社会关系

酒店社会关系同其他社会关系一样，之所以能成为法律关系，就在于法律规定了当事人之间的权利和义务关系。这种权利和义务关系的确认，体现了国家意志，是国家维护酒店经营管理活动秩序的重要保障。

3.酒店法律关系的产生、发展和变更是依据酒店法律规范的规定而进行的

国家会依据酒店经营管理活动的发展和变化不断对酒店法律规范进行完善、修改、补充和废止，从而引起酒店法律关系的发展和变更。

酒店法律关系的构成要素是构成酒店法律关系不可缺少的组成部分，包括主体、客体和内容三个要素，缺少其中一个要素，就不能构成酒店法律关系。

## 二、酒店法律关系的主体

酒店法律关系的主体，是指在酒店活动中依照国家有关法律法规享受权利和承担义务的人或组织，即酒店法律关系的当事人。在我国酒店法律关系中，作为主体的当事人主要有以下两类。

1.酒店法律关系的管理和监督主体

酒店法律关系的管理和监督主体主要是指依法行使行政监督管理权的行政机关单位。如工商、税务、公安、消防、卫生、税务等行政管理部门。

2.酒店法律关系的实施主体

酒店法律关系的实施主体是酒店法律关系的主要参与者，主要有以下几类。

(1)酒店及相关经营者。

酒店及相关经营者包括酒店，以及与酒店经营发生联系的各类公司。例如，订房中心、国内外旅行社、有酒店需求的企事业单位等。

(2)自然人。

自然人包括酒店员工和客人。其中，客人不仅包括国内游客，也包括来自境外的外国客人、华侨等。

(3)其他酒店组织。

其他酒店组织包括中国旅游协会、中国旅游饭店业协会和亚太旅游协会等酒店协会组织。

**知识链接**

**自然人民事权利能力和民事行为能力**

## 三、酒店法律关系的客体

酒店法律关系的客体，是指酒店法律关系主体之间权利和义务所共同指向的对象(标的)。在通常情况下，法律关系主体都是围绕着一定的事物彼此才能设立一定的权利、义务，从而产生法律关系的。这里的权利、义务所指向的事物，便是酒店法律关系的客体。如果仅有法律关系主体和内容，而无权利和义务所指向的事物——客体，这种权利和义务是无实际意义的，法律关系也难以成立。可以作为酒店法律关系客体的，主要有物、行为和知识产权三种类型。

1. 物

物，在法律上具有一定的经济价值，在法律关系中作为财产权利对象的一切有形物质财富，是指现实存在的、可以为人们控制、支配的一切自然物和劳动创造物。酒店法律关系的客体包括酒店客房、餐饮、娱乐场所、商品、物品等。货币作为酒店费用的支付手段，也是酒店法律关系的客体。

2. 行为

行为，是酒店法律关系主体进行的有目的、有意识的活动，主要有酒店服务行为、酒店管理行为。

酒店服务行为是把客人迎进来、送出去，以及做好客人在店期间住、食、娱、购、行等各个环节的服务工作；酒店管理行为，是一种直接或间接地为客人提供服务的活动，包括酒店总经理、部门经理、主管、领班等进行的管理活动。通过他们的管理工作，使得酒店服务行为形成一个统一的整体，为客人提供各种方便；知识产权，是酒店法律关系主体从事智力活动所取得的智力成果，如酒店经营管理模式、酒店注册商标、酒店专利、酒店技术秘密、知名酒店名称等。

3. 知识产权

知识产权是酒店法律关系主体从事智力活动所取得的智力成果，如酒店经营管理模式、酒店注册商标、酒店专利、酒店技术秘密、知名酒店名称等。

## 四、酒店法律关系的内容

酒店法律关系的内容，是指酒店法律关系主体依法享有的权利和依法承担的义务。法律关系主体间的权利和义务，构成了法律关系的内容。由于权利和义务把酒店法律关系的主体联结起来，因此权利和义务在酒店法律关系中不可缺少。在酒店法律关系中，权利和义务是相互对立、同时存在的。酒店法律关系的主体享有酒店法律法规所规定的权利，同时，也必须承担酒店法律法规所规定的义务。当主体一方的权利因其他主体的行为而不能实现时，主体有权请求国家机关保护。

1. 酒店法律关系主体权利

酒店法律关系主体权利，是指酒店法律关系主体依法享有的作为或不作为，以及要求他人作为或不作为的一种资格。当酒店法律关系的主体一方因另一方或他人的行为而不能行使和实现其权利时，有权要求国家有关机关依据法律，运用强制手段帮助其实现权利。酒店法律关系主体权利主要包括以下三个方面的内容。

(1)酒店法律关系主体有权做出或不做出一定的行为。例如,酒店有权拒绝携带危险品的客人进入酒店。

(2)酒店法律关系主体有权要求另一方按照规定相应做出或不做出一定的行为。例如,客人入住酒店后,有权要求酒店提供符合其等级标准要求的服务。又如,客人在酒店消费后,有权向酒店索取票据。

(3)酒店法律关系主体的合法权益受到侵害时,有权要求国家有关机关依据法律保护其合法权益。例如,客人在酒店内由于酒店的原因而人身受到伤害得不到赔偿,有权要求旅游投诉受理机关保护自己的合法权益。

2. 酒店法律关系主体义务

酒店法律关系主体义务,是指酒店法律关系主体所承担的某种必须履行的责任。这种责任包括以下三个方面的内容。

(1)酒店法律关系主体按照其权利享有人的要求做出一定的行为。例如,酒店在收取客人支付的费用后,就有义务按照客人的要求及时清扫房间。

(2)酒店法律关系主体按照其权利享有人的要求,停止一定的行为。例如,客人在房内休息时,要求酒店停止客房服务,服务员不得随意进入客人的房间打扫卫生。

(3)酒店法律关系主体不履行或者不适当履行义务,将受到国家法律的制裁。例如,酒店内发生重大事故、事件造成客人在酒店内遭到人身损害或财产损失,不但要承担其赔偿责任,还要受到法律的制裁。



## 五、酒店法律关系的确立

酒店法律关系的确立是指酒店法律关系的产生、变更、终止等情形。酒店法律关系的确立必须要有一定的酒店法律事实出现。

酒店法律事实是指符合法律规定,能够引起酒店法律关系产生、变更和消灭的客观情况。酒店法律事实可分为法律事件和法律行为两大类。

1. 法律事件

法律事件是指能导致一定的法律后果且不以酒店法律关系主体的意志为转移的客观事实或者现象,如出生、死亡、自然灾害、战争等。

2. 法律行为

法律行为是指能在法律上产生效力的有意识的活动,如酒店合同的依法签订和履行。法律行为有合法行为和违法行为之分,其中,违法行为从性质上划分为民事违法、行政违法、刑事违法;从违法方式上分为作为的违法与不作为的违法。

## 六、酒店法律关系的产生、变更和消灭

1. 酒店法律关系的产生

酒店法律关系的产生是指因某种法律事实,酒店法律关系主体之间一定的权利义务关系形成。例如,酒店和客人签订住宿合同、就餐服务合同等,就会在酒店和客人之间形成权

利义务关系，并且这种关系受到上述有关法律的保护和监督。

2. 酒店法律关系的变更

酒店法律关系的变更是指某种法律事实使酒店法律关系的主体、客体和权利义务发生了变化。例如，某客人预订了某酒店的标准间，但在入住时调整为单间，就是酒店住宿合同客体的变化而引起酒店法律关系的变更。但要注意的是，酒店法律关系的变更不是随意的，它受到法律严格的限制，除因不可抗力或当事人事先协商一致外，不得擅自变更。

3. 酒店法律关系的消灭

酒店法律关系的消灭是指因某种酒店法律事实，酒店法律关系主体间的权利义务关系终结。在实践中，酒店法律关系的消灭一般表现为主体各方权利义务的实现，如一个酒店按住宿合同规定圆满完成了对某客人的接待任务，双方权利义务关系即归于消灭。当然也有因主体间自行协商或依法律规定或主体消亡、破产等，而使酒店法律关系消灭的情况。

**同步案例**

**新开酒店增加了投资人**

天津某公司和美国某公司合资兴建一座三星级酒店，双方为此签订了合资经营合同，但在建设过程中双方资金不足，于是经协商决定接纳新加坡一家公司作为另一合营者。为此，需要中、美、新三方在一起再进行协商签订新的合营协议。

**分析**：法律关系包括酒店法律关系的变更都是随意的，但这种变更受到了法律的严格限制。在本案例中，天津某公司和美国某公司因资金不足，决定接纳新的合营者，是经过双方协商决定的，符合法律关系变更的规定。三方一旦签订了新的合营协议，则主体就由两个变为三个，原来双方所签订的合资经营合同书中所约定的权利和义务的内容也要相应地发生变化。

（资料来源：王健《旅游法原理与实务》.南开大学出版社，1998 年版。）

## 七、酒店法律关系的保护

酒店法律关系的保护是指国家机关监督酒店法律关系的主体正确行使权利、切实履行义务并对侵犯酒店法律关系主体合法权利或不履行法定义务的行为追究法律责任的活动。

1. 机构

国家旅游行政管理部门；国家工商行政管理机关、国家市场监督管理机关及其他行政管理机关；仲裁机构；司法机构。

2. 措施

行政措施（如警告、拘留、罚款、停业整顿、吊销营业执照等）；民事措施（如违约金、赔偿金等）；刑事措施。

## 八、酒店法律责任

酒店法律关系一经形成，就受法律保护。任何一个酒店法律关系的主体，不正确行使权利或不切实履行义务，造成对其他酒店法律关系主体权益损失的，都要追究法律责任。

1. 违约责任

违反酒店合同的责任，简称违约责任，是指酒店合同当事人不履行或不完全履行酒店合同所规定的义务及依法或依约所应承担的责任。一般来说，违约责任包括要求继续履行、支付违约金、赔偿损失等方式。

2. 侵权责任

侵权责任是指酒店在经营过程中侵害其他自然人、法人或其他组织的合法权益的人身权、财产权时应承担的法律责任。侵权责任是对相对法律客体法定义务的侵犯，是对绝对权利的侵犯，一般来说，酒店侵权责任主要包括对相对人名誉、人身、财产、商标、隐私等权利的侵害。

3. 行政责任

国家行政管理机关对酒店或其他参与人的违规行为可以做出警告、罚款、责令停业整顿、没收违法所得、吊销营业执照等行政处罚措施。另外，对于认真执法、工作成绩显著的法人和个人，国家行政管理机关还可以给予适当的物质奖励和精神奖励。



4. 刑事责任

酒店法律关系的主体违规行为构成犯罪的，人民法院可依法追究其刑事责任，主要包括拘役、有期徒刑、无期徒刑和死刑等主刑，也包括罚金、剥夺政治权利等附加刑。

## 本章小结

本章介绍了酒店法的产生及调整对象，酒店立法与中国酒店立法的概况，以及酒店法律关系等酒店法的基础知识。酒店法是现代酒店业发展的必然产物，是调整在酒店经营活动中所产生的各种社会关系的主要法律依据，在本章的最后部分介绍的酒店法律关系及相关知识，是本章的重要内容，是学习酒店法规课程和解决实际问题的重要基础。

## 关键概念

酒店法　酒店法律关系　标的　法律事实　违约责任　侵权责任　民事责任　行政责任　刑事责任

## 思考与练习

一、选择题

1. 我国《刑法》规定的主刑有(　　)。

A. 管制　B. 拘役　C. 有期徒刑

D. 无期徒刑　E. 死刑

2. 酒店法律关系的构成要素包括(　　)。

A. 事实　B. 主体　C. 客体　D. 内容

3. 下列不属于酒店法律事实的是(　　)。

A. 客人向酒店预订了三间标准间　B. 客人在酒店不慎摔伤

C. 客人在酒店大门前观看庆典活动　D. 酒店依法破产

4. 下列属于酒店法律关系主体的有(　　)。

A. 酒店　B. 国家文化和旅游部

C. 酒店客人　D. 人民法院

5. 酒店法律关系保护的民事措施有(　　)。

A. 劳动教育　B. 赔偿损失　C. 罚款　D. 罚金

6. 以下不属于行政处罚的是(　　)。

A. 没收违法所得、没收非法财物

B. 暂扣或者吊销许可证、暂扣或者吊销执照

C. 判处有期徒刑或拘役

D. 责令停产停业

7. 2018 年 8 月赵某与甲酒店签订海鲜运输合同,将一车海鲜运送至甲酒店,共计支付运输费用 2 万元,则上述法律关系中的客体是(　　)。

A. 赵某　B. 甲酒店

C. 一车海鲜　D. 运输服务行为

8. 酒店接待的外国客人是我国酒店法律关系的(　　)。

A. 主体　B. 客体　C. 主体兼客体　D. 主体或客体

9. 下列不属于酒店法律事件的是(　　)。

A. 客人在酒店意外骨折　B. 客人在酒店死亡或失踪

C. 离店手续　D. 不可抗力事件

10. 下面不属于我国酒店法调整对象的是(　　)。

A. 某市旅游局与该市某酒店之间的关系　B. 酒店客人与该酒店之间的关系

C. 酒店之间的关系　D. 酒店与人民法院的关系

二、名词解释

1. 酒店法

2. 酒店法律关系

3. 违约责任

4. 侵权责任

三、思考题

1. 什么是酒店？什么是酒店法？

2. 酒店法的调整对象是什么？

3. 我国目前有哪些酒店方面的法规？

4. 什么是酒店法律关系的主体、客体？

5. 什么是酒店法律关系的内容？

6. 酒店法律关系主体的权利有哪些内容？

7. 酒店法律关系主体的义务有哪些内容？

8. 酒店的法律责任有哪些？

四、案例分析题

**案例 1**

**8 岁孩童欲如厕，不料被汤烫伤残**

8 岁的小欣随母亲去某酒店就餐。餐间，她去上卫生间，走出包厢门口，迎面遇上正端着一盆酸菜鱼头汤的服务员周某，与之发生碰撞，结果服务员端的热汤泼了出来，刚好浇在小欣的头部和面部。事后，小欣入院治疗共花费 2600 元，且头面部留有明显的痕迹。其家长向法院起诉，要求被告支付医疗费、误工费、伤残赔偿金等共计 9 万余元。

**问题：**1. 什么是酒店法律关系的主体、客体和内容？

2. 请指出本案中的酒店法律关系主体和客体。

3. 请指出本案中酒店法律关系的内容，并加以分析。

**案例 2**

某酒店因山洪暴发冲毁桥梁，外面的食品原料无法运达，使得已预订的婚宴无法按时接待，因此给结婚主办方造成了不便。

**问题：**1. 试分析该案例中的酒店法律事实。

2. 该酒店是否应承担法律责任？若承担，应承担哪种类型的法律责任？

# 第二章

## 酒店同客人的权利与义务

### 学习目标

1. 了解酒店对客人纠纷处理的影响度、酒店对客人的权利、酒店对客人的义务、酒店客人的权利和义务。

2. 掌握酒店与客人的权利义务关系如何产生和如何终止。

3. 熟悉客人拖欠酒店费用的处理技巧，以及需客人赔偿酒店损失时，酒店应如何沟通。

### 案例导入

一天，两位男士乘坐一辆中型旅行车来到某五星级酒店的门口，并从车上卸下五个纸箱，因纸箱过于沉重，两位男士让行李员为其服务。当两位行李员推行李车经过大堂进入电梯后，感到有些蹊跷，因纸箱既不像货物，也不像行李，而且重量超乎寻常。于是，行李员悄悄拉开纸箱一角，发现里面全是现钞，虽然不能完全断定是犯罪分子的赃款，但两位行李员认为事情比较蹊跷，于是立刻把此情况报告保安部主管。酒店立即与公安机关取得联系，经过警方的侦查，破获了一起由犯罪团伙实施的重大洗钱案。

**思考**：对于“客人是上帝”这句话，应该如何理解？

**分析**：“客人是上帝”是酒店行业经营的服务理念，是从尊重客人的角度提出的。但从法律的角度，客人既享有权利，也承担相应的义务，不是具有无限权利的“上帝”。依照酒店有关法律的规定，客人不得在酒店范围内从事违法犯罪活动，酒店也不得为客人的违法犯罪活动提供便利，要及时发现和制止客人可能发生的各项犯罪活动。因此，本案例中酒店的行李员警觉心细，防微杜渐，及时终止了一桩国际犯罪洗钱案，值得表扬和点赞。

## 第一节　酒店与客人权利义务关系的产生和终止

### 一、酒店与客人权利义务关系的产生

酒店同其客人之间的权利义务关系是随着住宿以及其他有关合同的产生而产生的。合同也叫契约，它是当事人之间对确立、变更、终止民事权利义务关系表示一致的法律行为。合同的成立，须经当事人意思表示一致。住宿及其他消费等合同，是指酒店和客人，以及酒店和其他任何一方就有关提供住宿设施、饮食服务和附加服务而达成的协议。

酒店同客人以及酒店和其他法律关系主体之间的合同一经成立，便具有法律义务，并享有一定的权利。如果合同当事人一方或双方未按合同规定履行义务，就应承担相应的法律责任。

合同的订立通常要经过两个阶段，即要约和承诺。

要约，是指希望和他人订立合同的意思表示，该意思表示应当符合下列规定。

(1)内容具体确定。

(2)表明经受要约人承诺，要约人即受该意思表示约束。

承诺，是指受要约人同意要约的意思表示。赞成要约的人，称为“承诺人”。要约人的要约一经受领要约的相对人承诺，合同即告成立。



酒店合同是一种有偿、双务、非要式诺成合同。

客人如果向酒店发出要求预订客房的要约，而酒店接受了这一要约(酒店表示承诺)则酒店和客人之间的住宿合同关系即告成立。当事人任何一方如果不按合同规定履行自己的义务，都应当承担相应的法律责任。

在广义上，凡是来酒店的人员，无论他是住宿、用餐还是进行其他消费和活动，均是酒店的客人。但从法律的角度来看，酒店同其客人产生权利和义务关系需要具备以下的条件。

(1)客人来到了酒店，提出了住店的要求(向酒店发出住宿要约)，办理了登记手续，并且拿到了酒店客房的钥匙(酒店承诺了客人要求住宿的要约)，他才具有酒店客人的身份，才能算是酒店客人(或称“住店客人”)。

(2)客人向酒店发出了就餐或进行其他消费的要约(比如客人点了菜)，而酒店又接受了这一要约(餐厅接受了点菜)，这时酒店和客人之间的合同关系便正式成立。

法国《民法典》规定，酒店与旅客之间的法律关系是通过酒店合同的方式来体现的。正规经营的酒店有偿地向旅客暂时提供住宿场所并为之服务，双方同意承担相应义务，享受相应权利的契约即是酒店合同。

国际统一私法协会《关于旅馆合同的协定草案》规定：酒店合同在一方明确表示接受另一方提出的要约时即告成立。

确定从什么时候起合同才算成立，对确定当事人的权利、义务和责任有重要意义。酒店和客人之间的合同关系一旦成立，酒店就要对客人的人身和财物安全负责。

## 二、酒店同其客人之间权利义务的终止

1. 结账终止

客人住宿期满来到结账处，提出退房，酒店出示账单，双方无异议，客人签单付费之后；或者客人在酒店内进行其他的消费结束，付了款以后，酒店和客人双方之间的权利和义务关系便终止了。

但在实际情况下，客人在结账后到走出酒店大门的这一段时间，仍具有潜在客人的身份。例如，用于等候出租汽车的时间；客人结账后，返回房间整理行李的时间。这时，应视为客人和酒店之间的合同关系仍然存在。在此期间，酒店就负有潜在责任，直到客人离开酒店。

2. 合同终止

团队、会议、长住、预订客房或用餐等的客人，一般通过合同的方式产生权利义务关系。合同一经成立，双方之间的权利义务关系即按照合同约定的时间产生和终止。在合同期内，如无特殊情况，双方都无权不经对方的同意而终止合同。在合同期间，如果客人或酒店任何一方有违反合同的规定，另一方有权要求赔偿其损失。按照合同的约定住宿期满，酒店同客人之间的权利义务关系即告终止。

如果由于某种原因客人要求继续留宿酒店，酒店应问清客人是个人意愿还是签约单位同意继续留宿酒店（这样做避免续住期间产生费用纠纷）。无论是何种情况，应视为上一合同的终止和新的合同的开始，并且要得到酒店的同意。如果客人没有事先通知酒店将继续住宿，而且酒店也无客人需要的住房提供，酒店可以要求客人离开该房间。



3. 违约终止

客人或者酒店如果有一方严重违反了双方的合同，并且经指出后仍不能达到约定的要求，另一方可以随时提出终止合同。例如，客人严重违反有关规定经劝告无效、将客房转租他人、在客房内做出有损于公共道德或者有损于酒店声誉的行为、酒店提供的客房和服务与其等级严重不符、酒店侵害客人合法权益的行为等。

4. 驱逐终止

《旅馆业治安管理办法》第十二条规定："旅馆内，严禁卖淫、嫖宿、赌博、吸毒、传播淫秽物品等违法犯罪活动。"第十七条规定："违反本办法第六、十一、十二条规定的，依照《中华人民共和国治安管理处罚法》第一百零二条的规定处理。"

客人如果在酒店内因实施犯罪行为或其他违反国家法律规定的行为被公安机关拘留，酒店有权将其驱逐，此时双方的合同关系就随即终止。

# 第二节　酒店对客人的权利

## 一、拒绝客人的权利

酒店是为住店客人及社会公众提供各种服务的场所。但出现以下情况，酒店可以不予

接待。

1. 患有严重传染病或精神病者

因为严重的传染疾病患者和严重精神病患者对酒店内其他客人的健康和安全构成威胁。

2. 携带危害酒店安全的物品入店者

我国的《旅馆业治安管理办法》第十一条规定："严禁旅客将易燃、易爆、剧毒、腐蚀性和放射性等危险物品带入旅馆。"对携带上述危险品入店的客人，酒店可以进行劝阻，如客人不听劝阻，酒店有权拒绝入店。

3. 从事违法活动者

《旅馆业治安管理办法》第十二条规定："旅馆内，严禁卖淫、嫖宿、赌博、吸毒、传播淫秽物品等违法犯罪活动。"为了保障客人的安全，维护酒店的声誉，酒店有权拒绝一切有违法行为的客人。对于其入店后违法或有违法行为的客人，酒店有权制止，经劝阻无效的，酒店可以要求离店，情节严重的，酒店应当及时报公安机关。

4. 影响酒店形象者

酒店内禁止客人携带猫和狗等动物进入，这是很多国家的酒店法明文规定的。我国的《旅馆业治安管理办法》第十三条规定："旅馆内，不得酗酒滋事、大声喧哗，影响他人休息，旅客不得私自留客住宿或者转让床位。"对上述行为举止不当的客人，酒店有权制止，不听劝告的，酒店有权要求客人离店。有的酒店（特别是一些豪华的酒店）为了维护其自身的形象，对一些衣冠不整的客人也规定不予接待。



5. 无支付能力或曾有过逃账记录者

酒店是营利性企业，并非公益性单位，对于无支付能力或者拒绝支付酒店合理费用的人员，酒店有权不予接待。曾有过逃账记录的人再次入店时，酒店有权拒绝。

6. 酒店客满

在酒店已经客满、无能力接待新来的客人和接受新的预订时，酒店可以拒绝客人。

7. 法律、法规规定的其他情况

美国《酒店法》规定，酒店在如下情况可以不接待客人：①醉酒或行为不轨以致危害其他客人；②有传染病者；③带入有可能对他人产生影响或者对公众的安全有威胁的物品（如动物或者武器和爆炸物品）；④不愿意或者不能支付酒店费用的；⑤酒店无客房可提供。

美国法律同时规定，酒店不得因客人在不恰当的时候（比如午夜）进入酒店而拒绝客人，酒店应当随时开放接待客人。根据美国纽约《民权法》第四十一条规定：由于种族、信仰、肤色、民族的原因而遭受拒绝的，可以获得 100 美元以上 5 万美元以下的赔偿费。

## 二、要求客人支付合理费用的权利

酒店有要求客人支付酒店合理费用的权利。酒店收取的各种费用应当是合理的，收费标准不能违反国家有关规定。客人如无力或拒绝支付所欠酒店的合理费用，酒店可以通过一定的方式解决。

《中华人民共和国民法典》（物权编）规定：留置权是指当债务人逾期不履行债务时，合法占有债务人动产的债权人有权留置动产并享有对该动产的优先受偿权。留置权是债权关系中的债权人对债务人的财产权利。

因此，当客人无能力支付酒店的费用时，酒店就是债权人，客人是债务人，经酒店通知，客人拒不履行债务的，酒店可以扣留客人的财物，用来抵付所欠的费用，这就是酒店的留置权。当客人无能力或者拒绝支付所欠酒店住房、餐饮及其他的合理费用时，酒店有依法扣留客人财物的权利，但被扣财物的价值只能相当于客人在这次住房或其他消费时实际所欠的费用。

债务客人不履行债务时，酒店按照法律规定留置其财产，促使其履行债务。债务客人不履行债务超过一定的法律规定的期限，普通法规定酒店可以按法律程序申请变卖其财产，从变卖的价款中得到清偿。在法定期间内，如果客人付清欠账，酒店要主动将财物交还给对方。如果客人拒绝支付酒店合法的费用，酒店可以通过向法院诉讼的方式行使其自身的权利。

## 三、要求赔偿酒店损失的权利

根据我国的法律，客人无论是过失或故意损坏酒店的物品，都应当承担其赔偿责任。如果客人损坏了客房内的物品，影响了该客房的出租，酒店有权要求侵害人赔偿其损失。但是，酒店应当及时采取必要的措施，恢复该客房的作用状态，否则，酒店无权要求客人承担扩大的损失。如客人损坏了客房内的家具或其他设施，导致该客房不能马上使用，则侵害人应该赔偿包括该房间不能使用在内的全部损失。一旦此种情况发生，酒店应尽快让该房间恢复到可以使用的状态，尽量减少损失。



### 同步案例

**吃自助餐，食客遭遇餐厅罚款！**

近日，王先生带着一家老小到市区某自助餐厅就餐。席间，王先生及其家人端来了不少食物，摆了满满一桌。当王先生结账时，被告知要加收20元，理由是根据酒店张贴在墙上的告示规定，王先生剩余的食物重量超过了餐厅所规定的200克，故应罚款20元。对于服务员的解释，王先生不能接受，因为在消费过程中自己未被告知这一规定，况且餐厅的告示并不显眼。

**问题：**该餐厅有权利对客人罚款吗？

**分析：**罚款是一种行政行为，主要适用行政机关对行政违法人进行处罚，以及单位对所属员工的处罚。客人王先生到自助餐厅就餐，是合同民事主体关系，两者在地位上是平等的，王先生既不是餐厅的员工，餐厅也不是行政执法机关，餐厅不可能拥有对客人王先生的罚款权利，因此，餐厅没有权利对客人罚款。

## 第三节　酒店对客人的义务

酒店对客人的义务,是指酒店在经营活动和服务过程中必须作为或不作为的责任。酒店的权利和义务是相辅相成、互相依存的,没有无义务的权利,也没有无权利的义务。酒店主要有以下几方面的义务。

### 一、尊重和保障客人的人权

我国《宪法》第三十七条规定:"中华人民共和国公民的人身自由不受侵犯。任何公民,非经人民检察院批准或者决定或者人民法院决定,并由公安机关执行,不受逮捕。禁止非法拘禁和以其他方法非法剥夺或者限制公民的人身自由,禁止非法搜查公民的身体。"人权作为民事主体的基本权利,包含了很多的内容,如公民的姓名权、名誉权、荣誉权、肖像权、隐私权、生命健康权等,历来受到各国法律的重视与保护。作为酒店,不得非法搜查客人的身体和所携带的行李物品,也不得泄露和公开客人的房号和电话等个人隐私信息。

从法律的角度上看,酒店的客房一旦出租,客房的使用权即属于客人,不允许未经许可的人员进入该客房。酒店的工作人员除履行职责,保护客人安全外(如工作人员进入客房进行卫生清扫、设备维修或者在发生火灾等紧急情况下进入),不得随意进入客房。无明显理由进入客人的房间,是一种侵权行为。



在世界著名的澳大利亚的里兹·卡尔顿酒店,客房门上所用的"请勿打扰"牌用的不是Do Not Disturb,而是Privacy,意为"隐私"和"不干扰他人自由"。

### 二、保障客人的人身安全

《中华人民共和国消费者权益保护法》第七条规定:"消费者有权要求经营者提供的商品和服务,符合保障人身、财产安全的要求。"酒店法从它开始产生的时候起就规定酒店有保护客人人身安全的责任。提供安全的住宿环境,保证客人住店期间的人身安全,是酒店在安全方面基本的职责之一。

客人在酒店可能受到人身损害的原因很多,如行凶抢劫、火灾、设备故障、饮食污染、酒店或其服务人员疏忽大意、第三方的侵害行为等。这些原因都可能造成客人的人身损害甚至伤亡。

对于一些难以确认是酒店责任的客人人身损害事件,只要酒店有充分证据证明为防止事件的发生已采取了一切可能的措施,或者证明损害的发生不是或不全是由于酒店的过失,就可以减轻或免除酒店的责任。美国《酒店法》规定:酒店业主必须对它的客人予以合理的照顾,以防止客人蒙受损害。但是,酒店不是客人个人安全的保险人。

关于客人在酒店范围内遭受人身损害的规定,法律是以酒店是否有过错和过错的程度来确定酒店责任的,而不是要求酒店负一切的责任。2004年5月1日实施的《最高人民法院关于审理人身损害赔偿案件适用法律若干问题的解释》第六条规定:"从事住宿、餐饮、娱乐等经营活动或者其他社会活动的自然人、法人、其他组织,未尽合理限度范围内的安全保障义务致使他人遭受人身损害,赔偿权利人请求其承担相应赔偿责任的,人民法院应支持……安全保障义务人有过错的,应当在其能够防止或制止损害的范围内承担相应的补充赔偿责任……”该司法解释将酒店内发生的客人人身损害,酒店是否需要进行赔偿,以及如何赔偿用具体的条文加以规定,使得酒店更容易掌握如何保护客人的人身安全。

酒店虽然是公共场所,但并不是任何地方都可以由人随意进出。酒店的住客楼层则属于非公共场所。所以,除了住店客人、他们的来访者以及酒店的员工以外,外来无关人员不得随意进入客房楼层。为保护住店客人的人身和财产安全,酒店内的任何员工对于在楼层徘徊的陌生人都应当主动上前询问。他们有权要求未经许可而进入楼层的人员离开楼层。

由于酒店的责任而造成客人人身受到损害,酒店应按照《中华人民共和国民法典》有关侵权行为的规定来承担相应的民事责任。

## 三、保障客人的财物安全

1. 保障客人的财物安全

如前所说,客人向酒店发出住房的要约,办理了住宿登记手续,拿到了钥匙后,或者客人向酒店发出了就餐或进行其他消费的要约,而酒店又接受了这一要约以后,他和酒店之间即形成了法律关系,酒店就应该对客人带进酒店的财物负一定的责任。《中华人民共和国消费者权益保护法》第七条规定:“消费者有权要求经营者提供的商品和服务,符合保障人身、财产安全的要求。”造成客人在酒店内的财物灭失或损坏有多种原因,如被窃、毁损、火灾等。酒店对客人财物安全的责任,在一些国家早期酒店法中,已有明确的规定。

对于酒店的责任,法国《民法典》规定:客人的物品被盗或被损坏时,不论其被酒店职员或出入酒店之外人所盗窃或所造成的损坏,酒店或酒店主人都应负赔偿之责。国际私法统一协会《关于旅馆合同的协定草案》中规定:酒店应对客人带入酒店的财物或虽在酒店外面而已由酒店负责的财物的毁坏或灭失负赔偿责任,其负责的期限为客人在酒店住宿的期间以及住宿期前后的一段适当的时间内。

2. 客人寄存行李的保管责任

客人将行李等物品存放在酒店,酒店接受客人的寄存物,是一种保管行为。客人将行李等物品交给酒店,经双方确认后,客人拿到了行李卡,保管合同即告成立。保管合同是实践合同,它的成立既要有双方为保管而发出的要约和接受的承诺,又要有存货人交付保管物的行为。

客人存放在酒店的行李要手续完备,要当面点清并登记数量,由双方认定后给予凭证,即行李卡。酒店在收存客人的行李后,应采取必要的措施,维持保管物的原状。对客人寄存的一切物品不得挪用或者让第三者使用。如非事前约定,所存物品不得交由第三人。

所有存放或托运的行李应当请客人上锁以免发生纠纷。存放在酒店的物品如发生毁损或灭失,酒店将负相应的责任。如有争议,双方可经法院调解解决。调解不成,由法院判决。

酒店在接受客人寄存的行李时要说明易燃、易爆、有毒和易腐等危险物品不得带入酒店内,否则造成物品的毁损或人员伤亡,寄存人应承担赔偿责任,造成严重后果的还应当承担刑事责任。需要指出的是,酒店一旦接受客人的私人物品,这些物品应视为公共财产。因为这些财产一旦受到损失，酒店（国家或者集体）就负有赔偿的责任。

法国民法将客人带进酒店的财物看作“不得不做的寄存”。如法国《民法典》规定：“酒店或酒店主人，对于寄存其酒店的房客所携带的衣服、行李及各种物品，负有责任；此种物品的寄存，应视为必然的寄存。”法国《民法》同时规定：“房客寄存在服务人员处的物品，或者服务人员无正当理由拒绝收存保管的物品而被盗或者被损坏，酒店应负全部责任。除酒店本身规定的不赔偿情况之外，受损失的房客所能得到的赔偿金的上限等于日房租的 100 倍；如果房客有充分的证据说明其所受的损失确实是酒店方面失职造成的，赔偿金可以突破这个限额。此外，酒店还要负责其停车场内住店客人汽车中的物品安全；需要赔偿时，赔偿金最多不超过一天房租的 50 倍。凡是没有真正寄存于服务员手中的现钞、股票、首饰及非贵重物品的丢失或损坏，酒店最多赔偿 200 法郎。”日本《商法》规定：“业主在自己的营业范围内接受寄存的物品，即使不拿报酬，也必须承担遗失的赔偿责任。”

3. 客人遗留物品

客人的遗留物品可分为遗忘物、遗失物和遗弃物三种，这是三个不同的概念。遗忘物，是指基于财产所有人或持有人的意思，放于某一地方后忘记带走而未完全失去控制的财物。遗失物，是指不基于物主的意思而偶然失去，几乎完全失去控制的物品。遗弃物，是指基于财物所有人意思而抛弃的财物。

遗忘物、遗失物和遗弃物既有共同点也有不同的地方。首先，它们都是动产，不动产不能作为此类财物。其次，它们都是意念上形成的后果。财物所有人或持有人对遗忘物、遗失物的松弛，以及对遗弃物的放任和抛弃都是由意念形成的。遗忘物、遗失物和遗弃物的不同点有以下三个方面。



（1）财物所有人（客人）对财物持有关系的松弛程度不同。

遗忘物不是客人的意思而被遗忘，但又未完全失去控制的财物。物主（客人）可能在短时间内恢复记忆，回来取物或来电询问。遗失物是近乎完全失去控制的财物，物主（客人）对财物的持有关系几乎丧失，在一定时间和区域内寻找失物的可能性极小。遗弃物则是客人对物品的抛弃。

（2）客人对财物的心理状态不同。

遗忘物是物主疏忽大意而遗忘的财物，虽然财物暂放在酒店某处出于物主的自愿，但将其遗忘则非客人所愿。遗失物一般丢落的空间跨度较大，物主对财物遗失的时间、地点都一概不知，是一种不自觉状态下的丢失。遗弃物则是物主对财物的积极处理，其心理状态是在有意识的情况下进行的。

（3）法律后果不同。

明知是客人的遗忘物，而以隐匿等手段非法占有，数额较大、情节严重的，应以盗窃罪定性量刑。明知他人遗失的财物，占为己有而又拒不交还的，属不当得利，应由民事法律法规调整。

酒店发现客人的遗留物品后，应当尽快设法归还给客人。一时找不到失主，酒店应登记造册，替客人保留一段时间，任何人不得非法占有客人遗留物品。寄还客人遗留物品的费用，一般由客人承担。

同步案例

**就餐中客人钱物遗失，酒店有责任吗？**

客人吴先生，2019 年 10 月 5 日，入住南昌市某酒店，中途退房，前往武功山旅游，第二天返回后再次入住该酒店时，发觉将手表遗失在前一天入住的房间内，吴先生立即和酒店前台联系，酒店前台派人到房间寻找许久，但没有结果。

**问题：**吴先生的手表是否属于客人遗失物品？

**分析：**事关案例中吴先生的手表状态有两个重要的时间节点：一是吴先生退房，二是手表离开吴先生所住的房间。在第一时间节点和第二个时间节点中间这段时间，吴先生的手表是遗忘物，此时手表还在房间，没有任何人占有手表；在第二个时间节点后，吴先生的手表已被他人占有，吴先生彻底丧失了对手表的控制，因此手表属于客人遗失物品。

4. 酒店停车场的管理责任

客人停放在酒店停车场内的车辆被窃、损坏或车内物品被窃的事件在酒店时有发生。客人在停车场内的财物损失赔偿问题，要根据实际情况分析。要看客人的车是否停放在酒店提供的停车场内，车是否是酒店的客人的，以及酒店是否有安全警示牌等情况。



## 四、保障客人的贵重物品安全

1. 客人贵重物品保管责任

《中华人民共和国消费者权益保护法》第七条规定：“消费者有权要求经营者提供的商品和服务，符合保障人身、财产安全的要求。”《旅馆业治安管理办法》第七条规定：“旅馆应当设置旅客财物保管箱、柜或者保管室、保险柜，指定专人负责保管。对旅客寄存的财物，要建立登记、领取和交接制度。”《中国旅游饭店行业规范》第十七条规定：“饭店应当在前厅处设置有双锁的客人贵重物品保险箱。贵重物品保险箱的位置应当安全、方便、隐蔽，能够保护客人的隐私。”

酒店应当设置客人贵重物品保险箱，并且建立一套登记、领取和交接制度。客房虽有门锁及其他保安措施，但它不是绝对安全的。一些国家法律或地方性法规规定，如果因为酒店不能提供客人贵重物品保险箱而导致客人在客房内丢失贵重物品，将被追究赔偿责任。在客人的贵重物品保护方面，酒店的义务是将客人交存的财物保存好，使之不发生灭失、毁损。客人的义务是按规定将贵重物品交由酒店保存。客人放在店内其他地方的物品，应妥善保管，若发生财物的灭失，一般由客人自己负责。

客人寄存的物品，如在寄存期间被盗或被损坏，或者酒店无合法理由拒绝接受客人交寄的物品而造成物品的灭失或毁损，将由酒店承担责任。

酒店对客人带进店内的财物因保管不当而造成毁损或灭失负有一定的责任，但并不是酒店要对客人带进酒店的所有财物的灭失负责或负全部的责任。因为客人也会因为自己违反规定而使置于酒店范围内的财物发生损坏或灭失。例如，按照规定，客人必须寄存其带进酒店内的贵重物品，如果他没有这样做，对该贵重物品的灭失或毁损他就负有一定责任。因此，最新的《中华人民共和国民法典》（物权编）规定："寄存人寄存货币、有价证券或者其他贵重物品的，应当向保管人员声明，由保管人验收或者封存；寄存人未声明的，该物品毁损、灭失的，保管人可以按照一般物品予以赔偿。"如果客人的财物灭失是由于不可抗力造成的，如地震、战争等，酒店可以免除其法律责任。

妥善保管好客人的贵重物品是酒店的一项主要责任。实践中，酒店逐渐意识到要保护客人的全部财物风险太大，往往会因为一些巨额的赔偿而破产。一些国家的酒店法开始做出规定，要求客人将随身携带的贵重物品存放在贵重物品安全寄存箱内，酒店只对这部分财物的灭失负绝对的责任，同时规定了客人放在房间内的财物灭失的最高赔偿额。

意大利《民法》规定："对经保管的贵重物品的遗失，酒店业主赔偿最高限额为5000里拉（酒店业主无正当理由拒绝客人寄存物品而使财物损失的赔偿责任，则不受此限制）。"

在新加坡，酒店会将《酒店法》第三款第一条的内容醒目地放在酒店的入口处、前台入店登记处或者客房内。这条内容是关于客人财产遗失、被窃和毁损情况赔偿的规定，除此之外，一般还会加上这样一段文字："请不要将贵重物品放在房间内，酒店免费为您提供贵重物品安全寄存服务。我们热诚地希望您将贵重物品存放在酒店提供的安全寄存箱内。"有无类似告示，在客人的财物遭到损失时，法院判案将作为一条重要的依据。



在国际私法统一协会制定的《关于旅馆合同的协定草案》中，就酒店对财物损害的赔偿责任作了如下的规定：

酒店有责任接受证券、现金和贵重物品的寄存保管；危险物品和笨重物品可以拒绝、不接受。

对于应由酒店保管的财物而酒店拒绝寄存保管时，酒店不能限制其损害赔偿责任。

由于酒店或酒店领导下的任何人的过失或故意行为或不作为而造成客人财物损伤、毁坏、灭失时，酒店将不能适用本协定关于赔偿限额的规定。

2. 贵重物品保险箱的设置要求

《旅游饭店星级的划分与评定》（2010）国家标准对不同星级的旅游酒店的贵重物品保险箱的设置提出了不同的要求。要求三星、四星和五星级酒店应当设置由酒店和客人同时开启的贵重物品保险箱。保险箱位置安全、隐蔽，能够保护客人的隐私。

贵重物品保险箱应设置在使用方便、易于控制的场所。未经许可，任何人不得进入该场所。贵重物品保险箱一般设在前台收款旁边专门的小房间内。如果有可能，小房间内设置一个安全闭路电视监控摄像头。

有的酒店仅在前台放置一般的保险箱，供所有需存放贵重物品的客人使用。这样的酒店不符合国家的有关规定，一旦酒店与客人发生财物保管方面的纠纷，容易留下把柄。酒店应当设置符合标准的保险箱。

3. 贵重物品保险箱的使用

贵重物品保险箱由若干大小不一的带锁的抽屉组成。每位客人使用贵重物品保险箱时只使用其中的一个抽屉，每一抽屉有两把锁，每一把锁只有一把钥匙。一把钥匙由客人保管，另一把钥匙由酒店保管，两把钥匙同时启用才能打开保险箱。

《中国旅游饭店行业规范》第十九条规定：客人寄存贵重物品时，酒店应当要求客人填写贵重物品寄存单，并办理有关手续。客人在首次使用保险箱时，应当填写“贵重物品保险箱登记卡”，工作人员核对无误后，发给客人一把钥匙。当客人再次使用时需填写“贵重物品保险箱记录卡”，工作人员要将登记卡同记录卡相对照，确定无误后方可给客人使用。

为保护客人的隐私，客人在使用贵重物品保险箱时，工作人员应避免张望。在一般情况下应让客人自己存取物品，以免发生纠纷。

酒店要通过有效的方式提示客人使用贵重物品保险箱，如在客房内的“服务指南”中、住房卡的背面、住客登记表中提醒客人。

客人在结束使用贵重物品保险箱时，应在“贵重物品保险箱记录卡”上签名。在记录卡上应当注明“本人声明，我存放在该酒店贵重物品保险箱内的一切物品已经全部安全取出，我和该酒店解除有关法律责任”。这样做的目的是保护自己，以防与客人之间发生纠纷。

4. 客人丢失保险箱钥匙的处理

为了保证客人贵重物品的安全，按照惯例，贵重物品保险箱的每把锁只有一把钥匙，如果客人将该钥匙丢失，应当支付破箱费用。所付的费用应在“贵重物品保险箱登记卡”上说明，以免引起纠纷。破箱时应注意以下两点。

(1)客人丢失贵重物品保险箱的钥匙后要打开保险箱，需要客人本人填写“拆破贵重物品保险箱表”。

(2)拆破贵重物品保险箱由工程部实施。在拆破时，应当有客人和安全部人员在场。

5. 客房保险箱

为保护客人的财物安全，给客人提供方便，有的酒店在房间内设有房内保险箱。对于这样的酒店，在房内保险箱使用告示中应当说明，该保险箱是为客人临时提供方便之用，贵重物品仍需存放在酒店的贵重物品保险箱内。

房内保险箱以数字密码型为好，为防止客人将保险箱的密码遗忘，酒店在配置客房保险箱时应选购有紧急开启功能的保险箱。客人一旦将密码遗忘，可用解码器将保险箱打开。保险箱的解码器平时存放在安全部，使用时应当有客人和大堂经理在场，并由客人签字同意，方可开启。

6. 非住店客人贵重物品保管责任

对于非住店消费客人，由于在酒店停留时间不长，贵重物品多随身携带，但酒店仍有责任提醒客人保管好自己的贵重物品。

## 同步案例

2019 年国庆节期间，客人王进在原野餐厅内就餐时，自带皮包内的人民币 9700 元遭窃。此案经公安机关侦破，系该餐厅服务人员赵某利用服务之便所窃，因而犯罪嫌疑人赵某被依法判处刑罚。2019年年底，王进诉至法院，要求原野大酒店赔偿其损失的9700元并承担本案诉讼费用。

**问题**：王某的诉求是否合法？

**分析**：酒店有保护客人财物安全的责任，但餐厅属于非私密空间，客人也应注意保护好随身携带的财物。因此，客人王进的财务在餐厅就餐时被盗，客人应承担主要责任，酒店承担次要责任。酒店赔偿客人后，酒店和客人均可向法院申请，由服务员赵某承担附带民事赔偿责任。

## 五、告知客人注意安全的义务

1. 客房警示

行李员在引领客人进入客房后，要提醒客人洗澡时注意使用防滑垫；提醒客人晚上可以使用门上的防盗链；房内放置"请勿躺在床上吸烟"的卡片，提醒客人注意吸烟安全；水龙头上会标注冷热标识等。

2. 游泳池的警示

提醒儿童游泳时应当有成年人照看；不得在游泳池区域使用玻璃制品；禁止患有传染病的客人或酗酒后的客人游泳。游泳池应当有水深的标志，救生用品要放在易于取用的地方。



3. 健身房的警示

建议客人在使用健身设施前征求医生的意见；提醒客人不要运动过度；提醒客人使用各种器材前，先了解使用方法以免受伤等。

4. 桑拿中心的警示

提醒患有心脏病、高血压、低血压等疾病的客人，以及孕妇和幼儿应当谨慎使用桑拿浴。口头或文字提醒患病客人在使用前要征求医生的意见。

如果酒店对可能造成客人人身伤害的事件尽了最大努力(如在玻璃上贴有警示，在有可能危及客人人身安全的地方用文字、警示等形式明确地告知了客人)，并已尽可能地为防止事件的发生采取了措施，酒店可以免除或减轻责任。

## 六、提供符合等级标准的产品与服务

酒店为客人提供的产品与服务必须和酒店的等级与收费标准相符，如果酒店所提供的产品与服务存在瑕疵，酒店应当采取措施及时加以改进。由于酒店的原因而给客人造成损失的，酒店应当根据损失程度向客人赔礼道歉，或给予相应的赔偿。

## 七、提供真实情况的义务

酒店对自己的产品和服务，应当向客人提供真实的信息，不得做引起人们误解的推销。《中华人民共和国消费者权益保护法》第二十条规定："经营者向消费者提供有关商品或者服务的质量、性能、用途、有效期限等信息，应当真实、全面，不得作虚假或者引人误解的宣传。经营者对消费者就其提供的商品或者服务的质量和使用方法等问题提出的询问，应当作出真实、明确的答复。经营者提供商品或者服务应当明码标价。”

酒店要主动提供产品及服务信息，包括客房面积大小、照明和通风情况，以及设施设备的配置情况等。面对客人的询问，酒店要真实、明确地予以回答，不能误导和隐瞒。诸如酒店退房结账时间、开瓶费和包房最低消费等事关费用结算的信息，酒店要事先主动告知和提醒，严禁酒店采取不正当的手法欺骗客人。

### 八、遵守法律法规

酒店在为客人提供服务或商品的过程中，应当遵守《中华人民共和国食品安全法》《中华人民共和国消防法》《中华人民共和国消费者权益保护法》《中华人民共和国民法典》和《中华人民共和国反不正当竞争法》等法律法规，遵守市场运行规则，遵守契约精神，守法经营，为客人提供优质服务及产品。

## 第四节　客人的权利与义务

### 一、客人的权利



根据《中华人民共和国消费者权益保护法》的规定，客人作为酒店的消费者，依法享有人身安全权、心理安全权、财产安全权、知悉真实权、自主选择权、公平交易权、维护尊严权和获得赔偿权等权利。

1. 人身安全权

人身安全权，是指客人在住店期间或者在酒店内使用酒店的设施或接受酒店的服务时，享有的生命、健康以及人格尊严等不受威胁、不受侵害的权利。客人人身安全权包括客人的健康安全权和生命安全权。对于客人来说，在进行消费活动时，首先考虑的便是酒店产品和服务的安全、卫生因素。如果这方面存在问题，可能会使消费者患某种疾病，或者身体某一部位受到伤害，重则造成生命危险，导致死亡。因此，产品和服务是否符合人体健康和人身安全的要求，是消费者最为关心的问题。

酒店由于火灾、抢劫、设备故障和食物中毒等问题给客人造成的人身伤害事件屡见不鲜，酒店要切实采取措施，保护客人的生命健康和生命安全。

2. 心理安全权

心理安全，是指客人在住店期间或进行其他消费时对酒店的环境、设施及服务所享有的安全感。虽然客人在住店期间人身和财物未受损害，但因为酒店的设施、设备安装得不合理或不牢固；施工时没有安全警示标志；楼层常有闲杂人员走动；房内的物品被翻动等一切不安全的因素使客人认为住在该酒店没有安全感，存在着恐慌心理。客人有权要求酒店提供安全的环境，使其心理获得安全感。

3. 财物安全权

财物安全权，是指客人在住店期间或在接受酒店的服务，或在使用酒店的商品时，享有的个人财物不受损害的权利。《中华人民共和国消费者权益保护法》第七条规定："消费者在购买、使用商品和接受服务时享有人身、财产安全不受损害的权利。消费者有权要求经营者提供的商品和服务，符合保障人身、财产安全的要求。"

4. 知悉真实权

知悉真实权，是指客人享有知悉其购买、使用酒店的商品或者接受酒店的服务的真实情况的权利。客人有权根据酒店商品或者服务的不同情况，要求酒店提供商品的价格、产地、生产者、用途、性能、规格、等级、主要成分、生产日期、有效期限、检查合格证明、使用方法说明书、售后服务，或者酒店服务的内容、方式、规格、费用等有关情况。

因此，客人有权要求酒店明码标价，要求酒店在其经营场所醒目位置或交费地点公布其收费项目明细价目表，而且价格发生变动时，应及时更换。价目表应包括收费项目名称、等级或规格，服务内容、计价单位、收费标准等主要内容。

5. 自主选择权

自主选择权，是指客人在酒店内消费时享有自主选择商品或者服务的权利。客人有权自主选择酒店的商品品种或者服务方式，自主决定购买或者不购买任何一种商品、接受或者不接受任何一项服务。客人在自主选择商品或者服务时，有权进行比较、鉴别和挑选。



6. 公平交易权

公平交易权，是指消费者在购买商品或接受服务时，享有公正、合理地进行市场交换行为的权利。《中华人民共和国消费者权益保护法》第十条第 1 款规定："消费者享有公平交易的权利。"公平是指导经营者与消费者进行交易的重要法律准则，它意味着交易双方在交易中的获利是均衡的，双方享有的权利和承担的义务是相当的。

客人在酒店购买产品或者接受服务时，有权获得质量保障、价格合理、计量正确等公平交易条件。酒店不得有降低服务质量标准，提供短斤少两餐饮产品，以及虚高定价等欺诈经营行为。同时，客人也有权拒绝酒店的强制交易行为，不得以胁迫、威胁客人消费，不得附加不合理条件强制客人消费。公平交易是市场经济下交易的基本法则，它要求交易双方自愿平等、等价有偿、公平与诚实信用。因此，客人在自己的公平交易权受到侵害时，有权依法要求酒店改正错误，提供质量好、价格合理、计量正确的服务，有权拒绝强制交易，并获得合理的赔偿。

7. 维护尊严权

维护尊严权，是指客人在购买、使用商品和接受服务时，享有其人格尊严、民族风俗习惯得到尊重的权利。

我国《中华人民共和国宪法》规定："中华人民共和国公民的人格尊严不受侵犯。禁止用任何方法对公民进行侮辱、诽谤和诬告陷害。"《中华人民共和国宪法》还规定中华人民共和国各民族一律平等，禁止对任何民族的歧视，各民族都有保持或改革自己的风俗习惯的自由。客人在酒店购买产品和接受服务时，酒店不得对客人进行搜身，不得嘲笑和歧视客人，要尊重客人的风俗习惯和生活习惯有，不得随意公开、泄漏客人的姓名、年龄、收入和婚姻状况等个人信息。

8. 获得赔偿权

获得赔偿权，是指客人因购买、使用酒店的商品或者接受服务时受到人身、财产损害的，享有依法获得赔偿的权利。

客人在酒店内人身受到伤害，一般有两种情况：一是客人生命健康受到伤害，如客人被酒店提供的商品或者服务致伤、致残或失去生命；二是客人的人身权、名誉权、人格权等受到侵犯。

## 二、客人的义务

1. 按照规定进行正确的登记

我国《旅馆业治安管理办法》第六条规定："旅馆接待旅客住宿必须登记。登记时，应当查验旅客的身份证件，按规定的项目如实登记。"登记查验制度是识别和控制不法分子的重要手段。按照规定进行登记与验证制度早在我国春秋战国时期就有记载。司马迁的《史记·商君列传》中："商君亡至关下，欲舍客舍。客人不知其是商君也，曰'商君之法，舍人无验者坐之'。"说的是商鞅变法失败后，逃亡到国境关卡前，打算借住客店寻机逃走，但店主人不知他就是商鞅，说："根据商君的法律，留宿无证件的旅客，店主将与旅客一同治罪，因此我不能留你住宿。"商鞅不能住店，只得返回封地，随后被逮捕处死。

《中国旅游饭店行业规范》第七条规定："饭店在办理客人入住手续时，应当按照国家的有关规定，要求客人出示有效证件，并如实登记。"目前我国还没有全国性的统一的"住客登记表"，有的地区统一印制了"旅客住宿登记单"和"旅客住宿登记簿"。凡要求住酒店的客人都应主动配合酒店，出示本人有效的身份证件，验证合格后，再填写"旅客住宿登记表"，进行个人信息的详细登记。

2. 爱护酒店的财物

客人在酒店期间应当爱护酒店的财物。如果客人将酒店财物损坏应当进行赔偿。《中国旅游饭店行业规范》规定：客人应当爱护酒店的财物。由于客人的原因造成损坏的，客人应当承担赔偿责任。

对饮酒过量的客人，酒店应及时劝阻，防止客人在酒店内醉酒。客人醉酒后在酒店内肇事造成损失的，肇事者应当承担相应的赔偿责任。

3. 支付酒店各种合理的费用

客人应当支付因购买、使用酒店的商品或者接受酒店提供的服务而发生的各种合理费用。如果客人无能力支付或者拒绝支付酒店的有关费用，酒店可以通过适当方式解决。

4. 遵守有关法律、法规和规章制度

客人住宿期间，应当遵守《中华人民共和国治安管理处罚法》《中华人民共和国消费者权益保护法》《旅馆业治安管理办法》《中国旅游饭店行业规范》等法律法规，同时也要遵守酒店内部的访客登记、用电安全、易燃易爆危险物品和场所防火防爆制度等各项规章制度，以保障和维护酒店正常的生产经营秩序。

## 本章小结

本章介绍了酒店在对客服务过程中法律赋予酒店的收取费用、拒绝客人和索赔等各项权利，以及应承担保障客人人身和财产安全、警示客人注意安全等义务；与之相对应，也阐述了客人在接受酒店服务过程应享有的人身安全权、财物安全权和公平交易权等权利，以及应承担的住宿登记、支付费用等义务。

## 关键概念

警示　告知　自主选择权　赔偿权　客人遗留物品　尊严权　心理安全　生命权　健康权

## 思考与练习



一、选择题

1. 酒店有权拒绝接待衣冠不整的客人，此处的“衣冠不整”是指（　　）。

A. 帽子戴歪　B. 衣服破旧　C. 衣着太暴露　D. 以上都不是

2. 酒店提供商品或服务，客人索要发票或消费单据时，酒店（　　）。

A. 对于金额较大的必须提供　B. 对于金额较小的可不提供

C. 必须提供　D. 对于需要报销的必须提供

3. 一位衣着极其普通的客人来到某高档酒店咨询，酒店前台人员表现得极不耐烦，还对其冷嘲热讽，前台人员的行为涉嫌（　　）。

A. 违反了提供服务真实信息义务　B. 侵犯了客人的尊严权义务

C. 侵犯了客人的知情权义务　D. 侵犯了客人自主选择权的义务

4. 在下列情况下，酒店无权拒绝客人（　　）。

A. 携带烟花鞭炮者　B. 携带宠物入店者

C. 90 岁以上的老年客人　D. 酒店客满

5. 按照法律的规定，酒店必须（　　）。

A. 设立客房保险箱

B. 保障酒店停车场客人汽车内物品的安全

C. 在床头柜放置“请勿吸烟”卡片

D. 为客人保管遗留物品三个月以上

6. 客人放在车内的电脑在酒店停车场被盗，酒店（　　）。

A. 不予赔偿　　B. 收取停车费后才赔偿
C. 照价赔偿　　D. 以上都不对

7. 因酒店过错，遗失了保管在酒店前台保险箱内客人的贵重物品，酒店（　　）。

A. 按市场评估价赔偿　　B. 按客人住宿费的10倍内赔偿
C. 照价赔偿　　D. 以上都不对

8. 有一访客在酒店公共卫生间因地滑而摔倒骨折，自己支付医疗费18000元，酒店应（　　）。

A. 不予赔偿　　B. 赔偿18000元　　C. 赔偿9000元　　D. 以上都不对

9. 酒店向客人提供质次价优、短斤少两的商品，或不符合质量等级的服务，酒店侵犯了客人的（　　）。

A. 安全权　　B. 知情权　　C. 公平交易权　　D. 自主选择权

10. 某客人退房时，不慎将手机充电宝遗留在客房床头柜上，根据客人遗留物品分类，该手机充电宝属于（　　）。

A. 遗失物　　B. 遗弃物　　C. 遗忘物　　D. 以上都不是

二、名词解释

1. 客人遗留物品
2. 贵重物品
3. 尊严权

三、简答题

1. 酒店在什么情况下可以拒绝接受客人？
2. 酒店对客人有哪些义务？
3. 如何处理客人遗留物品？
4. 酒店为何要告知客人有关注意安全方面的事项？
5. 客人有哪些权利？
6. 客人有哪些义务？

四、案例分析题

2015年7月28日，浙江人许某在上海某酒店住宿时，在该酒店寄存了两只皮箱。该酒店保管不善，致使箱内的公款及物品被盗，价值人民币约1900元。在财物无法得到赔偿的情况下，许某向法院起诉，要求该酒店赔偿。经法院调解，双方达成以下协议：酒店赔偿客人许某人民币950元，案件受理费40元人民币由许某承担。

请从权利义务关系的角度评析该案例。

# 第三章

## 酒店设立

### 学习目标

1. 了解酒店的分类、经营范围，以及酒店股份、股票、债券的概念。
2. 掌握不同酒店的设立条件和申办流程。
3. 能够区别酒店有限责任公司和酒店股份公司的异同，并设计各自相对应的组织机构。

### 案例导入

**海口喜乐假日酒店无证经营被查处**

位于海口坡巷路的喜乐假日酒店在没有获得任何相关合法证件和手续的情况下，就擅自营业。该酒店是一栋7层楼的楼房，面积约3000平方米，酒店大堂内有醒目广告"试业八折欢迎光临"。

经查实，该酒店在为客人开房时，并没有要求客人提供任何证件。退房结账时，也不能提供正规发票。后来执法部门依法查处发现，该酒店竟然不能提供任何证件和手续，公安部门的旅馆业特种行业许可证、消防部门的消防安全检查意见书、餐饮许可证、税务部门的税务登记证、工商部门的工商营业执照等手续无一办理。面对执法部门人员，酒店老板倒也坦然，态度诚恳，连声表示认罚。并称，自己已投下了巨资装修，又迫于每月高昂房租的压力，所以就想先试探性地营业，减轻经营压力。

工商部门执法人员明确表示，根本就没有"试营业"这一说法，酒店开业必须证照齐全，该酒店现在属于无证擅自经营，工商部门将对其按照相关规定进行处罚。随后，工商、税务、公安等部门向该酒店下达了限期整改通知，责令该酒店在10天内办理完所需有关证件和手续。

**思考：**一间酒店正常开业，到底需要办理哪些手续和证照？

**分析：**酒店是经营住宿、餐饮等业务的工商企业，因此，要开展经营活动必须依法申请办理营业执照。但由于餐饮、住宿和娱乐均属国家行政监管的行业，酒店要经营这些服务项目，均应在申办营业执照前到市场监管部门、公安部门和文化主管部门等行政机关分别申领食品经营许可证、特种行业许可证和娱乐经营许可证。此外，酒店工程在立项时，还要进行环保和消防审批；酒店开业前，还要进行消防检查，通过后，方能正常营业。

# 第一节　酒店分类与设立

## 一、酒店分类

### （一）根据酒店客源来划分

#### 1. 商务酒店

所谓商务酒店，就是为那些从事商务活动的旅客提供住宿、膳食和商业活动及有关设施的酒店。一般来讲，这类酒店都位于城市中心，回头客较多，酒店的服务项目和服务质量、服务水准较高。世界国际酒店集团所属的酒店，绝大多数是商务酒店。例如，纽约希尔顿酒店、芝加哥凯悦酒店、华盛顿马里奥特等都是典型的商务酒店。

#### 2. 公寓式酒店

公寓式酒店主要为长期出行的旅客提供公寓生活，又称之为公寓生活中心。公寓式酒店主要是接待长住客人，这类酒店要求长住客人先与酒店签订一项协议书或合同，写明居住的时间和服务项目。目前，我国有些酒店将其客房的一部分租给商社、公司，作为其办公地点、商业活动中心，形式为长住式酒店。这些酒店向长住客人提供正常的酒店服务项目，包括客房服务、餐饮服务、健身和康乐养生等项服务。

#### 3. 度假酒店

度假酒店主要位于海滨、山城或温泉等自然环境优美、气候好的地区，四季皆宜，树木常青。度假酒店除了提供一般酒店所应有的一切服务项目以外，最突出、最重要的项目便是它的康乐中心，主要是为度假游客提供娱乐和度假场所。此外，度假酒店的文艺演出及游乐设施要完善，如室内保龄球、台球、网球、室内外游泳池、音乐酒吧、咖啡厅、水上游艇、碰碰船、水上漂、电子游戏以及美容中心和礼品商场都是不可缺少的，“付费点播”电视也是十分重要的。我国部分海滨城市有度假酒店。如北戴河、大连金石滩、三亚亚龙湾等地的酒店都属于这一类。

#### 4. 会议酒店

会议酒店是专门为各种从事商业、贸易展览会、科学讲座等的商客提供住宿、膳食和展览厅、会议厅的一种特殊酒店。会议酒店的设施不仅要舒适、方便，要提供舒适的客房和各类餐厅，同时要有大小规格不等的会议室、谈判间、演讲厅、展览厅等。并且在这些会议室、谈判间里都有良好的隔板装置和隔音设备。

5. 民宿

民宿是指利用当地民居等闲置资源，经营用客房不超过4层、建筑面积不超过800平方米，主人参与接待，为游客提供体验当地自然、文化与生产生活方式的小型住宿设施。民宿是近20年发展起来的一种酒店新业态，它满足了客人追求个性化住宿体验的需求。民宿有城市民宿和乡村民宿之分，有代表性的如上海裸心民宿、西坡民宿和山水间民宿等。

（二）根据酒店规模及档次划分

1. 奢华酒店

奢华酒店是在建筑上富有特色、设施高尚、服务极致优雅的综合性接待服务设施，多是所在城市的名片和地理坐标。如广州柏悦酒店、上海浦东丽思卡尔顿酒店和深圳瑞吉酒店等。

2. 豪华酒店

豪华酒店是仅次于奢华酒店的全服务接待设施，相当于国内的四星级、五星级酒店的接待服务水准。如香格里拉大饭店、凯悦酒店和杭州开元名都大酒店等。

3. 经济型酒店

经济型酒店以大众旅行者和中小商务者为主要服务对象，以客房为唯一或核心产品，价格实惠、服务规范、环境舒适、性价比高的现代酒店业态。如锦江之星酒店、如家酒店、7天酒店、尚客优快捷酒店、汉庭酒店等。



（三）根据酒店的组织形式来划分

1. 个体酒店

个体酒店是依法批准设立的，由个人投资，以个人或家庭劳动为主，投资者对酒店债务承担无限责任的酒店。

2. 个人独资酒店

个人独资酒店是由一名自然人投资经营，以雇佣劳动为基础，投资者对酒店债务承担无限责任的酒店，个人独资酒店属于非法人组织，不具有法人资格。

3. 合伙酒店

合伙酒店是由两个或两个以上自然人按照协议共同投资、共同经营、共负盈亏，以雇佣劳动为基础，合伙人对债务承担无限责任的酒店，合伙酒店属于非法人组织，不具有法人资格。

4. 酒店有限责任公司

酒店有限责任公司是依照《中华人民共和国公司法》设立的，由酒店股东以其出资额为限对酒店承担责任，酒店则以其全部资产对酒店的债务承担责任，具有独立法人性质的酒店。当前大部分规模以上酒店都是酒店有限责任公司。

5. 酒店股份公司

酒店股份公司是依照《中华人民共和国公司法》设立的，酒店的全部资本由等额股份构成，股东以其所任缴的股份为限对酒店承担有限责任，酒店则以其全部资产对酒店债务承担责任，具有独立法人性质的酒店。

**知识链接**

**公司是企业法人**

## 二、酒店的经营范围

1. 餐饮服务

酒店餐饮部门可以向客人提供各种酒水、食品服务，满足客人的饮食需求。根据口味的不同，酒店可以提供中餐和西餐服务。其中，中餐即指中国风味的餐食菜肴，是国内大部分酒店主打的餐饮产品；而西餐是西方国家的餐食，主要包括西欧国家的饮食菜肴，也包括东欧各国、地中海沿岸等国和一些拉丁美洲国家的菜肴。另外，东南亚各国的菜肴一般统称为东南亚菜，在部分特色餐厅也较为流行。

2. 住宿服务

酒店房务部门可以向旅行在外的客人提供舒适方便、安全卫生的居住和休息空间，满足客人的住宿需求。酒店向客人提供住宿服务，是酒店最核心和最基础的服务。现代酒店根据星级的不同，向客人提供不同标准和等级的设施和服务，酒店星级越高，住宿等服务设施越豪华，服务质量越优质。

3. 休闲娱乐服务

酒店可以通过夜总会、棋牌室、KTV、游艺厅和歌舞厅等各种设施，举办文化娱乐活动来为客人提供休闲娱乐服务。随着人们生活水平的不断提高，人们对文化、娱乐、休闲的要求越来越高，酒店的休闲娱乐设施不仅可以满足客人的需要，还能扩大酒店的营业收入，是酒店创收的重要来源。

4. 康体健身服务

酒店可以通过游泳馆、健身房、桑拿中心、台球房、保龄球房、乒乓球室、网球场、壁球房、高尔夫球场等康体设施，为客人提供康体健身服务。酒店提供的康体健身服务，可以帮客人调节心情，锻炼身体，保持身心健康，是现代酒店越来越重要的服务项目。

5. 会议服务

酒店可以通过各种大小不等的会议室及风格各异的宴会厅，向企事业单位提供会议、展览和新闻发布会等会务服务，也可以向酒店附近居民家庭提供婚宴、寿宴和亲友聚会等宴会服务。

当然，随着社会的不断发展，现代酒店的经营范围有不断扩大的趋势，不少酒店还向客人提供商品展示、购物和相关商务等服务，在此不一一详述了。

## 三、酒店设立的条件

1.个体酒店设立的条件

(1)申请人主要是有经营能力的城镇待业人员、社会闲散人员和农村村民。对于国家机关干部、企事业单位职工，不能申请从事个体酒店经营。此外，以个人名义经营酒店的，以经营者本人为申请人；以家庭名义经营酒店的，以家庭成员中主持经营者为申请人，参加经营的家庭其他成员姓名应当在设立登记时备案。

(2)有合法的酒店名称。

(3)有固定的生产经营场所和必要的设施设备条件。

(4)从业人员数量一般不多于 8 人。

2.个人独资酒店的设立条件

(1)投资人为一个自然人，且该自然人只能是除国家公务员、公证员、法官、检察官、人民警察及现役军人等人员以外的中国公民，且非法律和行政法规禁止从事营利性活动的人。

(2)有合法的酒店名称。



(3)投资人申报的出资，但对投资人的出资方式和出资数额没有给予规定，而且只要求投资人申报出资，并不要求投资人实际缴付出资。

(4)有固定的生产经营场所和必要的生产经营条件。

(5)有必要的从业人员，数量多少没有限制要求。

3.合伙酒店的设立条件

(1)合伙人数应不少于 2 人，其中，法官、检察官及警察等法律、行政法规禁止从事营利性活动的人不得成为合伙企业的合伙人。

(2)有书面的合伙协议。合伙协议是指合伙人为设立合伙企业而签订的具有法律效力的书面合同。合伙协议必须载明以下内容。

①合伙企业的名称和主要经营场所的地点。

②合伙目的和合伙企业的经营范围。

③合伙人的姓名或者名称及其住所。

④合伙人出资的方式、数额和缴付出资的期限。

⑤利润分配和亏损分担办法。

⑥合伙企业事务的执行。

⑦入伙与退伙。

⑧争议解决办法。

⑨合伙企业的解散与清算。

⑩违约责任。

合伙协议经全体合伙人签名、盖章后生效。合伙协议的修改或补充应当经过全体合伙人一致同意,但合伙协议另有约定的除外。

(3)有合伙人实际缴付的出资,具体金额没有限制要求。合伙人可以用货币、实物、土地使用权、知识产权或者其他财产权利出资,经全体合伙人协商同意也可以用劳务、技术等出资。

(4)有合法的酒店名称。

(5)有固定的经营场所和从事合伙经营的必要条件。

**知识链接**

**酒店合伙经营协议书**



4.酒店有限责任公司的设立条件

(1)股东在50人以下,其中,1人酒店有限责任公司股东人数为1人,其他酒店有限责任公司股东人数至少2人。

(2)根据最新《公司法》,股东出资没有最低限额要求,但应有符合公司章程规定的全体股东认缴的出资额。

(3)股东共同制定公司章程。

(4)有合法的酒店名称,建立符合有限责任公司要求的组织机构。

(5)有公司固定的住所。

5.酒店股份有限公司的设立条件

酒店股份有限公司的设立,可以采取发起设立或者募集设立的方式。其中发起设立酒店股份有限公司,要由发起人认购酒店应发行的全部股份。募集设立酒店股份有限公司,则由发起人认购酒店应发行股份的一部分,其余股份向社会公开募集或者向特定对象募集。

(1)发起人应当有2人以上200人以下,其中须有半数以上的发起人在中国境内有住所。发起人承担酒店筹办事务。

(2)酒店股份有限公司采取发起方式设立的,注册资本为在公司登记机关登记的全体发起人认购的股本总额。酒店全体发起人的首次出资额不得低于注册资本的20%,其余部分由发起人自公司成立之日起2年内缴足;酒店股份有限公司采取募集方式设立的,注册资本为在公司登记机关登记的实收股本总额,在发起人认购的股份缴足前,不得向他人募集股份。

(3)股份发行、筹办事项符合法律规定。

(4)发起人制定公司章程，采用募集方式设立的经创立大会通过。

(5)有酒店名称，建立符合股份有限公司要求的组织机构。

(6)有固定经营住所。

## 四、酒店设立的流程

### 1. 酒店首先要到市场监督管理部门申请酒店名称预先核准

酒店的名称作为酒店的标志，不仅含有商誉权，而且还受有关法律、法规的一定限制，所以，在设立酒店中要求申请名称预先核准。我国有关法律规定，设立公司应当申请名称预先核准。设立酒店有限责任公司，应当由全体股东指定的代表或者共同委托的代理人向市场监督管理部门申请名称预先核准；设立股份有限公司，应当由全体发起人指定的代表或者共同委托的代理人向市场监督管理部门申请名称预先核准。

酒店申请名称预先核准，应当提交以下文件：

(1)酒店有限责任公司的全体股东或者股份有限公司的全体发起人签署的酒店名称预先核准申请书。

(2)股东或者发起人的法人资格证明或者自然人的身份证明。

(3)市场监督管理部门要求提交的其他文件。



市场监督管理部门应当自收到上面所列文件之日起 10 日内作出核准或驳回的决定。市场监督管理部门决定核准的，应当发给企业名称预先核准通知书。预先核准的公司名称保留期为 6 个月。预先核准的公司名称在保留期内，不得用于从事经营活动，不得转让。

### 2. 申请办理环保审批

对于酒店经营餐饮业，要在开业前向酒店所在地县级以上环保行政管理部门申请环保审批。

### 3. 消防检查

### 4. 前置行政许可

对于经营餐饮服务的，要向市场监督管理部门申请办理餐饮服务许可证；对于经营住宿服务的，要向公安行政管理机关申请办理特种行业许可证；对于经营歌舞娱乐服务的，要向文化主管部门申请办理娱乐经营许可证；此外，酒店根据经营需要，也有可能需要申领烟草专卖零售许可等证照。

### 5. 办理营业登记

酒店在市场监督管理部门申领营业执照，获得统一社会信用代码，酒店核准登记之日，便是酒店的成立之日。

### 6. 办理税务登记证

酒店申领营业执照后，应去当地税务管理部门办理税务登记，方可申领发票，酒店才能开张营业。

## 第二节　酒店设立管理

### 一、酒店设立的前置行政许可

1. 食品经营许可

按照《食品安全法》及《食品安全法实施条例》的规定，酒店要提供餐饮服务项目，应当依法先取得食品经营许可证，才能向市场监督管理部门申领营业执照。此外，取得食品经营许可的酒店，在其餐饮服务场所出售其制作加工的食品，不再需要取得食品生产和流通的许可。

酒店在领取开业登记注册证书后，首先要到酒店所在地县级以上市场监督管理部门申请办理食品经营许可证，市场监督管理部门收到申请材料，审核通过后会由安排相关人员到酒店进行现场核查。酒店要提供餐饮经营场所的平面布局示意图，供市场监督管理人员审查修改。重点考察酒店店面布局、操作间、消毒设备和消毒方法、库房、卫生间、宿舍、用具存放、员工体检、卫生措施（在市场监督管理部门的指导下，按照《中华人民共和国食品安全法》的规定制定餐饮场所的卫生措施）。

现场核查结束后，对符合规定的发放食品经营许可证；对不符合规定的给予书面答复并说明理由。食品经营许可证的有效期一般为 3 年。

2. 特种行业许可

我国法律规定，旅馆住宿业属于特种行业，易被违法犯罪分子利用进行违法犯罪活动，也极易发生治安灾害事故。因此，国家对开办旅馆业进行较为严格的行政审批管理。本书所指的旅馆业，包括旅社、饭店、宾馆、酒店、招待所，以及有接待住宿业务的办事处、培训中心、住客浴室、度假村等。

根据《旅馆业治安管理办法》的规定，申请开办旅馆住宿业，应当向所在地县级以上公安局特种行业科提出申请，一般由所在地县级公安（分）局直接审批。申请时，应提交下列基本材料：

（1）酒店关于经营特种行业的申请书和特种行业经营申请登记表。

（2）酒店上级主管机关的批复。

（3）法人代表身份证复印件和从业人员登记情况。

（4）申请单位对于房屋享有所有权或者使用权的证明，房屋工程质量竣工核定书。

（5）房屋平面图（每层一页）、方位图。

（6）消防部门开具的消防鉴定书。

（7）申请单位开办旅馆业应建立的各项安全管理制度的书面材料。

（8）公安机关认为其他应予提交的材料。

公安机关受理上述材料，经初审合格后，会对酒店进行现场查勘。查勘结束后，由辖区派出所治安（社区）民警、分管所领导签署审批意见、治安科分管民警和领导签署意见。

审批合格的由受理申请的治安科核发特种行业许可证（见图 3-1），然后凭该许可证方能向市场监督管理部门申请住宿经营登记，领取营业执照后，方准开业。审批不合格的由受理

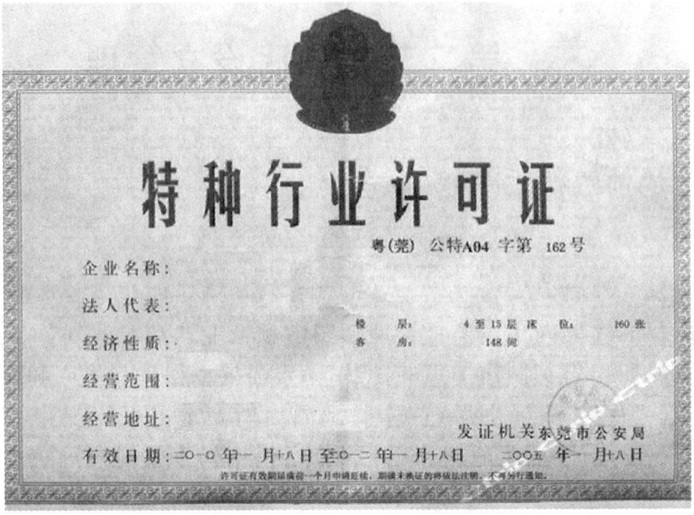


图 3-1 特种行业许可证

申请的治安科书面告知申请人不合格的原因。特种行业许可证的有效期一般为 3 年。

审批合格的由受理申请的治安科核发特种行业许可证，然后凭该证方能向工商行政管理部门申请住宿经营登记，领取营业执照后，方准开业。审批不合格的由受理申请的治安科书面告知申请人不合格的原因。特种行业许可证的有效期一般为 3 年。



## 案例分析

### 酒店无证经营被取缔

2016 年 3 月 2 日，上饶市信州公安分局治安大队在对旅馆业的日常检查中，发现站前路附近一酒店，在未经公安机关许可的情况下擅自营业。同时还当场抓获一名正在吸食毒品的住客曾某。在对该酒店的初步调查中，民警发现该酒店自 2 月 10 日起无证经营至今，酒店的旅馆业信息系统未与公安机关联网，且未办理公安机关的特种行业许可证，日常管理混乱。该酒店共有 80 间客房，每日营业额达 5000 余元。

该酒店已被治安大队予以取缔，并追缴非法所得 10 万元，吸毒人员曾某被行政拘留，酒店管理人员郑某被行政罚款。

**问题：**为何酒店经营住宿业务，法律要求其申办特种行业许可证？

**分析：**特种行业是指在工商服务业中，因经营业务的内容和性质而易于被犯罪分子所利用，由国家或地方性法规规定交由公安机关实行治安行政管理的行业。旅店住宿业，很容易成为通缉犯、逃犯隐身落脚的场所，或不法人员从事黄、赌、毒等违法犯罪活动，因此，旅店住宿业事关社会公共安全，其设立和经营都需要治安管理部门的严格监管。

3. 娱乐经营许可

根据《娱乐场所管理条例》(2020 年修订版)的规定,酒店兼营歌舞等文化娱乐项目,应当向所在地县级人民政府文化主管部门提出申请办理娱乐经营许可证;设立外商投资的娱乐场所,应当向所在地省、自治区、直辖市人民政府文化主管部门提出申请。

酒店要在领取申请开业登记注册书后,到所在地县级以上文化管理部门申请办理娱乐经营许可证(见图 3-2),提交相关申请材料,主要包括有效身份证及复印件、所申请事项的申请书、经营场地情况材料、消防意见书(网吧、娱乐业)、环保评估意见书(娱乐业)和文化市场法规培训合格证。受理文化行政机关对材料进行现场审查,审查通过的,可以当场做出颁发行政许可的决定;对于不能当场做出行政许可决定的,文化行政机关应当自受理行政许可申请之日起二十日内做出行政许可决定。二十日内不能做出决定的,经本行政机关负责人批准,可以延长十日,并应当将延长期限的理由告知申请人。

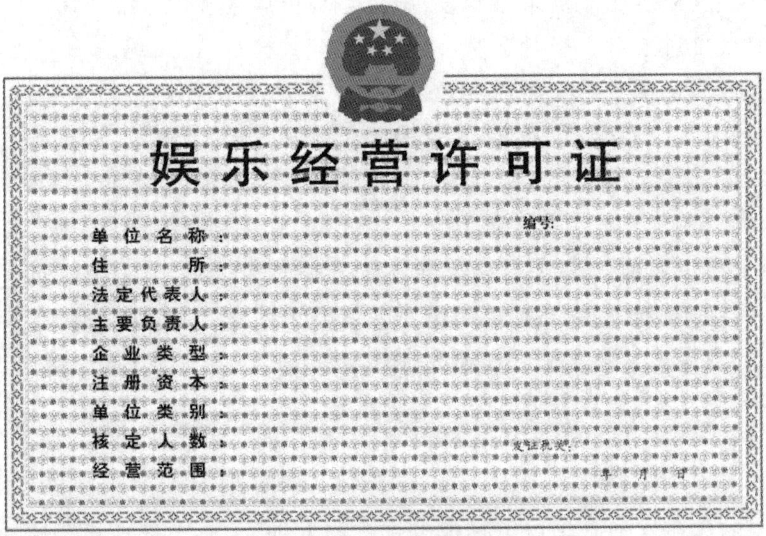
娱乐经营许可证
编号:
单位名称:
住　　所:
法定代表人:
主要负责人:
企业类型:
注册资本:
单位类别:
核定人数:
经营范围:
发证机关:
年　月　日

图 3-2　娱乐经营许可证

其他行政许可还有烟草专卖零售许可等。在此就不一一详述了。

## 二、酒店设立的行政审批

1. 消防审批

根据《消防法》的有关规定,宾馆、酒店建设工程竣工后,应向酒店所在地县级以上公安机关消防机构申请消防竣工验收;未经消防验收或者消防验收不合格的,禁止投入使用。此外,酒店在装饰装修后,投入使用和营业前应当向酒店所在地县级以上公安机关消防机构申请消防安全检查。公安机关消防机构应当自受理申请之日起 10 个工作日内,根据消防技术标准和管理规定,对该场所进行消防安全检查。未经消防安全检查或者经检查不符合消防安全要求的,不得投入使用、营业。

酒店在市场监督管理部门领取申请开业登记注册书后,到所在地区县级以上公安管理机关消防科申请办理消防安全检查。酒店要提交申请书、酒店位置平面图，领取防火安全重点行业审批表。由消防科派防火检验员检查验收。消防检查验收项目有防火责任制；燃料特别是液化气罐的存放位置；厨房、电源、电路等有无火灾隐患；室内装修采用可燃物的，如竹、木等，要做防火阻燃处理；按照消防科的要求配备足够的灭火器；对员工进行防火教育、训练，举行灭火演习和考试培训制度等。检验合格后，由防火检验员签署检验合格意见，并加盖公安局防火检验专用章。

**案例分析**

**某知名连锁酒店无证经营被查封**

某知名连锁酒店深圳东门步行街二店，在未办理公安和消防方面许可证的情况下开业经营。该酒店在深圳东门华佳广场，客房门牌号显示，共有150间客房。某日被深圳东门派出所查封。查封当晚，酒店全部客人被迫退房，纷纷抱怨上当受骗。该店前台负责人承认酒店因证照不齐被查封，但否认酒店已营业。东门派出所证实该店未办理公安和消防方面许可证，是按照相关规定予以查封的。

**问题**：为什么该知名酒店会被查封？

**分析**：案例中的某知名连锁酒店在未办理公安和消防许可证的情况下，擅自营业，显然属于无证经营。因该酒店未取得公安和消防许可，是不可能办理特种行业许可证（住宿），更无法申领营业执照。在未申领营业执照的情况下，擅自营业或试营业，都是违法的，必然会被有关部门予以取缔。

2. 环保审批

环保审批由酒店所在地县级以上环保管理部门办理，主要审批项目为噪声、排污。酒店要提供餐饮场所位置平面图，并标注周围环境情况和邻近建筑物的使用性质，由环保行政管理机关派出人员实地查验。检验合格后，由县级以上环保管理部门在申请开业登记注册书上“有关部门意见”栏，签署“同意开业”，并加盖公章。

## 三、酒店的登记

1. 工商营业登记

新成立的酒店应到所在地县级以上市场监督管理部门办理开业登记，市场监督管理部门在接受申请后30日内做出登记或不予核准登记的决定。办理开业登记的酒店，首先应申请店名预先核准企业名称预先审核通知书，经核准后，到登记主管的市场监督管理部门领取企业申请开业登记注册书，登记注册的主要事项有酒店名称、地址、经营场所、法定代表人、经营性质、经营范围、经营方式、注册资金、从业人数、经营场所面积、经营期限、分支机构等。

在依法取得相关酒店登记和审批手续后，市场监督管理部门才能批准登记，向酒店发放营业执照。在领取营业执照以前，不得以酒店的名义进行经营活动，营业执照签发日期为酒店成立日期。办理开业登记应按照规定交纳登记费。

2. 税务登记

新开办酒店在领取工商营业执照（含临时工商营业执照）的 30 日内，应当到所在地税务机关办理税务登记。酒店在申报办理税务登记时，应当根据不同情况向税务机关如实提供以下证件和资料：

（1）工商营业执照或其他核准执业证件。

（2）有关合同、章程、协议书。

（3）组织机构统一代码证书。

（4）法定代表人或负责人或业主的居民身份证、护照或其他合法证件。

（5）税务机关要求的其他需要提供资料。

新开办的酒店只有办理税务登记后，才能开立银行基本账户和领购发票，酒店方能正式营业。

案例分析

**佛冈工商查处一无证经营大酒店**

2010 年 1 月 20 日，佛冈县工商局在执法检查中发现，有一家无证无照的大酒店已经开业一个多月了。

经初步调查，该酒店 2009 年 12 月上旬在未领取营业执照等的情况下就开始营业。在现场，执法人员发现该酒店有 13 层楼，面积约 3000 平方米，首层是大堂和茶艺室，2 层是餐厅，有 7 间包房，3 层至 9 层是卡拉 OK 房，有 38 间包房，10 层至 13 层是旅店，从业人员有 50 多人。据酒店负责人称，该酒店已领取了筹建营业执照，经营范围是餐饮、旅店、卡拉 OK 筹建（筹建期间不得开展经营活动），但由于报送消防审核还未通过，故此无法办理文化经营，特种行业等前置许可证。执法人员依法责令该酒店停止经营，并予以立案查处。

**问题：**1. 该酒店的范围有哪些？

2. 该酒店应该办理哪些证照和审批手续？

**分析：**该酒店经营有茶艺室、餐厅和卡拉 OK 房，故其业务范围有餐饮，住宿和文化娱乐。

该酒店要经营餐饮，应该申领食品经营许可；要经营卡拉 OK 房，应该申领娱乐经营许可证；要经营住宿业务，应该申领特种行业许可证。此外，该酒店还要申请消防许可和环保审批，最后审批还要向市场监督管理部门申领营业执照，方可正式营业。

知识链接

**"三证合一"**

## 第三节　酒店有限责任公司设立

### 一、酒店有限责任公司的概念及特征



酒店有限责任公司又称酒店有限公司，是指股东以其出资额为限对酒店承担责任，酒店则以其全部资产对酒店的债务承担责任。其特征有以下几点。

1. 酒店的各位股东均负有限责任

酒店股东以其出资比例享受权利、承担义务，这是其与无限责任公司最主要的区别。

2. 酒店股东有最高人数限制

酒店有限责任公司股东人数在 1～50 人，而其他公司没有最高人数限制。

3. 酒店资本不分为等额股份

证明酒店股东出资份额的权利证书称为出资证明书，该证明书不是股票，也不是有价证券，所以不能买卖，不向社会发行。

4. 股东出资转让有严格限制

酒店股东之间可以相互转让其全部或部分出资，但股东向股东以外的人转让其出资时，必须经全体酒店股东过半数通过；不同意转让的股东应当购买该转让的出资，如不购买，视为同意转让。经酒店股东同意转让的出资，在同等条件下，其他酒店股东有优先购买权。

案例分析

**酒店的债务应由谁承担**

2004 年春，某市××房地产公司等 11 家企业共同发起设立某酒店，同年 3 月 25 日依法成立酒店有限责任公司后正式对外营业。2005 年 9 月，该市某海鲜批发公司与该酒店签订了一份海鲜购销合同，约定海鲜公司向酒店供应干货、生鲜海产品，标

的额共计24万元。10月10日，海鲜公司按照合同约定将货物运送到该酒店生鲜仓库。7天后，该海鲜公司按合同约定要求酒店支付货款24万元。而此时，酒店因经营不善，长期处于亏损状态，已拖欠多笔大额债务。因此，酒店向该海鲜公司表示无法按期支付货款。海鲜公司考虑到该酒店的股东——××房地产公司等11家企业均为本市的著名企业，大部分经营良好，信誉较高。于是，海鲜公司以这11家企业为被告，向当地人民法院提起诉讼，要求这11家企业承担偿付货款24万元的责任。

**问题**：该海鲜批发公司到底应向谁追偿债务，是酒店还是酒店的股东，抑或是两者皆可？

**分析**：案例中的酒店是有限责任公司，属独立的法人企业，具有独立的民事行为能力，能够独立承担民事责任和享有民事权利。该酒店与海鲜批发公司签订了购销合同，产生了24万元的债务，理应由该酒店承担。法律规定，有限责任公司以其全部资产对其债务承担责任，有限责任公司股东对有限责任公司债务不承担直接的法律责任。故海鲜批发公司应该向酒店追偿债务，酒店以其现有资产对海鲜批发公司承担债务，资不抵债的，酒店会破产，未抵偿债务由海鲜批发公司承担，与该酒店11名法人股东无关。



## 二、酒店有限责任公司设立程序

1. 申请酒店名称预核

由全体股东指定的代表或委托的代理人向市场监督管理机关申请酒店名称预先核准，在酒店筹建期间使用预核的酒店名称。

2. 全体股东共同制定酒店有限责任公司章程

公司章程应当载明下列事项：公司名称和地址；公司经营范围；公司注册资本；股东的姓名或者名称；股东的出资方式、出资额和出资时间；公司的机构及其产生办法、职权、议事规则；公司法定代表人；股东会会议认为需要规定的其他事项。股东应在公司章程上签名、盖章。

3. 根据酒店经营需要，要办理环保、消防等行政审批

4. 发起人缴纳出资

发起人可以用货币出资，也可以用实物、知识产权、土地使用权等作价出资。对作为出资的非货币财产应当评估作价，核实财产，不得高估或者低估作价。土地使用权的评估作价，依照法律、行政法规的规定办理。酒店有限责任公司成立后，股东不得抽逃出资。全体股东的货币出资金额不得低于有限责任公司注册资本的30%。股东应当按期足额缴纳公司章程中规定的各自所认缴的出资额。股东以货币出资的，应当将货币出资足额存入有限责任公司在银行开设的账户；以非货币财产出资的，应当依法办理其财产权的转移手续。股东不按照前款规定缴纳出资的，除应当向公司足额缴纳外，还应当向已按期足额缴纳出资的股东承担违约责任。酒店有限责任公司成立后，发现作为设立公司出资的非货币财产的实际价额显著低于公司章程所定价额的，应当由交付该出资的股东补足其差额，公司设立时的其

他股东承担连带责任。

5. 法定验资机构验资

股东缴纳出资后，必须经依法设立的验资机构验资并出具证明。

6. 申请设立登记

股东的首次出资经依法设立的验资机构验资后，由全体股东指定的代表或者共同委托的代理人向工商管理机关报送公司登记申请书、公司章程、验资证明文件等，申请设立登记。

7. 领取营业执照

依法设立的酒店有限责任公司，由工商行政管理机关发给公司营业执照。公司营业执照签发日期为公司成立日期。公司营业执照应当载明公司的注册资本、经营范围等事项。

### 三、酒店有限责任公司的组织结构

1. 股东会

股东会由全体股东（股东是公司的出资人）组成，是公司的权力机构。股东会会议分为定期会议和临时会议。定期会议应当按公司章程按时召开。代表1/4以上表决权的股东、1/3以上的董事或监事都可以提议召开临时会议。股东会由董事会召集，董事长主持。股东会会议由股东按出资比例行使表决权。

2. 董事会

董事会是公司的经营决策和业务执行机构，对股东会负责。董事会会议由董事长召集和主持。1/3以上董事可以提议召开董事会会议，但应当于会议前10日通知全体董事。董事任期由公司章程规定，但每届任期不得超过3年，董事任期届满，可以连选连任，董事任期届满前，股东会不得无故解除其职务。



3. 监事会

监事会是监督机关，负责对公司的财务、经营，以及董事会及成员和经理，进行监督和检查工作，对股东会负责并报告工作。监事会成员根据公司章程由股东代表和适当比例的职工代表组成。经营规模较大的有限责任公司设立监事会，成员不少于3人；较小的可以不设监事会，但应当设监事1～2名。董事、经理、财务负责人不得兼任监事。监事任期由公司章程规定，但每届任期不得超过3年，监事任期届满，可以连选连任，监事任期届满前，股东会不得无故解除其职务。

4. 经理

酒店有限公司设经理，经理是酒店日常管理机构的负责人，由董事会聘任或解聘，经理对董事会负责，列席董事会会议。

## 第四节　酒店股份有限公司设立

### 一、酒店股份有限公司及其特征

酒店股份有限公司是指酒店全部资本由等额股份构成，股东以其所认缴的股份为限对酒店承担有限责任，酒店则以其全部资产对酒店债务承担责任的酒店法人。其特征主要有以下几点。

(1)酒店股东均负有限责任。

(2)酒店股东人数。采取发起设立的酒店股份有限公司股东人数在 2 人以上，200 人以下；采取募集设立的酒店股份有限公司股东的人数一般至少为 2 人，没有最高人数限制，但股东人数在 200 人以上时，需要经过国务院相关部门审核。

(3)酒店全部资本分成等额股份。采取股票的形式，同股同权、同权同利。

(4)上市的酒店股份有限公司股票在证券交易所可以自由进行交易和转让。酒店可以向社会公开发行股票。发起人持有公司股份，自公司成立之日起 3 年内不得转让，公司的董事、监事、经理在任职期内不得转让其出资。

## 二、酒店股份有限公司设立方式

1. 发起式设立

由发起人认购公司应发行的全部股份而设立的公司。

2. 募集式设立

由发起人认购公司应发行的全部股份的一部分(不少于资本总额的 35%)，其余部分向社会公开募集或向特定对象募集而设立的公司。

募集式酒店股份有限公司发起人向社会公开募集股份，必须公告招股说明书，并制作认股书；发起人未经国务院证券监督管理机构批准，不得向社会公开募集股份。



## 三、酒店股份有限公司的组织机构

1. 股东大会

股份有限公司由股东组成股东大会，股东大会是公司的最高权力机构，除了股份有限公司股东大会享有的“对股东以外的人转让出资做出决议”职权外，其职权与有限公司股东享有的职权相同。

股东大会每年召开一次年会，股东出席股东大会，所持每一份股份有一个表决权。股东大会由董事会召集、董事长主持。股东大会会议由股东按持股数行使表决权。

2. 董事会

酒店股份有限公司设董事会，是酒店执行业务、做出经营决策的常设机构。董事会对股东大会负责，其职权与酒店有限公司董事会的职权基本相同。董事会设董事长 1 人，可以设副董事长。董事长是酒店的法定代表人。董事会每年度至少召开 2 次会议，董事会会议应有 1/2 以上的董事出席方可举行，董事会做出决议，必须经全体董事过半数通过。

3. 监事会

酒店股份有限公司与酒店有限责任公司的监事会或监事制度基本一致。但有两点不同，一是酒店股份有限公司不论规模大小和股东人数多少，均必须设立监事会，二是监事会人数至少 3 人，没有上限。

4. 经理

酒店股份有限公司设经理，由董事会聘任或解聘。经理对董事会负责，其职权与酒店有限责任公司的经理职权相对应。经理列席董事会会议。酒店董事会可以决定由董事会成员兼任经理。

**知识链接**

**华天酒店集团股份有限公司第八届董事会第一次会议决议公告**

## 四、酒店股份、酒店股票和酒店债券

1. 酒店股份

酒店股份是以股票为表现形式，体现酒店股东权利和义务的资本组成部分。

2. 酒店股票



酒店股票是股份有限公司签发的证明股东所持股份的凭证。股票发行实行公开、公平、公正的原则。

3. 酒店债券

酒店债券是酒店依照法定程序发行的、约定在一定期限内还本付息的、有价的证券。酒店债券分为记名债券和无记名债券两类。

## 五、酒店股票和酒店债券的区别

酒店股票与酒店债券都是有价证券，都是酒店通过公开发行募集资本的融资手段，但两者却有明显的区别。

1. 前者为股东关系，后者是债权与债务的关系

酒店股票所表示的是对酒店的所有权，其持有者是酒店的股东，有权直接或间接地参与酒店的经营管理。而酒店债券表示的只是对酒店的一种债权，其持有者只是酒店的债权人，无权过问酒店的经营管理。

2. 前者不允许退还，后者到期还本付息

酒店股票无到期退回之说。股金一旦交给酒店，就不能要求酒店退回股金，只要酒店存在，就永远归酒店支配。酒店股票持有者只能通过转让实现股金的收回。而酒店债券到期可回收本金，也就是说连本带利都能得到，如同放债一样。

3. 前者收益风险大，后者利息稳定

酒店股票是金融市场上的主要投资对象，其交易转让的周转率高，市场价格变动幅度

大，可以暴涨暴跌，安全性低，风险大，且酒店股票股息率不定，股息收入随酒店的盈利情况变动而变动，盈利多就多得，盈利少就少得，无盈利不得，而债券只是一般的投资对象，其交易转让的周转率比股票较低，且酒店债券利率既定，到期就可以获得固定利息，而与发行债券的酒店经营获利情况无关。

4. 酒店解散或破产时，债券优先受偿

酒店一旦解散或破产，会依法进行资产清算，在资产清算时，先偿还酒店债务（含酒店债券），偿还债务后再根据剩余资产清盘状况，酒店股东按出资比例或持有股份比例分配剩余资产。因此，酒店债券有优先受偿权。

## 本章小结

本章对酒店设立管理和酒店法人的基本问题进行了介绍。酒店设立包括酒店的概念、类型、经营范围、设立的基本条件，以及各种行政审批管理等主要问题。其中重点介绍了餐饮许可、特种行业许可和娱乐经营许可等行政许可。酒店法人部分重点介绍了酒店有限责任公司和酒店股份有限公司两类典型酒店法人的设立条件、申办流程和组织机构设置等问题。

## 关键概念

食品经营许可　特种行业许可　娱乐经营许可　酒店有限责任公司　酒店股份有限公司　股份　股票　债券

## 思考与练习

一、单项选择题

1. 下列属于按客源市场来进行酒店划分的是（　　）。

A. 度假酒店　B. 合伙酒店　C. 机场酒店　D. 豪华酒店

2. 下列不属于酒店经营范围的是（　　）。

A. 博彩　B. 餐饮　C. 购物　D. 健身

3. 酒店要兼营歌舞等娱乐项目，必须先取得下列哪些手续？（　　）

A. 餐饮许可　B. 娱乐许可

C. 公安局特种行业和治安审批　D. 环保审批

4. 酒店有限责任公司的决策机构是（　　）。

A. 股东会　B. 职工代表大会　C. 董事会　D. 监事会

5. 酒店股份公司的法人代表是（　　）。

A. 总经理　　B. 董事长　　C. 董事　　D. 独立董事

6. 根据有关法律规定，具有独立民事行为能力的酒店有（　　）。

A. 个体酒店　　B. 合伙酒店

C. 个人独资酒店　　D. 酒店有限责任公司

7. 按公司与公司之间的控制依附关系，可将酒店分为（　　）。

A. 上级酒店与下级酒店　　B. 总店与分店

C. 大酒店与小酒店　　D. 集团酒店与控股酒店

8.《中华人民共和国公司法》规定，设立酒店有限责任公司，其股东最高人数为（　　）。

A. 200 人　　B. 30 人　　C. 40 人　　D. 50 人

9. 赵、钱、孙、李、陈五人共同投资 1000 万元，设立蓝天酒店股份有限公司。该公司注册资本分为 1000 万股，每股 1 元。赵、钱、孙三人分别持有 300 万股，李、陈二人分别持有 50 万股。该公司运营中的债务应由（　　）。

A. 赵、钱、孙、李、陈五位股东共同承担　　B. 公司以注册资本为限承担

C. 公司与股东共同承担　　D. 公司以其全部资产承担

10. 酒店在申办过程中的“三证合一”是指（　　）一起办理。

A. 税务登记证　　B. 食品经营许可证

C. 特种行业许可证　　D. 工商营业执照

E. 组织机构代码证



二、判断题

1. 甲、乙、丙三人设立酒店有限责任公司，注册资本为 500 万元，甲以货币 200 万元出资，乙以商标权评估作价 50 万元出资，丙以专利权作价 50 万元和货币 200 万元出资，该有限责任公司的出资是符合规定的。（　　）

2. 甲、乙、丙三人设立以餐饮食品批发为主兼营零售的餐饮有限责任公司，该公司的法定资本最低限额为 10 万元。（　　）

3. 甲、乙、丙三人共同出资成立了一家有限责任公司。甲、乙的出资各占 20%，丙的出资占 60%。现丙与丁达成协议，将其在该公司拥有的股份全部转让给丁。对此，如果甲和乙都不愿购买，丙应当取消与丁的股份转让协议。（　　）

4. 酒店从事餐饮服务项目，不一定要取得环保审批。（　　）

三、简答题

1. 酒店有限责任公司的设立有哪些条件？

2. 酒店股份有限公司的设立有哪些条件？

3. 酒店有哪些分类？

4. 简述酒店股份有限公司的组织构成及各自的职能。

5. 简述酒店有限责任公司的组织构成及各自的职能。

四、案例分析题

**欲开酒店，该如何申请**

黄某下岗后，哥哥为他筹集了50万元经商。黄某看好了酒店市场，打算投资一家酒店，可他完全不了解开办的条件和程序。

假如你被黄某聘为酒店投资顾问，请撰写一份酒店开办计划书。

# 第四章

## 酒店服务合同

### 学习目标

1. 认识和了解酒店服务合同的概念、形式和特征。

2. 理解酒店服务合同订立、变更、终止和违约责任；掌握酒店服务合同履行的原则。

3. 掌握酒店合同违约责任的承担方式和违约责任的免除。

### 案例导入

**婚期临近，酒店取消预订**

2015 年 1 月 10 日是天津张女士与刘先生结婚的大喜日子。人生大事当然要隆重热闹。提前半年，张女士就开始着手准备自己的婚礼了，在认真确定前来贺喜的亲朋好友人数后，张女士和刘先生于 2014 年 9 月来到市内某大酒店提前预订婚宴 32 桌，同时向亲友们发出了喜帖。不料，2015 年 1 月初，张女士与刘先生婚期临近，张女士去酒店核实宴会相关事宜，却突然得知酒店已将原来预订的就餐大厅改订给了他人。“4 个月之前就订好了酒席，并交了 1000 元的订金，怎么酒店方说变就变了？而且喜帖已经发下去了，这么短的时间，让我们上哪去找办婚宴的酒店？”

酒店经理说，在张女士前来预订婚宴的时候，酒店方面还没有接到招待任务，但是现在事情已经无法改变。因 1 月 10 日那天酒店有重要接待任务，无法满足张女士与刘先生的婚宴要求，所以只能请他们另行选择酒店安排婚宴。酒店方面同意退还张女士所交订金，但是其他赔偿无法满足。2015 年 1 月 7 日，张女士与刘先生多次找到酒店要求承担违约责任，赔偿精神损失。但是都没有达成一致。

**思考：**张女士的赔偿要求是否合理，酒店应不应该担责？

**分析：**张女士提前向酒店进行了餐饮预订，酒店接受并收了 1000 元的定金。因此，酒店和客人之间的餐饮预定合同成立。后来，酒店单方面解除合同，不符合酒店法规定的可以单方解除合同的法律情形，因此，认定酒店合同违约。张女士可以依照定金罚则，要求酒店双倍返还定金 20000 元；也可以选择要求酒店继续履行合同，如期在酒店举办婚宴，若酒店无法按期履行，张女士可以向酒店申请损失赔偿，包括因酒店违约造成的实际损失，当然也包含一定的合理精神损失费。但要指出的是，张女士只能选择其中的一种方式进行维权。

## 第一节　酒店服务合同概述

### 一、合同及特征

根据《中华人民共和国民法典》(合同编)，合同是指民事主体之间设立、变更、终止民事法律关系的协议。其特征有：

(1)合同是平等主体之间的法律行为。行政机关对酒店的行政管理关系(如酒店的审批、许可等事宜)、酒店与员工的管理关系等不适用于《中华人民共和国民法典》(合同编)中的相关规定。

(2)合同的民事权利义务关系表现为债权债务关系，而非人身关系，故“婚姻、收养、监护”等民事协议不适用于《中华人民共和国民法典》(合同编)中的相关规定。

(3)合同是两个以上当事人“合意”的结果。

### 二、酒店服务合同

酒店服务合同是酒店与客人之间设立、变更、终止酒店法律关系的协议。其主要形式有酒店住宿合同、酒店保管合同、酒店租赁合同和酒店预订合同等。

酒店服务合同的主体仅限于酒店和客人，是酒店在对客服务过程中，双方形成的服务与被服务的关系，并通过预订、登记入住、开单等法律行为而确立的一系列的契约关系。酒店服务合同明确了酒店和客人双方之间的债权债务关系，有利于酒店服务过程和活动的实施，对酒店和客人来说均具有重要的意义。

**知识链接**

**中华人民共和国民法典民事规则**

## 三、酒店服务合同的内容

1. 当事人的姓名或者名称和住所

例如酒店的名称、住址，客人的姓名、身份证号等。

2. 标的

标的是酒店服务合同双方权利义务共同指向的对象。标的是合同法律关系的客体，没有标的，合同关系也就不存在。酒店服务合同标的主要是有酒店产品或服务。例如，客房服务、餐饮服务、康乐服务等。

3. 数量和质量

数量和质量是指酒店服务合同标的数量，以及相应的服务等级要求。

4. 价款或者酬金

价款或者酬金是客人向酒店提供的酒店服务支付的货币。

5. 履行的地点、期限、方式

餐饮服务要明确就餐大厅或包房名称，以及就餐的日期和餐别；住宿则要提供抵达酒店的时间和入住的天数等。

6. 违约责任

7. 解决争议的方法



**知识链接**

**婚宴（团体宴、寿宴）宴席预订协议**

# 第二节　酒店服务合同的订立

## 一、酒店服务合同订立的概念

酒店服务合同是酒店与客人就酒店接待服务的主要条款达成合意的过程。酒店服务合同的订立意味着酒店与客人之间的意思表示一致。

## 二、订立酒店服务合同主体的资格

1.具有民事权利能力

民事权利能力是指民事主体依法享有民事权利和承担民事义务的资格。民事权利能力是整个民事能力制度的基础，包括行为能力、意思能力、责任能力。客人的民事权利能力始于出生，终于死亡；而酒店的民事权利能力始于成立，终于破产清算。

2.具有民事行为能力

民事行为能力是指民事主体以自己的行为取得民事权利和设定民事义务的资格。客人的民事行为能力分为完全民事行为能力、限制民事行为能力和无民事行为能力。其中，完全民事行为能力客人是指18周岁以上或16—18周岁，以自己的劳动收入为主要生活来源，能完全辨认自己行为的客人；限制民事行为能力客人是指10周岁以上和不能完全辨认自己行为的客人；无民事行为能力客人是指不满10周岁和完全不能辨认自己行为的客人。

酒店的民事行为能力也是始于成立，终于破产清算。但只有酒店有限责任公司和酒店股份有限公司等法人企业具有完全独立的民事行为能力，不具有法人地位的酒店，则多是限制民事行为能力或无民事行为能力。

3.代理合同

客人依法可以委托代理人订立酒店服务合同。所谓委托代理人订立酒店服务合同，是指客人委托他人以自己的名义与酒店签订合同，并承担由此产生的法律后果的行为。在酒店对客服务过程中主要包括委托代理和指定代理。委托代理代订合同有以下特征。

(1)代理人以被代理人的名义做出。

(2)代理人向酒店做出意思表示或接受意思表示。

(3)在委托授权范围内做出。

代理人签订酒店合同必须具有被代理人的代理证明书或授权委托书，以被代理人的名义签订。

### 同步案例

**起争议的签单权！**

2015年，绍兴市区一家酒店与当地的汽车销售公司签有长期合作协议，协议规定公司招待客户时前往酒店就餐，公司业务经理章某等人均可签单消费，餐费由公司按月结算。最近几年来，双方一直按此约进行，没有争端。

2017年8月，章某照例多次带人前往该酒店用餐，前后共签单消费1.3万余元。9月初，酒店再次与公司结算时，公司方面表示，章某已于7月份辞职离开公司，不再具有签单权。其8月份的消费也与公司业务毫无关系，公司拒绝支付章某的8月份消费签单。

**分析**：公司与酒店事先签订的合同，使得章某拥有签单权，实质上是赋予章某代理人的地位，即允许其代理公司与酒店签订消费合同。章某辞职后，其继续冒用公司名义与酒店发生消费关系，实属无权代理。但是，公司在章某辞职之后，没有将终止章某签单权这一事项告诉酒店，因此，酒店有理由认为章某依然有权签单。根据《中华人民共和国民法典》规定，行为人没有代理权或代理权终止后，以被代理人名义订立合同，相对人有理由相信行为人有代理权的，该代理行为有效。因此，虽然章某辞职后无权签单，但仍需要由公司买单。不过该公司向酒店支付章某签单的1.3万余元餐费，有权向章某索赔，但当另案处理。

## 三、订立酒店服务合同的主要形式

1. 口头形式

口头形式主要是指酒店与客人直接通过当面交谈、电话联系等口头形式来订立酒店服务合同，适用于“即时清结”和“即时履行”的合同，如客房送餐、委托代办等酒店服务。此形式鼓励交易，但不利于举证解决合同纠纷。

2. 书面形式

书面形式是指酒店与客人通过合同书、信件和数据电文（包括电报、电传、传真、电子数据交换和电子邮件）等有效载体的形式来订立酒店服务合同。例如，预订确认书、入住登记表、行李寄存单和贵重物品保管卡等。

3. 其他形式

其他形式是指根据当事人的行为或者特定情形推定成立的合同，也称为默示合同。此类合同是指当事人未用语言明确表示成立，而是根据当事人的行为推定合同成立。

## 四、酒店服务合同订立的程序

1. 要约

要约是指酒店或客人以缔结合同为目的，向对方提出合同条件，希望对方接受的意思表示，即要约人希望与他人订立合同的主动的意思表示。酒店和客人任何一方要发出要约，必须以缔结酒店服务合同为目的，而且要约内容必须具体确定。要约是一种法律行为，要约一经承诺合同即成立，要约人在要约发出的有效期内受要约的约束。

要约邀请又称“要约引诱”，是指希望他人向自己发出要约的意思表示。发出要约邀请的当事人只是希望对方发出要约，并不追求缔结合同。因此，要约邀请并不是合同订立的必要程序。例如，酒店向客户寄送的价目表和在各种媒介投放的商业广告等都属于要约邀请，酒店的目的是通过这些手段吸引客户和刺激客户消费的动机，实现客人向酒店发出要来酒店消费的要约。

## 同步案例

### 酒店的促销广告是要约吗?

某五星级酒店于2008年1月在该市晚报上刊登广告,推出"新春团圆宴"优惠活动,参加方式为:第一,电话咨询;第二,传真或到酒店签订酒店合同;第三,指定银行账户存款。由于报社排版失误,将餐费820元人民币排成了320元人民币。

客人李某通过电话向酒店确认了广告内容的真实性,并将320元人民币存到指定银行账户。就餐当天,李某全家来到酒店却被告知餐费是820元而不是320元时,他提出解除预订,并要求酒店双倍退还预存金额,还要承担其全家来往路费、误工费等,理由是他依报纸上的条件已经与酒店达成协议。双方协商不下,李某遂以该酒店欺诈消费者为由向人民法院提起诉讼。

**问题**:1. 该酒店在市晚报上刊登的促销广告是要约吗?为什么?

2. 该酒店是否构成欺诈消费者?酒店是否需满足李某提出的赔偿请求?

**分析**:促销广告是酒店希望受众向自己发出要约的意思表示,不具有要约的构成要件,属要约邀请,因此,促销广告不是要约。既然促销广告不是要约,客人李某就不能凭借促销广告直接作出"承诺"。况且酒店推出"新春团圆宴"优惠活动参加办法中明确提出要"传真或到酒店签订酒店合同",客人李某没有进行这关键的环节(要约),更谈不上酒店后面的预订确认(承诺),显然预订合约没有成立。



2. 承诺

承诺是指受要约人同意要约,并愿意订立酒店服务合同的意思表示,也称"接受提议"。酒店和客人任何一方要做出承诺,必须由接受要约的一方做出,而且要在要约的有效期内向要约人做出与要约内容完全一致的承诺,不能有实质性变更。承诺是一种法律行为,承诺的法律效力在于一经承诺并送达于要约人,酒店服务合同便宣告成立。

## 同步案例

### 客房订餐也属合约!

一天中午,一位住店客人打电话到餐厅,说要点一份情侣套餐。当时,接电话的预订员小李耐心地向他推荐了一款当时餐厅非常畅销的"星星点灯"情侣套餐,并报出了餐厅当时的优惠价格,并承诺在30分钟内送到他的房间。

**问题**:试从酒店服务合同订立的视角来分析上述订餐服务的过程是什么?

**分析**:客人打电话到餐厅,说要点一份"情侣套餐",这是要约邀请,是客人希望酒店向自己发出要约的意思表示。接电话的预订员小李向客人推荐了“星星点灯”情侣套餐和价格，并承诺在30分钟内送到客人的房间，是要约，虽然小李有“承诺”，但不属于酒店服务合同订立过程中的“承诺”，因为，只要客人接受小李的要约（即承诺），订餐合约即告成立，故反推小李的“推荐和承诺”，均属酒店服务合同订立过程中的“要约”。

## 五、格式条款

格式条款是指当事人为了重复使用而预先拟定，并在订立合同时未与对方协商的条款。在酒店服务合同中格式条款主要表现为酒店业的一些行规和惯例，如“12时退房”“预抵当日18时未到，预订自动取消”等。

一部分酒店服务合同中的格式条款是从行业规定和国际惯例演变而来，只要酒店遵循公平原则来确定酒店与客人之间的权利和义务，并且事先向客人告知或履行说明的义务，在一定范围内还是有效的。

如果客人对酒店服务合同的部分格式条款的理解发生争议的，应当按照通常理解和不利于酒店利益的解释规则。

“霸王条款”是指酒店单方面制定的逃避法定义务，减免自身责任的不平等的格式条款。当前酒店常见的“霸王条款”有如下几种。



（1）本促销活动最终解释权归酒店营销部。

（2）本店停车系免费，车辆损坏或丢失，本店一概不负责。

（3）谢绝客人自带酒水。

（4）本店商品，一经售出，概不退换。

酒店合同中的“霸王条款”都是酒店的内部规定，未与酒店客人协商的条款，而且是免除酒店责任，或是加重客人责任的不平等格式的条款，因此，从《中华人民共和国民法典》追求公平的立法原则来看，“霸王条款”是没有法律效力的。

### 案例分析

**谢绝自带酒水或收取开瓶费**

2001年1月26日，家住河南省偃师市的刘文超带着家人到该市一家酒店吃全家宴。为了减少开支，刘某去时带有白酒和饮料一箱。当刘某吃完饭去付账时，该酒店服务员说，酒店有规定，禁止就餐者自备酒水，违者罚款100元。随后，服务员便拿出写有上述“规定”的牌子给刘某及其家人看。事后刘某向该酒店多次讨要罚款无果，遂将该酒店告上法庭。

观点一："商家谢绝自带酒水并不存在侵犯消费者的合法权益，因为商家只是不允许自带酒水，并没有限制消费者自由选择酒水。从经营上讲，酒水本来就是一种商品，是经营项目中盈利的一种手段，况且酒店提供的服务是一整套的，如果消费者全部自带酒水，那么商家的利益谁来保障？这并不利于商业的发展和生存。因为客人在酒店用餐，是在享受他们提供的服务，禁止自带酒水是国际大酒店的惯例！"所以商家要么谢绝自带酒水，要么对自带酒水者收取服务费。

观点二：酒店提供餐饮服务是一种自主经营的行为，只要其提供的服务不违反法律的强制性规定，就不能认为违法或者不公平、不合理。根据《物权法》的规定，酒店关于自带酒水加收服务费的声明，属于一种要约，如果消费者同意到酒店消费，就应当视为承诺，同意接受酒店的声明。因此，消费者在看到酒店的声明后，仍然愿意在该酒店就餐的，应当视为一种双方自愿的行为。酒店不是垄断性行业，而且行业竞争也十分激烈。如果消费者不同意接受酒店的这项声明，他完全可以不在这家酒店就餐，而选择其他酒店的服务。

观点三：餐厅"谢绝自带酒水"，就是餐厅向消费者附加了不合理条件。但事实上，餐厅并不具有经营优势，客人对餐厅的选择性很强，餐厅强制搭售不可能实行。所以，"谢绝自带酒水"行为并非构成反不正当竞争法下的限制竞争行为。

观点四：多数市民认为顾客自带酒水是顾客自己的权利，商家"谢绝自带酒水"或者收取酒水服务费是强制性消费，是违法行为。禁止自带酒水是酒店在销售食品时对消费者附加的不合理条件，增加了消费者的附加义务。禁止自带酒水还是一种强制交易行为，侵犯了消费者自己选择商品或者服务的权利。所以禁止自带酒水算搭售。

请评析酒店谢绝自带酒水或收取开瓶费。



## 同步案例

### 酒店住宿十几分钟却全额收费

2016 年 11 月 14 日 23 时左右，从烟台到济南转机的邱先生入住当地大明金富豪酒店。交完押金后到房间坐了十来分钟，因屋里挺冷的，条件也不好，就起身下楼去退房，不料服务员说退房可以，但必须要付全款。最终，邱先生先前交的 300 元押金被扣掉了 160 元。

酒店方解释，住十几分钟也得交全款是酒店早就规定的，而且交上押金到房间的时候，服务员都会问客人是否满意。况且酒店也没办法，什么人都有，有的进来洗洗脸梳梳头就下来说要退房，还有进了房间只上个厕所就要退房的，酒店总不能都不收钱吧。

**分析：**

(1)酒店“住十几分钟而让客人交纳全额房费”的规定，明显是“霸王条款”，而且是明显加重酒店客人的责任，所以是无效的。

(2)同时，《中国旅游饭店行业规范》第十条指出：“酒店应在前厅显著位置明示客房价格和住宿时间结算方法，或者确认已将上述信息用适当方式告知客人。”该酒店并无明确的规定和处理方法，所以该“霸王条款”带有明显的欺诈性质。

## 第三节　酒店服务合同的效力和履行

### 一、酒店服务合同效力

酒店服务合同效力是指酒店服务合同签订后所产生的法律上的约束力。主要表现为对酒店服务合同当事人有约束力，酒店与客人双方产生一定的权利义务关系，而且这种权利义务关系受法律保护，任何一方不履行，都要承担相应的法律责任。酒店服务合同产生效力的条件有以下几个方面。

1. 主体合格

酒店和客人双方是否具有相应的民事权利能力与行为能力，以及代理人是否有资格等。如果合同主体不合乎法律的要求，酒店服务合同订立将无法律效力，形成无效的酒店服务合同。

2. 意思表示真实

所谓意思表示真实，指酒店与客人在订立合同过程中任何一方表示于外部的意思与其内心真实意思是一致的，不存在任何一方因欺诈、胁迫或乘人之危而做出不真实、不自由的意思表示。

3. 内容合法

所谓内容合法，就是酒店与客人订立的合同内容不得违反法律，也不得损害社会公共利益。例如，酒店不得容留客人在客房内从事吸毒、卖淫、嫖娼等违法活动。

因此，要注意：“合同成立”并不等同于“合同生效”。

### 二、无效酒店服务合同

无效酒店服务合同是指酒店与客人签约成立的、由于违反法定事由而不受法律保护且没有法律约束力的酒店服务合同。无效酒店服务合同只能由人民法院、仲裁机构确认，而不能由酒店、客人，或任何其他第三方来确认。无效酒店服务合同的确认主要依据下列几种情况。

(1)酒店和客人一方或双方不具有合同主体资格。

(2)酒店和客人任何一方以欺诈、胁迫的手段订立合同，并损害国家利益。

(3)违反法律或损害社会公共利益：恶意串通，损害国家、集体或者第三人利益；以合法形式掩盖非法目的；损害社会公共利益；违反法律、行政法规的强制规定。

对于无效酒店服务合同，酒店和客人可以采取返还财产、赔偿损失和折价补偿等方式，尽量让双方利益恢复到合同未订立时的状态。

**同步案例**

**要求全额退款！**

## 三、可变更和可撤销的酒店服务合同

可变更和可撤销酒店服务合同是酒店服务合同成立之后，存在法定事由，由酒店或客人一方提出申请，人民法院或仲裁机构在审理后可准许变更或撤销有关内容的酒店服务合同。同样的，可变更和可撤销酒店服务合同只能由人民法院、仲裁机构确认，而不能由酒店、客人，或任何其他第三方来确认。可变更和可撤销酒店服务合同的确认主要有下列几个依据。

(1)必须具有法定事由；存在“重大误解”；显失公平；一方以欺诈、胁迫的手段或者乘人之危，使对方在违背真实意思的情况下订立合同的事由。

(2)必须有一方当事人请求变更或撤销。

(3)必须是由人民法院、仲裁机构来行使。

可变更和可撤销酒店服务合同一经人民法院或仲裁机构确认，酒店和客人便可以采取停止履行、返还财产和赔偿损失等方式，尽量让可变更和可撤销酒店服务合同的法律效力中止。

## 四、酒店服务合同的履行

酒店服务合同的履行是酒店服务合同具有法律约束力的首要表现，是指酒店服务合同双方当事人，依法完成合同规定的义务和实现各自权利。酒店服务合同的订立是前提，酒店服务合同的履行是关键。

1. 坚持全面履行原则

坚持全面履行原则指当事人除按合同规定的标的履行外，还要按合同规定的数量、质量、期限、地点、价金、结算方式等各方面全面、适当地履行。不能用其他标的来代替合同标的，也不能以偿付违约金、赔偿金来代替履约。

知识链接

**酒店服务合同履行面面观**

2. 诚实信用履行原则

酒店服务合同当事人应根据合同的性质、目的和交易习惯履行通知、协助、保密等义务。

## 五、履行担保

酒店服务合同的担保，是指在订立酒店服务合同时，为保证其履行，酒店和客人双方协商一致后采取的具有法律效力的保证措施。常用的酒店服务合同担保有以下几种形式。

1. 保证

保证是指保证人和酒店约定，当酒店客人不履行债务时，由保证人按照约定履行相应债务的行为。

2. 留置

留置是指当酒店客人不按照合同约定的期限履行债务，酒店有权留置其在酒店内的财产的行为。

3. 定金

定金是指酒店客人依法或者约定，按照合同标的额的一定比例，预先支付给对方当事人的货币。其性质既有履行担保功能，又有违约补救功能。

知识链接

**信用住**

## 第四节　酒店服务合同的变更、终止和解除

### 一、酒店服务合同变更

酒店服务合同变更是指酒店服务合同成立以后，尚未履行完毕之前由酒店和客人双方依法对原合同的内容所进行的修改或补充。其包括以下三层含义。

(1)原酒店服务合同关系存在。酒店服务合同的变更是在原酒店服务合同成立以后，尚未履行完毕之前进行的，所以原酒店服务合同关系存在，没有变更的条款依然具有法律效力。

(2)酒店服务合同内容部分变动。例如，酒店服务合同中餐饮数量、客房类型与等级的变化等。

(3)当事人协商一致。

### 二、酒店服务合同终止

酒店服务合同终止是指酒店服务合同当事人双方终止合同关系，合同所确定的当事人之间的权利、义务关系消灭。

1. 结账终止

客人结算完消费账务，履行完客人消费付款义务，并结束在酒店的消费活动，则酒店服务合同关系终止。

2. 解除终止

客人也可以由于计划有变提前退房，提前结束酒店住宿服务合同。但客人一定要事先通知酒店，并取得酒店的同意；同时客人也要积极配合酒店，做好退房结账的相关工作。因此，当酒店和客人任何一方要解除酒店服务合同时，都要及时通知对方，并且给对方提供协作等义务。当酒店服务合同终止后，双方的权利义务关系即宣告结束。

### 三、酒店服务合同解除

酒店服务合同解除是指酒店服务合同成立并生效后，因双方当事人的协议或者法定事由，而使合同权利义务关系终止的行为，即在合同关系有效期未满前，当事人提前终止合同的效力。酒店服务合同解除包括双方协议解除和单方法定解除两种形式。其中，酒店服务合同单方法定解除的情形有下列几种。

(1)不可抗力事件致使酒店服务合同的义务不能履行。

(2)在履行期限届满之前，客人和酒店任何一方明确表示或者以自己的行为表示不履行主要债务。

(3)酒店和客人任何一方在酒店服务合同履行期间存在违法行为的。

(4)法律规定的其他情形。

## 四、酒店服务合同解除的法律后果

酒店服务合同的解除，其通知或协议应当采取书面形式；合同解除不影响当事人要求赔偿的权利、不影响合同中约定的清算条款、不影响约定的解决争议的条款。

需要注意的是，酒店服务合同终止与酒店服务合同解除的结果相同，但过程不同：

(1)解除是终止的特殊形式；

(2)出现的情形不同。

# 第五节　酒店服务合同违约责任

## 一、酒店服务合同违约责任

违反酒店服务合同的责任，又称酒店服务合同违约责任，是指酒店服务合同当事人不履行或不完全履行合同所规定的义务，依据法律规定或酒店服务合同约定所应承担的法律责任。

## 二、违约责任的严格责任原则



有违约事实，违约方就必须承担违约责任(在发生不可抗力的情况下除外)的原则。违约事实是客观条件，包括合同完全没有履行和合同没有完全履行两种情况。严格责任原则不要求证明违约方是否有过错事实，无论是故意还是过失，主观上有无过错，都要承担违约责任。

另外，过错责任原则需要满足存在“违约事实＋过错事实”。在发生违约事实的情况下，谁有过错，即由谁承担违约责任，没有过错的当事人不承担违约责任。

## 三、违约责任的承担方式

### 1. 继续履行

继续履行是指一方违约偿付了违约金后，根据对方的要求，在对方指定或双方约定的期限内，继续履行合同中规定的义务。

### 2. 补救措施

补救措施是指违约方采取的除继续履行、支付违约金、定金等方式以外的其他补救措施。例如，酒店餐饮服务合同中，如菜品口味不符合要求，可采取换菜、打折、赠送等方式承担违约责任。

### 3. 赔偿损失

赔偿损失是指合同当事人由于不履行合同义务或者履行合同义务不符合约定，给对方造成财产上的损失时，由违约方以其财产赔偿对方所蒙受的财产损失的一种违约责任形式。赔偿损失是世界各国一致认可的也是非常重要的一种违约救济方法。构成违约赔偿损失的条件有损害事实和违约行为，而且两者之间有因果关系。赔偿损失的依据应以违约给对方所造成的损失为标准，不能随意夸大损失，赔偿不能超过订立合同时的预期收益；对于因经营欺诈给对方造成的违约损失采取两倍的惩罚性赔偿；对于违约损失，双方要积极努力，尽量减小违约损失。

同步案例

**酒店人员心急收餐有责任吗？**

2019，客人李华与南京某星级酒店签订婚宴服务合同，约定婚宴时间为2020年1月10日晚6点30分至9点，并交纳了定金。婚礼当天，由于部分客人来得较迟，宴席推后了半小时。8点左右，菜肴基本上完，酒店服务员见客人吃得差不多了，就上前收盘子。而一些客人以为婚宴即将结束，便起身与新人告辞。但按照原计划，接下来还有好几个小节目。客人越来越少，令现场的气氛大打折扣。婚宴结束后，酒店方面找李华结账，李华拒付余下的餐费。

**问题：**酒店是否应该承担法律责任？

**分析：**酒店服务员在婚宴尚未完全结束时即开始撤盘，其行为不符合合同约定，造成违约，理应承担违约责任。考虑到李华举办的是婚宴，影响可能无法弥补，故酒店应当给予客人李华适当的经济补偿。



## 四、违约金

违约金是指合同当事人依法规定或者约定，一方违约时向对方支付的一定数量的货币。违约金属于承担违约责任的一种形式，是以“补偿性”为主、“惩罚性”为辅的违约责任承担形式。违约金分为法定违约金与约定违约金。违约金为约定违约金，应当在合同中订立，没有订立约定违约金的合同，当事人无权要求另一方偿付违约金；违约金的数额应与违约损失大体相当，如果违约金过高或低于违约损失，当事人可以请求仲裁机构或者法院予以适当减少或增加。

## 五、定金

定金是指合同当事人依法或者约定，按照合同标的额的一定比例，预先支付给对方当事人的货币。定金既有履行担保功能，又有违约补救功能。

1. 定金与违约金区别

(1)定金预先支付，违约金事后补救。

(2)定金为双向担保，违约金是单向的。

(3)定金有定金制裁(支付定金方违约，无权要求返还定金；收取定金方违约，双倍返还定金)，违约金无此罚则。

（4）定金责任为惩罚性责任，以惩罚为核心，不以有实际损失为条件，违约金是补救性责任，以补偿损失为要务。

对于合同中既有定金又有违约金约定的，一般由受偿方选一种方式来获得补偿。

2. 定金与押金

定金与押金都采取货币担保形式，都是预先向合同一方支付货币。但两者还是存在以下不同。

（1）功能不同。

定金有担保和违约补救功能；押金只具有担保功能，而不具违约补救功能。

（2）金额不同。

定金一般在标的额的20%以下，押金可以超过或者等于合同标的额。例如，消费者租VCD、书籍等一般支付押金。

（3）罚则不同。

定金有定金制裁，而押金没有。如果交押金方因违约造成对方损失，收押金方从押金中直接扣除，余下押金返还给交押金方；若收押金方违约，无条件全额退回收取的押金。

3. 定金与订金

定金与订金（就是"预付款"）都属于预先支付货币的形式，但一字之差，法律意义也大不同。

（1）功能不同。

定金有担保功能，可以保证合同双方履行合同，否则会有定金罚则给违约方予以制裁；而订金不具担保功能，任何一方合同违约，都可申请返回订金。

（2）金额不同。

定金一般在标的额的20%以下，订金可以超过、少于或者等于合同标的额。

（3）罚则不同。

定金有定金制裁，而订金没有。

对于酒店服务合同中收取的价款，如果没有明确是定金或订金的，一律视为订金，也就是法律意义上的"预付款"。



## 案例分析

**我交的是"订金"！**

一天上午，一位客人来到总服务台，要求取消前几天预订好的两桌寿宴，并要求退还预交的200元订金，这时总台服务员按照酒店的有关规定向这位客人作出解释如下：要取消须提前一天办理，而此时是当日，许多您预订的菜品已准备好，此时取消会给酒店造成很大损失，酒店收取订金的目的就是避免此类损失，请您理解。这时客人发火了，并拿出酒店开出的订金收据与酒店论理，并要求见大堂经理。大堂经理接过收据仔细一看，上面写得清清楚楚：张先生，预订2013年11月6日中午餐厅雅间

2桌，标准500元/桌，并注明了订金200元。收据没有什么不妥。这时客人严厉地说："上面写得很清楚，我是'预订'，不是'预定'，我交的是'订金'，非'定金'，你们读过书没有？我这个'订'是可以改变的，而这个'定'才是不可变更的，为什么不能退？"

**问题**：分析该客人的主张是否有道理？

**分析**：客人主张完全正确，此订金200元，非定金，当然不适用定金罚则。因此，该客人预交的200元订金，只具有预付款的性质，该客人可以主张返还。但该客人要求单方提前解除餐饮预订合约，不符合"须提前一天取消预订"的约定条件，已形成合同违约，应当承担一定金额的违约金。

## 六、不可抗力

不可抗力是指不能预见、不能避免、不能克服的客观情况，主要包括地震、水涝、洪灾等自然灾害现象，以及政治骚乱、罢工、战争等社会现象。

对于因不可抗力造成酒店服务合同不能部分或全部履行，可以部分或者全部免除违约责任，但有时间限制，即迟延履行义务发生不可抗力的，不能免除责任。

案例分析

**酒店该不该退预订酒席的押金？**

6月16日张先生到某酒店预订了7月4日中午在一楼大厅举办宴席，交付了1500元押金，酒店开具了注明有"若有变动，押金不退"的收据。6月20日张先生因肠炎住院治疗。21日张先生家人与酒店电话联系，说明情况，希望退订。24日酒店回复不能退订。于是25日张先生家人亲自到酒店交涉，希望往后延迟。28日酒店电话回复说不能延迟，张先生只好取消在该酒店举办宴席的计划。现在张先生希望讨回押金……

**问题**：张先生生病是否属于不可抗力，他能否退回押金？

**分析**：张先生生病，是个人身体原因，具有特定性，不属于不可抗力。因此，张先生不能以不可抗力条件退订。但案例中张先生预先交的1500元"押金"，可以向法院申请主张为"订金"，如果张先生"订金"主张获得支持，即使有"若有变动，押金不退"的事先声明，但根据"订金"的法律性质，张先生可以要求酒店全额返还。而张先生不能退订，形成事实违约，酒店可向张先生追偿一定的违约金。

## 七、酒店服务合同纠纷处理

酒店服务合同纠纷是指当事人双方对酒店服务合同履行的情况和对不履行或者不完全

履行酒店服务合同的后果产生的争议。其处理方式如下。

(1)协商和解解决。

(2)调解解决。

(3)诉讼解决(二审判决为终审判决)。

## 本章小结

本章对酒店服务合同进行了系统介绍。首先从合同入手，重点介绍了酒店服务合同的概念、特征、内容和形式；随后对酒店服务合同订立进行了介绍，包括酒店服务合同订立的主体资格、无效酒店服务合同和可撤销、可变更酒店服务合同的认定等问题；最后对酒店服务合同的履行和违约问题进行了阐述。重点探讨了定金与订金的区别、信用担保在酒店服务合同履行中的应用，以及不可抗力和违约责任的免除等问题。

## 关键概念

合同　酒店服务合同　要约　承诺　无效酒店服务合同

可撤销酒店服务合同　格式条款　违约责任　不可抗力　违约金　定金　订金



## 思考与练习

一、不定项选择题

1.《中华人民共和国民法典》中关于民事主体从事民事活动的基本原则有(　　)。

A. 平等原则　　B. 自愿原则　　C. 公平原则

D. 诚实信用原则　　E. 依法和符合社会公共利益原则

2. 酒店服务合同的形式，是指酒店和客人之间订立合同的方式，包括(　　)。

A. 当面交谈的形式　　B. 书面的形式

C. 传真的形式　　D. 电子邮件的形式

3. 根据有关法律的规定，关于公民的民事行为能力说法正确的有(　　)。

A. 有民事权利能力就有民事行为能力

B. 根据公民的年龄和智力状况，公民的民事行为能力分为两种

C. 达到法律年龄，能够通过自己的独立行为进行民事活动并独立承担民事责任的是完全民事行为能力

D. 完全不具有以自己的行为取得权利和设定义务的资格的为无民事行为能力

4. 根据《中华人民共和国民法典》(合同编)的有关规定,当酒店服务合同的主要条款不具备下列哪些内容时,酒店服务合同不能成立(　　)。

A. 当事人的名称或姓名　　B. 当事人的住所

C. 标的　　D. 解决争议的方法

5. 下列(　　)在酒店经营中属于要约邀请。

A. 酒店价目表　　B. 酒店拍卖公告

C. 酒店招标公告　　D. 酒店招股说明书

6. 订立酒店服务合同的程序,包括(　　)等阶段。

A. 要约　　B. 要约邀请　　C. 承诺　　D. 变更

7. 某酒店客房内备有零食、酒水供房客选用,价格明显高于市场同类商品。房客关某缺乏住店经验,又未留意标价单,误认为系酒店免费提供而饮用了一瓶洋酒。结账时酒店欲按标价收费,关某拒付。下列哪一选项是正确的?(　　)

A. 关某应按标价付款

B. 关某最后可按市价或略高于市价付款

C. 关某不应付款

D. 关某应按标价的一半付款

8. 北京建国酒店与上海申花足球俱乐部订立了一份客房销售书面合同,建国酒店签字、盖章后邮寄给上海申花足球俱乐部签字、盖章。该合同于何时成立?(　　)

A. 自建国酒店与上海申花足球俱乐部口头协商一致并签订备忘录时成立

B. 自建国酒店签字、盖章时成立

C. 自建国酒店将签字、盖章的合同交付邮寄时成立

D. 自上海申花足球俱乐部签字、盖章时成立

9. 下列哪个酒店合同,当事人一方无权要求人民法院或仲裁机构变更或者撤销(　　)。

A. 因重大误解而订立合同

B. 订立合同时显失公平的合同

C. 乘人之危使一方在违背真实意思的情况下订立的合同

D. 一方以欺诈、胁迫的手段订立的合同,并损害国家利益

10. 根据《中华人民共和国民法典》(合同编)规定,酒店服务合同的违约人承担支付赔偿金责任,应当同时具备(　　)。

A. 有违约行为

B. 当事人主观上有过错

C. 有财产上的损害事实

D. 违约行为与损害事实之间有因果关系

11. 酒店服务合同承担违约责任的方式有(　　)。

A 实际履行　　B. 采取补救措施　　C. 赔偿损失

D. 交付违约金　　E. 罚款

12. 当酒店服务合同在履行过程中遭遇不可抗力时，一方当事人应履行（　　）义务，才能部分或全部免除违约责任。

A. 及时通知　　B. 经对方当事人同意

C. 经上级主管机关批准　　D. 提供证明

13. 作为酒店格式条款提供者，酒店应承担的责任是（　　）。

A. 确定酒店与客人之间的权利义务应当遵循公平原则

B. 履行提示义务

C. 履行说明义务

D. 经上级主管部门批准

14. 钟某今年 17 岁，初中毕业后就到天翔大酒店工作，因此，他（　　）。

A. 具有完全民事权利能力和完全民事行为能力

B. 具有完全民事权利能力和限制民事行为能力

C. 具有不完全民事权利能力和限制民事行为能力

D. 具有不完全民事权利能力和完全民事行为能力

15. 下列（　　）属于不可抗力事件。

A. 叙利亚战争　　B. 2019 年猪肉价格暴涨

C. 1998 年长江洪水　　D. 汶川 2006 年地震

16. 某酒店对张某表示，愿以 180 元的优惠价格售给他“圣诞节晚餐”1 位。张某后将这一消息告诉好友赵某，赵某向该酒店表示愿以同等价格预订该圣诞节晚餐 2 位，赵某的行为属于（　　）。

A. 承诺　　B. 反要约　　C. 要约　　D. 要约邀请

17. 关于酒店合同履行的担保形式——“定金”的表述，错误的是（　　）。

A. 定金以书面形式约定　　B. 定金表明当事人的诚意

C. 交付定金一方违约无权收回定金　　D. 接受定金一方违约如数返还定金

18. 饭店客人张先生就婚宴接待与某饭店签订了一份饭店合同，双方约定任何一方违约应向对方支付违约金 1000 元。为担保该饭店合同的履行，张先生又向该饭店支付了 800 元定金。后来该饭店没有履行该饭店合同，但未给张先生造成实际的经济损失，按照有关规定，该饭店应向张先生支付（　　）。

A. 800 元　　B. 1000 元　　C. 1600 元　　D. 1800 元

19. 某游客张某在游玩中不慎落水，当时旁观者刘某表示愿意救人，但要求施救费为 5 万元，张某妻子李小姐救人心切，无奈之下表示同意。后双方发生纠纷，救人者刘某起诉到法院，要求张某夫妇按照施救协议赔偿施救费，试问该施救协议（　　）。

A. 因乘人之危而可撤销　　B. 因欺诈而可撤销

C. 因乘人之危而无效　　D. 因欺诈而无效

20. 根据《中华人民共和国民法典》(合同编)的相关规定,定金数额不得超过主合同标的额的(　　)。

A. 20%　　B. 30%　　C. 50%　　D. 15%

21. 旅客韩玉投宿蓝天酒店,办好住宿手续后,将一只装有3万元现金和其他物品的密码箱寄存在酒店的服务总台。第二天下午,韩玉发现密码箱已被他人领走,韩玉要求酒店赔偿全部损失,酒店拒绝。对此案的正确处理结果是(　　)。

A. 保管合同成立,酒店应赔偿韩玉全部损失

B. 保管合同成立,酒店应承担主要损失,韩玉个人承担部分损失

C. 保管合同不成立,酒店酌情给予韩玉补偿

D. 保管合同无效,酒店酌情给予韩玉补偿

22. 酒店服务合同履行的原则有(　　)。

A. 全面履行　　B. 诚实信用履行　　C. 协助履行　　D. 经济合理

23. 某酒店与顾客张某签订了一份宴会接待合同,后来由于该酒店供货商没有及时配送食品原料,造成该酒店未履行酒店合同,(　　)应向客人张某承担违约责任。

A. 酒店　　B. 酒店供货商

C. 酒店和其供货商　　D. 酒店和其供货商连带

24. 凡发生下列情况之一的,允许解除酒店服务合同(　　)。

A. 酒店法定代表人变更　　B. 酒店发生合并、分立

C. 由于不可抗力致使合同不能履行　　D. 酒店获评星级

25. 酒店服务合同终止的情形有(　　)。

A. 债务已经按照约定履行　　B. 酒店服务合同解除

C. 酒店已给客人免单　　D. 酒店客人患重病

二、思考题

1. 什么是合同?合同有哪些法律特征?

2. 酒店服务合同的主要条款有哪些?

3. 承担酒店服务合同违约责任的方式有哪些?

4. 酒店服务合同中的霸王条款为何大多在法律上无效?

5. 在预订中,因不可抗力或自身过错,酒店不能提供给酒店客人已预订的房间,或酒店客人不入住已预订的房间,酒店和客人如何承担法律责任?

6. 由于超额预定,酒店不能按约定提供给预定客人所需的房间。

7. 酒店服务合同中的霸王条款为何大多在法律上无效?

三、案例分析题

### 婚宴预订好后被告知酒店停业

长春市民小徐和男朋友准备2016年8月结婚,2016年1月25日就在百屹会馆的餐厅预订了40桌新婚喜宴,并且交了2000元的押金,酒店的地址也通知了亲戚朋友。6月1日,小徐接到了长春市南关区东风村委会的电话,称百屹会馆已被

东风村收回，将于近日停业整顿，让两人去酒店办理退款手续。两人找到东风村委会，村委会人员称酒店6月27日之前停业整顿，所有的预订客户都将退款。

“如果酒店停业，附近很难再找一家酒店订40桌来替换，这样一来，婚礼可能要延期举行，但是我们近期筹备婚礼花费了不少钱，光雇车队就交了2000元订金。”所以，小徐和男友要求东风村方面赔偿各项连带损失共8000元。东风村委会一工作人员表示，得知小徐和男友要求赔偿损失后，东风村提出了3个解决方案，可以返还两人双倍的押金，也就是4000元；可以帮忙介绍其他酒店，但没有一家酒店得到两人的认可；如果两人坚持要在百屹会馆举行婚礼，东风村可以免费提供场地及支付水电费，但是要两人自己外聘厨师。

**试问：**请分析市民小徐的法律诉求是否合理，能否得到法律支持？

# 第五章

## 酒店劳动管理

### 学习目标

1. 了解劳动法和酒店劳动合同，以及社会保险知识。
2. 理解酒店劳动合同订立、变更、终止和解除等法律规定。
3. 掌握法律对酒店劳动条件和工资的有关规定。

### 案例导入

2013 年 10 月 5 日闻某到珠海某酒店务工，2014 年 3 月 4 日向酒店提出辞职。离职时，该酒店准备与其结清离职当月的工资，但闻某认为，该酒店没有与他签订书面劳动合同，根据《中华人民共和国劳动合同法》规定，单位不与劳动者签订劳动合同应支付双倍工资，于是要求该酒店除结清本月工资外，再支付五个月的赔偿金。酒店拒绝了闻某的要求。

**思考**：闻某的要求是否合理，闻某又该如何维权？

**分析**：根据有关酒店法律规定，用人单位自用工之日起 1 月内未订立书面劳动合同的，且不满 1 年的，应当向劳动者每月支付 2 倍工资。案例中酒店自 2013 年 10 月 5 日起接受闻某入职，至 2014 年 3 月 4 日闻某离职，刚好 5 个月不满 1 年，因此，酒店除应依法向闻某结清离职当月工资外，还应支付 5 个月的工资。及时订立劳动合同，不仅是对员工权利的保护，也是对用人单位权利的保护，案例中酒店未及时与员工订立劳动合同，最后落得多支付 5 个月工资的损失，实在是聪明反被聪明误。

## 第一节　酒店劳动合同

### 一、劳动法及劳动合同法介绍

目前实施的《中华人民共和国劳动法》于 1994 年制定，1995 年 1 月 1 日施行，2018 年 12 月 29 日修订的。劳动法以劳动关系为主要调整对象，同时也调整与劳动关系有密切关系的其他社会关系。

《中华人民共和国劳动合同法》于 2007 年制定，并于 2012 年 12 月 28 日进行了修订。劳动合同法为了完善劳动合同制度，构建和发展和谐稳定的劳动关系而制定的专门调整劳动者与用人单位之间的劳动关系的法律。

### 二、劳动合同概念及特征

劳动合同是劳动者与用人单位确立劳动关系，明确双方权利和义务的协议。劳动合同是确立劳动关系的法律依据。

(1)劳动合同的主体为用人单位和劳动者。

(2)劳动合同的双方当事人具有从属关系。

(3)劳动合同一般有试用期的规定。

(4)签订劳动合同的目的在于保证劳动过程的实现，而不是劳动成果的给付。

**同步案例**

**员工辞职，索要双薪！**

### 三、劳动合同的分类

1. 根据合同期限不同来划分

(1)有固定期限劳动合同。

有固定期限酒店劳动合同是指双方当事人在合同中约定一个明确的合同有效期限，期限届满可以续订，否则就终止双方权利义务的合同种类。

(2)无固定期限劳动合同。

无固定期限酒店劳动合同,是指酒店和员工双方在合同中没有约定明确的合同有效期限,劳动关系可以在员工法定劳动年龄和酒店存续期限内持续存在,只有法定或约定的条件出现时,双方的权利义务才终止的酒店劳动合同种类。

员工在酒店连续工作满十年的,或者连续与酒店订立二次固定期限劳动合同,员工可以要求与酒店签订无固定期限酒店劳动合同。

(3)以完成一定工作为期限的劳动合同。

以完成一定工作为期限的酒店劳动合同是指酒店和员工双方商定把完成一定的工作或劳动任务作为劳动关系的存续期限,约定任务完成后合同即终止的合同种类。只要劳动者按照劳动合同的要求完成了工作任务,就能说明劳动者胜任这份工作,因此,该类劳动合同不得约定试用期。

2.根据就业方式的不同来划分

(1)全日制劳动合同。

全日制酒店劳动合同是指根据国家法定劳动时间的规定,从事全时劳动的合同。

(2)非全日制劳动合同。

非全日制酒店劳动合同是指酒店和员工约定的以小时作为工作时间单位确立劳动关系的协议。非全日制用工是灵活就业的一种形式,酒店和劳动者任何一方均可随时通知对方终止用工,因此,酒店在劳动合同中也不得约定试用期。



## 四、劳动合同的形式

1.书面形式

酒店自用工之日起,就与员工建立了劳动关系,就应当订立书面的酒店劳动合同。可见书面形式是酒店劳动合同的法定形式。

酒店自用工之日起超过一月不满一年未与劳动者订立书面酒店劳动合同的,应当向员工每月支付2倍工资;超过一年的未订立劳动合同的,视为酒店与员工已订立无固定期限酒店劳动合同。

2.口头形式

非全日制用工的酒店劳动合同可以采取口头协议。

## 五、酒店劳动合同的内容

酒店劳动合同的内容,即酒店劳动合同的条款,是酒店与员工在酒店劳动过程中权利和义务的具体规定,包括法定条款和约定条款。

1.法定条款

法定条款是依法规定酒店劳动合同应当也必须具备的条款,是酒店劳动合同一般情况下都应当具备的基本条款。我国法律规定酒店劳动合同应当具备的法定条款有如下几条。

(1)酒店的名称、住所和法定代表人或者主要负责人。

(2)员工的姓名。

住址和居民身份证或者其他有效身份证件号码。

(3)合同期限。

酒店与员工要约定双方劳动权利义务关系的期限，酒店可以与员工约定固定期限，也可以约定无固定期限或以完成一定的工作为目的的特定期限。

(4)工作内容和工作地点。

酒店应与员工约定工作岗位及具体的工作地点，工作内容不仅是酒店员工履行酒店劳动合同的主要义务，也是酒店员工获取劳动报酬的主要依据。

(5)工作时间和休息休假。

酒店应与酒店员工约定完成其所担负的工作任务的劳动时间，按照法律规定，酒店员工每周工作时间不得超过 44 小时；休息休假是酒店员工依法不必进行工作而可以自由支配的时间，也是酒店员工依法应享有的权利。

(6)劳动报酬。

酒店员工参加酒店劳动，按约定标准，应依法获得劳动报酬，且主要以货币的形式实现，其中，工资是劳动报酬的基本形式，奖金与津贴也是劳动报酬的重要组成部分。酒店在确定工资条款时要特别注意，工资的约定标准不得低于当地最低工资标准，也不得低于酒店集体合同中规定的最低工资标准。

(7)社会保险。

酒店为员工缴纳的社会保险一般包括医疗保险、养老保险、失业保险、工伤保险。社会保险由国家强制实施，因此成为酒店劳动合同中不可缺少的内容。



(8)劳动保护、劳动条件和职业危害防护。

(9)法律、法规规定的应当纳入酒店劳动合同的其他事项。

2. 约定条款

约定条款是酒店和员工在酒店劳动合同中协商确定的条款。酒店和员工可以根据实际需要在协商一致的基础上，约定其他补充条款。约定条款的内容只要不违反法律、法规的规定，对酒店和员工均具有法律约束力。

(1)试用期。

试用期是酒店对新录用的员工进行试用的期限。约定试用期的目的在于考察酒店员工是否符合录用条件，以及酒店所介绍的劳动条件是否符合实际情况，从而使酒店和员工在试用期内对彼此的情况做进一步了解，并根据实际情况和法律规定作出是否履行或解除酒店劳动合同的约定。

目前法律规定，试用期包含在酒店劳动合同期限内，并且酒店劳动合同期限 3 个月以上不满 1 年的，试用期不得超过 1 个月；酒店劳动合同期限 1 年以上不满 3 年的，试用期不得超过 2 个月；3 年以上固定期限和无固定期限的酒店劳动合同，试用期不得超过 6 个月。同一家酒店与员工只能约定 1 次试用期；酒店劳动合同期限不满 3 个月的，不得约定试用期。

同一酒店与同一员工只能约定一次试用期。员工试用期工资不得低于劳动合同约定工资的 80%，并不得低于酒店当地最低工资标准。

## 同步案例

**试用期，谁说了算？**

2020 年 7 月，应届毕业生小章应聘到上海某高档酒店销售部工作，双方签订了为期 2 年的固定期限劳动合同，并约定了 3 个月的试用期。劳动合同中约定小章的转正工资为 3500 元，但在试用期的工资为 1500 元。就此，小章多次与酒店人事部沟通，得到的答复是酒店一直是这样做的，所有的新员工都要经历这样一段时期，只要你努力工作，3 个月后工资就自然会升到 3500 元。于是，2020 年 10 月，小章向仲裁机构提出申诉，要求酒店提高自己试用期的待遇。

**问题：**请评析上述案例中的试用期条款。

**分析：**本案例中，酒店约定小章的使用期为 3 个月，不符合“酒店劳动合同期限 1 年以上不满 3 年的，试用期不得超过 2 个月”的法律规定；此外，酒店约定小章试用期工资为 1500 元，低于“员工试用期工资不得低于劳动合同约定工资的 80%”的规定。



(2)服务期。

酒店和员工之间可以约定，由酒店提供其专项培训待遇，对其进行专业技术培训，该员工必须为酒店服务满约定的期限，在此期限内该员工不得单方解除酒店劳动合同。如果员工违反服务期约定，酒店可以要求该员工支付违约金，但不得超过服务期尚未履行部分所应分摊的培训费用。

(3)保密事项、竞业限制。

酒店在劳动过程涉及的商业秘密，可以针对有关保密事项在酒店劳动合同中加以约定，使之成为酒店劳动合同中的补充条款。为了保护酒店的权益，酒店依法可以在酒店劳动合同中就保守商业秘密的具体内容、方式、时间等，与酒店员工进行约定，以防止自己的商业秘密被侵占或泄露。酒店员工因违反约定保密事项给酒店造成损失的，要负赔偿责任。

酒店也可以依法限制其高级管理人员、高级技术人员和其他负有保密义务的员工在离职后的一定期限内参与或者从事与本酒店同业竞争的活动，以保守本酒店的商业秘密的合同条款。

竞业限制期限不得超过 2 年。员工可以与酒店约定在限制期限按月的经济补偿金，员工违反竞业限制约定，也应按照约定向酒店支付违约金。

(4)违约金和赔偿金。

酒店和员工依法可以对服务期、竞业限制、保守秘密三个方面做出约定，如果员工违约，需承担违约责任。此外，法律还规定，酒店劳动合同法被依法确定无效，给对方造成损失的，有过错一方应当承担赔偿责任。

（5）补充保险。

补充保险是指除了国家基本保险以外，酒店根据自己的实际情况为员工建立的一种辅助性的保险，它用来满足员工高于基本保险需求的愿望，包括补充医疗保险、补充养老保险等。补充保险由酒店自愿实行，国家不做强制的统一规定，酒店必须在参加基本保险并按时足额缴纳基本保险费的前提下，才能实行补充保险。因此，补充保险的事项不作为合同的必备条款，由酒店与员工自行约定。

（6）福利待遇。

酒店可以约定用于满足员工生活的共同需要和特殊需要，在工资和社会保险之外向员工及其亲属提供一定货币、实物、服务等形式的帮助。如通信补贴、交通补贴、住房补贴，以及高温补贴、节庆补贴等。

**知识链接**

**酒店劳动合同书**



## 六、酒店劳动合同订立与变更

1. *酒店劳动合同订立*

酒店劳动合同订立是酒店与酒店员工在平等自愿、诚实信用和协商一致的原则下，在酒店劳动合同文本上签字或盖章的过程。酒店劳动合同由酒店和员工各执一份，未签订书面酒店劳动合同但已建立劳动关系的，法律通过课以酒店承担不利法律后果的方式，保护酒店员工的合法权益。

**同步案例**

**酒店不与员工签订书面劳动合同，责任如何定？**

2019年12月16日，32岁的王女士通过某酒店各管理层领导人员面试，担任该酒店财务部财务助理工作。据王女士介绍，面试过程中双方曾经口头商定，试用期一个月，一个月内签订劳动合同并办理社会保险，底薪5300元。其间加班，酒店给付加班费，全勤给付满勤奖。入职后，作为酒店三名财务之一的王女士几乎天天加班2—3个小时，每周只休息一天，其间王女士从来没有请过假，也没有迟到或者早退。

通过了一个月的试用期后，王女士并没有得到书面合同，酒店没有给其办理入职手续，致使她一直没有考勤记录。2020年2月下旬，王女士得知酒店公开向社会招聘并面试财务助理。王女士表示，2019年12月，酒店只发给她2500元工资，2020年1月份工资被酒店拖延至2月26日才开出，而且金额与原定有差异，并以没有考勤记录为由，未发满勤奖和加班费。酒店也一直未与其签订劳动合同，王女士于2020年2月底辞职，并要求支付双倍工资。

**问题**：案例中王女士的要求能否得到法律支持？

**分析**：首先，根据法律规定，酒店应与王女士应在一个月内签订书面劳动合同，并不是王女士原因，按照"酒店自用工之日起一月内未订立书面酒店劳动合同，且未满一年的，应当向员工每月支付2倍工资"的法律规定，酒店应当向王女士支付双倍工资。试用期内，王女士12月份工资至少为5300×80%÷2＝2120元，最多为5300÷2＝2650元，酒店发给其2500元工资，在合理范围内(不包括加班工资和满勤奖)。所以，酒店至少应补发王女士9—12月份双倍工资。



2.酒店劳动合同变更

酒店劳动合同变更是指在酒店劳动合同履行过程中，酒店和员工对已经生效的酒店劳动合同条款进行修改的行为。在酒店劳动合同履行过程中，由于酒店的原因、员工原因或者法律规定的变化致使原合同全部条款或部分条款无法履行，双方协商一致，可以变更酒店劳动合同约定的内容。变更酒店劳动合同，应当采用书面形式，变更后的酒店劳动合同文本，酒店和员工各执一份。

酒店发生合并、分立等情况，不影响酒店劳动合同的效力，酒店劳动合同由继承其权利和义务的酒店继续履行。

## 七、劳动合同的终止

酒店劳动合同终止是指酒店劳动合同所确立的劳动关系由于一定法律事实的出现而终结，劳动者与酒店之间原有的权利和义务不复存在。

1.酒店劳动合同终止的情形

(1)劳动合同期满。

(2)劳动者开始依法享受基本养老保险待遇。

(3)劳动者死亡，或者被人民法院宣告死亡、失踪的。

(4)用人单位依法宣告破产的。

(5)用人单位被吊销营业执照、责令关闭、撤销或者用人单位决定提前解散的。

(6)法律规定的其他情形。

2.酒店劳动合同期满不能终止的情形

(1)员工在酒店患职业病或因工负伤，并被确认丧失或者部分丧失劳动能力的。

(2)员工患病或因工负伤，在规定医疗期内的。

根据员工实际参加工作年限和在酒店工作年限，有三个月到二十四个月不等的医疗期：实际工作年限在十年以下的，在酒店工作年限五年以下的为三个月；五年以上的为六个月。实际工作年限十年以上的，在酒店工作年限五年以下的为六个月；五年以上十年以下的为九个月；十年以上十五年以下的为十二个月；十五年以上二十年以下的为十八个月；二十年以上的为二十四个月。

(3)女员工怀孕、产期、哺乳期。

(4)在本酒店连续工作满 15 年，且距法定退休年龄不足 5 年的。

(5)其他法律规定的情形。

酒店劳动合同期满，非酒店员工原因不愿续订酒店劳动合同的，酒店应当向员工支付经济补偿。

**同步案例**

**员工在医疗期内，酒店能终止劳动合同关系吗？**



## 八、无效劳动合同

无效劳动合同是酒店和员工违反法律或者平等、自愿原则签订的对当事人全部或部分不具有法律效力的劳动合同。无效劳动合同的情形有以下几种。

(1)以欺诈、胁迫的手段或乘人之危，使对方在违背真实意思的情况下订立或者变更劳动合同的。

(2)酒店免除自己的法定责任、排除员工权利的。

(3)违反法律的其他情形。

酒店劳动合同部分无效，不影响其他部分效力的，其他部分仍然有效。酒店劳动合同被确认无效，酒店雇佣人员已付出劳动的，酒店应向该人员支付劳动报酬。劳动报酬的金额，参照本酒店相同或相近岗位员工的劳动报酬来确定。

## 九、劳动合同解除

劳动合同解除是指劳动合同签订后，没有履行完毕之前，由于一定事由的出现而提前终止劳动合同的法律行为。

1. 双方协商解除酒店劳动合同

酒店和员工任何一方提出解除酒店劳动合同的请求，另一方同意即可解除酒店劳动合同。如果是由员工提出解除酒店劳动合同并因合同的解除给酒店造成经济损失的，员工应当承担赔偿责任。如果酒店提出解除酒店劳动合同，必须依法向员工支付经济补偿金。

2. 酒店单方随时解除酒店劳动合同

依据《中华人民共和国劳动合同法》的相关规定，酒店员工有下列情形之一的，酒店可以解除酒店劳动合同，而且无须征得对方同意，也不必履行特别的程序，更不用支付经济补偿。

(1)在试用期间被证明不符合录用条件的。

(2)严重违反酒店规章制度的。

(3)严重失职、营私舞弊，给酒店造成重大损害的。

(4)被依法追究刑事责任的。

3. 酒店单方提前解除酒店劳动合同

酒店员工无过错，但出现法定情形，酒店有权单方解除合同，但要预先告知并支付经济补偿金。

(1)酒店员工患病或因公负伤，在规定的医疗期满后不能从事原工作的，也不能从事由酒店另行安排工作的。

(2)酒店员工不能胜任工作，经过培训或调整工作岗位，仍不能胜任工作的。

(3)客观情况变化致使酒店劳动合同无法履行，经酒店和员工协商，未能就变更酒店劳动合同内容达成协议的。



以上情形出现后，酒店提前 30 天以书面形式通知员工本人或者额外支付员工一个月工资后，可以解除酒店劳动合同。

**同步案例**

**怪事：任职期间，不能结婚！**

4. 酒店因经济性裁员解除酒店劳动合同

法律规定，酒店出现下列情形之一，酒店需裁减 20 人以上或不足 20 人但占酒店职工人数 10%以上，酒店须提前 30 天向工会或全体职工通告，并将裁减人员方案向当地劳动管理部门报批，可以裁减人员。

(1)酒店依法破产重组。

(2)酒店经营发生严重困难。

(3)酒店技术革新或者经营方式调整，经变更酒店劳动合同后仍需裁减人员的。

(4)其他因酒店劳动合同订立时所依据的客观经济情况发生重大改变，致使酒店劳动合同无法履行的。

5. 酒店不能单方解除酒店劳动合同的情形

(1)在酒店患职业病或因工负伤并被确认丧失或者部分丧失劳动能力的。

(2)患病或因工负伤，在规定医疗期内的。

(3)女职工怀孕、产期、哺乳期。

(4)在本酒店连续工作满 15 年，且距法定退休年龄不足 5 年的。

(5)其他法律规定的情形。

**同步案例**

**“三期”，是女员工的护身符吗？**

6. 酒店员工单方提前解除酒店劳动合同

(1)试用期员工，提前 3 日书面通知酒店而无须酒店批准，即可解除酒店劳动合同。

(2)正式员工，提前 30 日书面通知酒店而无须酒店批准，即可解除酒店劳动合同。

(3)没有履行预先告知义务，酒店员工解除合同要赔偿酒店的经济损失，数额通常等于雇员在预告期内领取的工资。

7. 酒店员工随时通知解除酒店劳动合同

(1)酒店未按酒店劳动合同约定提供劳动保护和劳动条件的。

(2)酒店未及时足额支付劳动报酬的。

(3)酒店未依法为员工缴纳社会保险费的。

(4)酒店规章制度违法，损害员工权益的。

(5)其他情况。

出现以上情形，酒店员工可以随时解除合同，但要履行告知义务。

8. 酒店员工无须通知立即解除酒店劳动合同

(1)酒店以暴力、威胁或非法限制人身自由的手段强迫员工劳动的。

(2)酒店违章指挥、强令冒险作业危及员工人身安全的。

出现以上情形，酒店员工可以随时解除合同，也无须履行告知义务。

同步案例

扣发工资，我不干了！

## 第二节　酒店劳动条件与劳动保护

### 一、工作时间

工作时间是指依国家法律规定酒店员工在一昼夜或一周内用于完成本职工作的时间。

法律规定的一昼夜之内工作时数的总和构成标准工作日制度，一周之内工作时数的总和构成标准工作周制度。

1.标准工作日制度

在酒店业，多实行标准工作日制度，即国家实行劳动者每日平均工作不超过 8 小时，每周平均工作时间不超过 44 小时。此外还有缩短工作日（少于标准工作日的工作时间）、延长工作日（超过标准工作日的工作时间）、不定时工作日（员工的工作时间不受固定时数限制的工时制度）、计件工作日（指员工以完成一定劳动额为计酬标准的工作时间制度）。

1995 年国务院颁布实施的《国务院关于职工工作时间的规定》要求，职工每日工作八小时，每周工作四十小时。

2.综合计算工时工作制

在酒店的个别岗位，也可实行综合计算工时工作制。综合计算工时工作制是指采用以周、月、季、年等为周期综合计算工作时间的工时制度。综合工时制在计算加班时间上不同于标准工时，有其特殊性。酒店实行综合计算工时制，需要到人力资源和社会保障局申报并经其批准。

在综合计算周期内，某一具体日（或周）的实际工作时间可以超过 8 小时（或 40 小时），但在综合计算周期内的总实际工作时间与法定工作时间基本相同，即每周工作时间不超过 40 个小时，每月工作时间 20.83 天月×8 小时/天＝166.64 小时；每季工作时间 250 天/年÷4 级×8 小时＝500 小时；每年工作时间 250 天/年×8 小时＝2000 小时。

酒店实行综合计算工时制的，在休息日轮班工作的，不算加班，视为正常工作，无须支付加班费；只有综合计算工作时间超过法定标准工作时间的部分应视为延长工作时间，才算加班加点，需按照150%支付劳动报酬；但在法定休息日轮班工作的，应按加班处理，按照本人工资标准的300%支付加班费。

3. 不定时工作制

不定时工作制是因生产特点、工作特殊需要或职责范围，无法按标准工作时间衡量、需机动作业而采取不确定工作时间的一种工时制度。例如酒店销售经理、司机和酒店停业、歇业期间的非生产性值班等岗位，可实行不定时工作制。

不定时工作制是一种特殊的工时制度，酒店在实施前，需要到人力资源和社会保障局申报，经其批准方可实施。一般情况下，不定时工作制是不计算加班时间和加班费的，只有在上海、深圳等部分地区的工资支付条例中规定，在法定假日加班，不定时工时制的人员也有加班费，按300%的日工资支付。酒店对实行不定时工作人员的工作时间，仍应保证平均每天原则上工作8小时，每周至少休息1天。

## 二、休息休假

休息休假是指根据法律规定，员工在酒店任职期间，不必从事生产和工作而自行支配的时间。

1. 一个工作日内的休息时间

一个工作日内的休息时间是指员工在工作日内的岗位上工作时，应有中间休息及用餐的时间。一般午休和用餐时间为1到2小时，不能少于半小时。



2. 两个工作日之间的休息时间

两个工作日之间的休息时间是指员工在一个工作日结束后至下一个工作日开始前的休息时间。这种休息时间是保障员工恢复体力智力的重要阶段。一般情况下，酒店应保障员工连续使用这种休息时间，不得随便间断。同时，也不得安排员工连续工作两班，再安排休息。否则，将侵犯员工的休息权，也会严重损害员工的身体健康。

3. 休息日

休息日是指酒店员工工作满一个工作周以后的休息时间，一般情况下酒店根据经营安排在一周的非固定日期，也可轮流安排在其他时间，但必须是在满一个工作周以后休息。

值得注意的是，休息日不属于员工计薪天数，员工在休息日只有休息权，而无取得劳动报酬的权利。

4. 法定节假日

法定节假日是由国家法律统一规定的用以开展纪念、庆祝活动的休息时间。根据国家法律规定，我国全体公民享有法定节假日有11天，分别为元旦1天，春节3天，清明节1天，劳动节1天，端午节1天，中秋节1天和国庆节3天，这11天全部为带薪假日。

全体公民在法定节假日，享有带薪休假的权利，因此，法定节假日属于员工计薪天数。

5. 探亲假

探亲假是指与父母或配偶分住两地的员工，在一定期限内所享受的一定期限的带薪假期。

6. 年休假

年休假是指根据劳动者工作年限和劳动的繁重程度每年给予的一定期限的带薪连续休假。有关法律规定，劳动者连续工作1年以上的，享受带薪年休假。

**知识链接**

**实行不定时工作制的员工有加班费吗？**

## 三、工资制度

工资是指基于劳动关系，酒店根据员工提供的劳动数量和质量，按酒店劳动合同规定支付一定的货币报酬。

（一）工资构成

1. 计时工资

计时工资是根据酒店员工的工资标准和实际工作时间的长短来计算，包括月工资制、日工资制和小时工资制。

2. 计件工资

计件工资是指按照合格产品的数量预先规定的计件单位来计算的工资。

3. 奖金

奖金是指支付给酒店员工的超额劳动报酬和增收节支的劳动报酬。奖金是超额劳动的报酬，能够较灵活地反映员工的实际劳动差别。

4. 津贴与补贴

津贴是工资以外的补助费，主要用于对待特殊劳动条件下超常劳动的补偿，发放的依据是劳动条件和劳动环境。

补贴是指为了保证员工的工资水平不受物价等因素的影响，支付给劳动者的工资性补贴，它是酒店员工工资的一种辅助形式，是工资的一个组成部分。

5. 加班加点工资

加班加点工资是指酒店根据生产、工作需要，安排员工在法定节假日和公休假日内，或在标准工作日以外继续生产劳动所支付的工资。

根据法律规定，酒店员工每日加班加点一般不得超过1小时，最多也不得超过3小时，每月累计不得超过36小时。酒店安排员工加班加点的，应当足额支付加班加点工资，不得低于劳动合同规定的劳动者本人日或小时工资标准。其中延长工作时间的，支付不低于工资150%的工资报酬；休息日安排工作又不能安排补休的，支付不低于200%的工资报酬；法定节假日安排工作的，支付不低于工资300%的工资报酬。

6. 特殊情况下支付的工资

特殊情况下支付的工资是指酒店员工因病、工伤、产假、婚假、丧假、探亲假、年休假、法定假日、参加社会活动等原因，酒店支付给员工的工资待遇。

（二）最低工资

最低工资是酒店员工在法定工作时间内，提供了正常劳动前提下，酒店应当支付的保障员工个人及其家庭成员基本生活需要的最低劳动报酬。

1. 不得作为最低工资的组成部分

（1）加班加点工资。

（2）中班、夜班、高温、低温等特殊环境、条件下的津贴。

（3）国家法律、法规、政策规定的劳动保险、福利待遇等。

2. 国家实行最低工资保障制度

酒店支付员工的工资不得低于当地最低工资标准。

（三）工资计算



1. 工作天数计算

根据法律规定，酒店职工在一个自然年度内的工作天数为

365天—104天（休息日）—11天（法定节假日）＝250（天）

在一个季度内的工作天数为

250天÷4季＝62.5（天/季）

在一个月内的工作天数为

250天÷12月＝20.83（天/月）

2. 计薪天数规定

按照《中华人民共和国劳动法》的规定，法定节假日酒店应当依法支付工资，据此酒店员工的年计薪天数、月计薪天数依次为

年计薪天数＝365－52×2＝261（天）

月计薪天数＝261÷12＝21.75（天）

所以酒店员工的日工资、小时工资依次为

日工资＝月工资÷月计薪天数＝月工资÷21.75

小时工资＝日工资÷日工作小时数＝日工资÷8

（四）工资支付规定

工资应当以货币形式支付，不得以实物及有价证券代替货币支付。酒店应当按月并约定固定日期一次性向员工支付工资。

案例分析

**加班工资到底如何计算?**

张某于2013年12月30日应聘到重庆××酒店担任保安人员,月薪2000元,单位申请了综合计时制。每周休息1天。每天上班7个小时。节假日正常上班,平时安排轮休。《员工手册》中关于薪酬的约定,节假日加班按照30元/天执行。员工入职时即学习了酒店的有关制度,并签署了入职培训申明。张某在2013年12月至2014年6月期间累计加班17天,单位核算加班工资按国家规定的法定节假日核算,核算天数为7天,核算基数为30元/天,其余10天未核算,张某于2014年6月10日提出辞职,要求按照2000元的工资基数补足17天的加班工资,并不是按员工手册上的30元/天补加班工资。

**问题:**张某的诉求可以得到支持吗?

**分析:**张某和酒店双方约定工资为2000元/月,酒店就应依法按照2000/21.75=91.95元/日的工资标准向张某支付加班工资。即使酒店在《员工手册》中约定节假日加班按照30元/天,并告知了张某,但由于该约定:加班工资标准30元/天低于张某91.95元/日的工资标准,损害了张某的合法权益,是违法约定,不具有法律效力。因此,酒店应该再补充支付张某91.95×17−30×7=1353.22元加班工资。所以,张某的诉求可以得到法律的支持。



## 四、劳动安全

劳动安卫生又称劳动保护,是保护劳动者生命安全和身体健康的劳动保护法律制度。法律规定,劳动安全卫生奉行用人单位负责制原则,即酒店劳动安全卫生由酒店负责。

### (一)酒店的安全生产保障义务

(1)具有符合安全生产的条件,例如酒店锅炉房的防爆设施、在公共区域设置消防设施等。

(2)酒店员工的安全培训。酒店应当对员工进行安全生产教育和培训,未经安全生产年教育和培训合格的从业人员,不得上岗作业。

(3)设置安全警示标志。酒店应当在危险场所或有关设施、设备上,设置明显的安全警示标志。

### (二)酒店员工的安全生产权利

1. 知情权

酒店员工有权了解酒店场所和工作岗位存在的危险因素、防范措施和事故应急措施。

2. 监督权

酒店员工有权对酒店安全生产管理工作提出批评、检举和控告。

3. 拒绝权

酒店员工有拒绝违章作业指挥和强令冒险作业的权利。

4. 获得符合国家标准或行业标准劳动防护用品的权利

5. 获得安全生产教育和培训的权利

（三）酒店员工的安全生产义务

（1）在劳动作业过程中，遵守酒店的安全生产规章制度和操作规程，服从管理，正确佩戴和使用劳动防护用品。

（2）接受酒店组织的安全生产教育和培训。

（3）发现事故隐患或其他不安全因素时，应当立即向有关人员报告。

### 五、酒店女职工特殊保护

女员工特殊保护是根据女员工身体结构、生理技能的特点，抚育子女的特殊需要，以及性别歧视因素，在工作方面对妇女特殊权益的法律保障。酒店劳动用工，女员工较多，而且比较年轻，因此，女员工特殊保护对于酒店行业来说就特别有意义，具体来说，法律规定在以下几个方面对女员工进行特殊保护。

（1）女员工在月经期间，不得安排从事高空，低温、冷水和国家规定的第三级体力劳动强度的劳动。

（2）女员工在孕期不能适应原劳动的，酒店应根据医疗机构的证明，予以减轻劳动量或者安排其他能够适应的劳动。对怀孕 7 个月以上的女员工，酒店不得延长劳动时间或者安排夜班劳动，并应当在劳动时间内安排一定的休息时间。

（3）女员工生育享受不少于 90 天的产假。此外，女员工在小产期间，也享受一定时期的生育假和生育待遇，生育期的保护，既包括正产，也包括小产（流产）。

（4）不得安排女员工在哺乳期未满一周岁婴儿期间延长工作时间和夜班劳动。

（5）禁止以肢体行为、语言、文字等形式，对女员工实施性骚扰，受到性骚扰的女员工有权向有关机关投诉。

## 第三节　酒店社会保险与劳动争议

社会保险是指国家通过法律建立的，对劳动者在其生、老、病、伤、残、失业以及发生其他生活困难时，由国家通过强制立法建立的社会保障基金，帮助劳动者克服困难的一种物质帮助制度。目前，我国已形成了养老、医疗、工伤、失业和生育五大社会保险的体系。

### 一、养老保险及缴费

养老保险是指劳动者在因年老或病残而丧失劳动能力的情况下，退出劳动岗位，定期领取一定数额生活费用的一种社会制度。它为实现劳动者老有所养提供物质保障。

(一)养老保险的享受条件

1. 退休年龄条件

在酒店业,我国一般男满 60 岁,女满 50 岁或 55 岁就可退休。因病或非因工致残而完全丧失劳动能力的,由医院证明经劳动鉴定委员会确认完全丧失劳动能力的,退休年龄为男满 50 周岁,女满 45 周岁。

2. 退休工龄条件

酒店员工一般需连续工龄满 10 年,但因工伤或职业病致残而完全丧失劳动能力的员工,退休可以不以连续工龄为限。

3. 退职条件

酒店员工虽不符合退休条件但完全丧失劳动能力,也可以退出职务或工作岗位进行休养。例如酒店员工因工致残或因患有职业病而完全丧失劳动能力的,由医院证明并经劳动鉴定委员会确认完全丧失劳动能力的,尽管不具备退休条件,应当退休。

(二)养老保险的待遇

1. 退休待遇

退休待遇一般包括:退休金,从退休第二个月起停发工资。每月按规定标准计发退休金,直至去世为止;医疗待遇和死亡待遇与在职员工相同;其他待遇,如异地安家补助费、异地安置车旅费、住房补贴;因物价上涨的生活补贴;冬季取暖补贴等,均按规定的标准执行。

2. 退职待遇

退职待遇的水平低于退休待遇。其内容包括:按月发给相当于本人退职前基本工资一定比例的退职生活费,其数额不得低于国家规定的最低标准;医疗待遇和死亡待遇与在职员工相同。

(三)退休金的标准

退休金,即退休人员依法领取的生活费用。它是养老保险待遇的主要组成部分。为了保障退休人员的实际生活水平不致因物价上涨而绝对下降或者因工资水平提高而相对下降,社会保障待遇标准应该随着主要收入水平或生活费用的变化而重新调整。

(四)养老保险费的缴付

××酒店缴费额为核定的酒店员工工资总额的 20%,转入养老保险社会统筹账户;酒店员工个人缴费额目前为核定缴费基数 8%,转入养老保险个人账户。

(五)养老保险待遇的给付

养老金由社会保险经办机构从养老保险统筹基金和个人账户储存额中开支,一般按月支付,直至死亡;但对于连续工龄(或缴费工龄)较短者,可以在退休时一次性发给。酒店员工死亡后,其个人账户中的余额,可依法继承。

## 二、失业保险及缴费

失业保险是指劳动者因失业而暂时失去劳动报酬时,由国家和社会给予一定物质帮助,以保障其基本生活并促进其再就业的一种社会保险制度。

1. 享受失业保险待遇的条件

法律规定，参加失业保险，并履行缴费义务满 1 年的被动失业者，均可申请失业保险待遇。

2. 失业保险待遇

依照法律规定，我国失业保险待遇有：失业救济金、困难补助金、医疗补助金、生育补助金、丧葬补助金、一次性遗属抚恤金等生活补助项目，以及专业训练、生产自救、职业介绍等再就业服务项目。

3. 失业保险费的缴费

酒店按本单位员工上年度月平均工资总额的 1.5%按月缴纳，员工个人按本人上年度月平均工资收入的 0.5%缴纳，由酒店按月代扣代缴。农民合同制员工个人不缴纳失业保险费。

另外，酒店员工上年度月平均工资低于本地上年度在岗员工月平均工资 60%的，以上年度本地在岗员工月平均工资的 60%作为基数按比例缴纳；员工上年度月平均工资高于本地上年度在岗员工月平均工资 300%的，以上年度本地在岗员工月平均工资的 300%作为基数按比例缴纳。

4. 失业保险待遇的给付

失业保险金按照不低于当地最低工资标准，高于城市居民最低生活标准的水平发放。员工失业前酒店和本人按照规定累计缴费时间满 1 年不足 5 年的，领取失业保险金的期限最长为 12 个月；累计缴费时间满 5 年不足 10 年的，领取失业保险金的期限最长为 18 个月；累计缴费时间满 10 年以上的，领取失业保险金的期限最长为 24 个月。



此外，失业人员在领取失业保险金期间死亡的，参照当地对在职员工的规定，对其家属一次性发给丧葬补助金和抚恤金。

## 三、工伤保险及缴费

工伤保险是指依法对因公而致伤、疾病、残疾、死亡的劳动者或其供养的亲属给予物质帮助和经济补偿的一项社会保险制度。

（一）工伤的认定

1. 工伤的范围

在工作时间和工作场所内，因工作原因受到事故伤害的；工作时间前后在工作场所内，从事与工作有关的预备性或者收尾性工作受到事故伤害的；在工作时间和工作场所内，因履行工作职责受到暴力等意外伤害的；患职业病的；法律、行政法规规定应当认定为工伤的其他情形。

2. 视同工伤的情形

在工作时间和工作岗位，突发疾病死亡或者在 48 小时之内经抢救无效死亡的；在抢险救灾等维护国家利益、公共利益活动中受到伤害的。

3. 不认定工伤的情形

故意犯罪的；醉酒或者吸毒的；自残或者自杀的。

(二)工伤保险的待遇

1. 工伤医疗的待遇

职工在工伤医疗期间,享受用人单位给予的不超过12个月的停工留薪期,特殊者,经社区的市级劳动能力鉴定委确认,最多延长12个月。

2. 工伤致残待遇

工伤致残后享受的护理费、生活待遇补助等费用由工伤保险基金支付。

3. 死亡待遇

职工因工伤死亡,其直系亲属可从工伤保险基金领取丧葬补助金、抚恤金和一次性工伤补助金。

(三)工伤保险费的缴付

酒店缴纳工伤保险费的数额应为本单位职工工资总额乘单位缴费费率,职工个人不缴纳。

同步案例

**私自协商不缴纳社会保险,害了谁?**



## 四、医疗保险及缴费

医疗保险是指劳动者患病,或非因公负伤后,从社会上获得物质帮助的社会保险制度。

1. 医疗期待遇

职工享受医疗保险待遇,除完全丧失劳动能力者外,只限于规定的医疗期内。医疗期的长度根据职工本人连续工龄和本单位工龄分档次确定,最短不少于3个月,最长一般不超过24个月;难以治愈的疾病,经医疗机构提出,本人申请,劳动行政部门批准后,可适当延长医疗期,但延长期限最多为6个月。

2. 疾病津贴

疾病津贴又称病假工资。职工患病或非因工负伤,停止工作满1个月以上的,停发工资,由用人单位按其工龄长短给付相当于本人工资一定比例的疾病津贴,不得低于当地最低工资标准的80%。

3. 医疗待遇

职工一般可选择在与社会保险经办机构签订医疗保险合同的定点医院就医。其保险待遇项目主要有：规定范围内的药品费用、规定的检查费用和治疗费用、规定标准的住院费用。其中，职工个人账户用于支付小额医疗费用，社会统筹基金用于支付大额医疗费用。此外，职工供养亲属患病治疗时，一般仅就某些项目（如药费、手术费等）的医疗费用给予一定比例（一般为 50%）的医疗补助。

医疗保险由酒店和员工个人双方负担、共同缴纳、地区统筹，保障参保员工的基本医疗需求。酒店缴费率为在员工工资总额的 6%，员工个人缴费为员工工资总额的 2%。

## 五、生育保险及缴费

生育保险是指保障女员工因怀孕和分娩而从社会上获得物质帮助的一种社会保险制度。

1. 产假

在我国，生育假期为 90 天（其中产前假 15 天），难产者增加 15 天，多胎生育者每多生一个婴儿增加 15 天，流产假以怀孕时间长短来区别，怀孕不满 4 个月流产假为 15—30 天，4 个月以上者为 42 天。

2. 生育津贴

法律规定，在法定产假期间，停发工资，按月从生育保险基金中支付生育津贴，标准为酒店上年度员工月平均工资。

3. 生育医疗待遇

女员工生育的检查费、卫生费、手术费、住院费和药费等医疗护理费用，由生育保险基金支付。



根据法律规定，酒店应按照本酒店员工工资总额的一定比例缴纳生育保险费，缴费比例一般不超过 0.5%，具体缴费比例由各地根据实际情况确定。员工不缴纳生育保险费。

## 六、酒店劳动争议

酒店劳动争议也称酒店劳动纠纷或劳资纠纷，是指酒店和员工之间，因劳动权利义务的履行问题而发生纠纷。

1. 劳动争议的处理范围

因确认劳动关系发生的争议；因订立、履行、变更、解除和终止劳动合同发生的争议；因除名、辞退和辞职、离职发生的争议；因工作时间、休息休假、社会保险、福利、培训以及劳动保护发生的争议；因劳动报酬、工伤医疗费、经济补偿或者赔偿金等发生的争议；法律、法规规定的其他劳动争议。

2. 劳动争议处理机构

（1）酒店劳动争议调解委员会。

由酒店员工代表和酒店代表组成。员工代表由工会成员担任或者由全体员工推举产生，酒店代表由酒店负责人指定。酒店劳动争议调解委员会在当地工会和当地劳动争议仲裁委员会的指导下，调解本酒店的劳动争议。

（2）各级劳动争议仲裁委员会。

劳动争议仲裁委员会是国家授权，依法独立处理劳动争议的专门机构，由劳动行政部门、工会和用人单位共同组建，其中劳动行政部门的代表在仲裁机构中居于首席地位。

(3)人民法院。

一般由劳动合同指定管辖人民法院，或酒店所在地基层人民法院处理劳动争议诉讼。

3. 劳动争议解决途径

(1)双方当事人协商和解。

劳动争议和解，是指当事人双方自行协商，达成解决劳动争议的协议。以和解的方式处理劳动争议有利于构建和谐的劳动关系，不伤害当事人双方的感情，是劳动争议处理的首选方式。

(2)调解。

调解是特指酒店劳动争议委员会的调解。酒店调解委员会的调解，要遵循自愿的原则，即是否进行调解，由当事人双方自行决定，对任何一方不得强迫；不愿调解的，可直接申请仲裁；经调解是否达成协议，由当事人自愿，不得强加；调节协议的履行，也要靠当事人自觉，不得强制执行。

(3)仲裁。

我国处理劳动争议采取“仲裁前置”的原则，劳动争议必须先经过仲裁委员会仲裁，不服裁决才可以向人民法院提起诉讼，否则，人民法院将不予以受理。

(4)诉讼。

劳动争议双方对仲裁裁决不服的，可以向人民法院提起诉讼，以维护自己的合法权益。



## 同步案例

### 女员工“怀孕”，能降薪吗？

张小姐与上海某高档酒店签订了为期两年的劳动合同，担任该酒店高级行政管家，约定月工资为9000元。2019年5月，也就是张小姐工作了一年多后，酒店调整组织架构，撤销了高级行政管家这个岗位，酒店一时无法安排张小姐工作。此时，张小姐告诉酒店自己已经怀孕2个月，酒店于是根据劳动合同约定，每月按上海市最低工资标准1450元支付张小姐工资。

张小姐不服，认为酒店一时无法安排工作不是自己的过错，何况在怀孕期间，国家有相关法律规定酒店是不能降低自己工资的，因此执意要求酒店仍然按9000元支付其工资。而酒店辩称，双方在劳动合同上已经约定了如果张小姐在没有工作期间，只需按最低工资标准支付工资，这也是《劳动合同法》所允许的。

**试问：**张小姐的要求合理吗？

**分析：**《中华人民共和国妇女权益保障法》第四十八条规定，用人单位不得因结婚、怀孕、产假、哺乳等情形，降低女职工的工资和福利待遇，限制女职工晋职、晋级、评聘专业技术职称和职务，辞退女职工，单方解除劳动(聘用)合同或者服务协议。第四十八条规定，用人单位应当根据妇女的特点，依法保护妇女在工作和劳动时的安全、健康以及休息的权利。妇女在经期、孕期、产期、哺乳期受特殊保护。由此可见，处于“三期”期间的女职工被酒店调整工作岗位后，酒店应当按照不低于原约定的工资标准向女职工支付工资。因此，酒店以最低工资标准支付张小姐工资违反了对女职工特殊保护的规定。张小姐原工资为9000元，酒店应当仍然以9000元标准支付张小姐工资。

## 本章小结

本章对酒店劳动合同管理和社会保险的基本问题进行了介绍。酒店劳动管理包括酒店劳动合同的概念、订立、解除、终止，以及无效酒店劳动合同的认定等主要问题。此外，酒店劳动合同管理还涉及工作时间、休息休假、工资制度和劳动保护等重要内容。社会保险部分介绍了酒店依法应缴纳的社会保险，主要包括养老保险及缴纳办法、失业保险及缴纳办法、工伤保险及缴纳办法、医疗保险及缴纳办法和生育保险及缴纳办法等。



## 关键概念

劳动关系　酒店劳动合同　固定期限劳动合同　无固定期限劳动合同　无效酒店劳动合同　最低工资　经济性裁员　试用期　计时工资　养老保险　医疗保险　生育保险　工伤保险　失业保险

## 思考与练习

一、选择题

1. 根据《劳动合同法》的规定，酒店依法安排员工在休息日工作，不能安排补休的，应当按照不低于劳动合同规定的劳动者本人日或小时工资标准的（　　）支付员工工资。

A. 100％　　B. 150％　　C. 200％　　D. 300％

2. 根据《劳动合同法》的规定，下列情形中，酒店员工可以解除酒店劳动合同的是（　　）。

A. 酒店未按照酒店劳动合同约定提供劳动保护或劳动条件的

B. 酒店未及时足额支付劳动报酬的

C. 酒店以暴力、威胁或者非法限制人身自由的手段强迫劳动者劳动的

D. 酒店未依法为劳动者缴纳社会保险费的

3. 根据《劳动合同法》的规定，酒店与员工已建立劳动关系，未同时订立书面酒店劳动合同的，应当自用工之日起(　　)内订立书面酒店劳动合同。

A. 3 日　　B. 10 日　　C. 15 日　　D. 30 日

4. 李某与凌云酒店建立了劳动关系，2014 年 5 月 1 日，酒店安排李某加班一天，李某向酒店要求支付加班工资时遭拒，酒店认为李某在加班时因操作不当造成机器设备损失 1000 元。下列不正确的是(　　)。

A. 酒店应当按酒店劳动合同中规定的日工资标准的 300% 向李某支付加班工资

B. 如果甲酒店能够为李某安排补休，则无须向李某支付加班工资

C. 李某给单位造成的经济损失，可以从李某的工资中扣除。

D. 酒店应当按酒店劳动合同中规定的日工资标准的 200% 向李某支付加班工资

5. 蓝天酒店招聘一批服务人员，在签订酒店劳动合同时要求聘用人员(共 10 名)缴纳 500 元的押金，并抵押了身份证件。劳动行政部门发现后对蓝天酒店进行了相应处罚，下列处罚措施中，不符合《劳动合同法》规定的是(　　)。

A. 责令蓝天酒店向聘用人员退还收取的 500 元押金

B. 责令蓝天酒店向聘用人员退还扣押的身份证

C. 对蓝天酒店处以一定金额的罚款

D. 直接没收蓝天酒店收取的 500 元押金

6. 张某自 2008 年 4 月 1 日起与北极星酒店(以下简称北极星)建立了劳动关系，2008 年 9 月 1 日，双方发生争议并解除劳动关系，张某依法申请劳动仲裁，经审理查明双方一直未订立书面酒店劳动合同，张某月工资为 4000 元(4 至 7 月份的工资均已正常发放)，三名仲裁员分别就该案阐述了自己的观点，其中正确的是(　　)。

A. 张某只能要求北极星支付 4000 元

B. 张某可以要求北极星支付 40000 元

C. 张某可以要求北极星支付 20000 元

D. 张某可以要求北极星支付 24000 元

7. 刘某在某酒店已经工作 5 年，刘某向酒店申请从 2009 年 6 月 3 日起休带薪年休假，酒店依法准假，已知 2009 年 6 月 6 日、7 日为周六、日，刘某应当在(　　)回酒店上班。

A. 2009 年 6 月 6 日　　B. 2009 年 6 月 8 日

C. 2009 年 6 月 10 日　　D. 2009 年 6 月 13 日

8. 根据《劳动合同法》的规定，酒店依法安排员工在法定节假日工作，不能安排补休的，应当按照不低于酒店劳动合同规定的劳动者本人日或小时工资标准的(　　)

支付员工工资。

A. 100%　　B. 150%　　C. 200%　　D. 300%

9. 关于酒店女员工的特殊劳动保护，下列符合法律规定的是(　　)。

A. 酒店女员工哺乳未满18个月，不得安排加班

B. 更年期的女员工，不属女员工特殊劳动保护范围

C. 酒店规定女员工生育产假最长不超过3个月

D. 酒店女员工可以享受15天产前休假

10. 李某今年51岁，在兰欧酒店工作了18年，今年12月，其与酒店签订的酒店劳动合同将到期，下列符合法律规定的是(　　)。

A. 该酒店劳动合同到期终止

B. 该酒店劳动合同到期后由人民法院宣告终止

C. 该酒店劳动合同到期不能终止

D. 以上都不对

11. 关于酒店劳动合同解除，符合法律规定的是(　　)。

A. 试用期员工辞职要提前7天书面通知酒店

B. 正式员工辞职要提前30天书面通知酒店

C. 被依法追究刑事责任的员工，酒店可以直接开除

D. 酒店未依法为员工缴纳社会保险的，员工可以随时辞职

12. 根据有关法律规定，酒店员工的月计薪天数一般为(　　)天。

A. 26　　B. 22　　C. 21.75　　D. 30

13. 酒店员工缴纳的"四险一金"是指养老保险、医疗保险和(　　)。

A. 工伤保险　　B. 意外保险　　C. 住房公积金

D. 失业保险　　E. 职业年金

14. 大学毕业生小周与甲酒店订立了期限为2年的酒店劳动合同，根据《劳动合同法》的规定，其中符合规定的是(　　)。

A. 试用期为3个月

B. 试用期间甲酒店可以随意解聘小周

C. 试用期工资为转正后工资的80%

D. 酒店劳动合同期限不包括试用期

15. 下列关于社会保险，符合法律规定的是(　　)。

A. 酒店员工个人需缴纳的养老保险费为核定缴费基数乘以8%

B. 酒店为员工缴纳的医疗保险费为员工工资总额的6%

C. 生育保险现已被合并至医疗保险

D. 酒店员工需每月支付工伤保险费，由酒店从员工月工资中代扣代缴

二、简答题

1. 何为酒店劳动关系？

2. 简述劳动合同期满，酒店不能终止劳动合同的情形。

3.简述酒店无须预先告知便可解聘员工的情形。

4.酒店员工随时告知就可解聘劳动合同的情形有哪些?

5.酒店员工的月计薪天数是多少?

6.酒店员工的养老保险缴费比例是多少?

7.酒店员工加班加点,如何计发工资?

三、案例分析题

杨女士大学毕业后应聘到一家星级酒店工作,与酒店订立一份为期1年的劳动合同,其中约定试用期为3个月(2008年1月1日至2008年3月31日)。签合同后,杨女士按要求向酒店交了500元的抵押金。在2008年3月15日酒店突然向杨女士发出了辞退通知,告知杨女士工作表现不理想,不符合录用条件,发给她半个月工资,要求其立刻办理交接手续。

请根据劳动合同法的有关规定,指出案例中存在的法律问题。

# 第六章

## 酒店星级评定

### 学习目标

1. 了解我国酒店星级评定管理的演变历程，认识评定标准的变化与导向。

2. 理解酒店星级评定的术语、原则和组织管理。

3. 掌握星级酒店的划分条件与要求，熟悉酒店星级的申请和评定流程，知晓星级酒店检查的相关工作。

### 案例导入

**福州市旅游局“四着力”抓好星级酒店管理**

2016年12月16日，国家旅游局公布了2015年度全国星级酒店统计调查百强名单，福州市两家星级酒店入围。其中，福州香格里拉酒店有限公司排名2015年度全国五星级酒店第22名；福州聚春园会展酒店有限公司入围2015年度全国四星级酒店二十强，位列第19名。

2016年，福州市旅游局把提高星级酒店整体服务水平，作为提质增效工作的有力抓手，着力推进星级酒店管理水平，提高旅游服务质量。

一是以组织领导为保障，着力落实工作责任。制定年度星级酒店管理工作方案，加强全市星级酒店诚信建设和安全生产标准化建设，具体工作分级负责，层层抓落实。根据《旅游饭店星级的划分与评定》，依托福州市星级酒店评定委员会，持续深化星级酒店服务质量规范化，圆满完成2016年度星级酒店复核复评工作。

二是以旅游业发展为前提，着力落实优胜劣汰。建立星级酒店动态管理机制，对无法达到星级标准的酒店坚决予以取消，促进星级酒店重视硬软件建设，提升整体运营质量和服务水平，有效维护了星级酒店标准的严肃性。2016年，福州市新增1家三星级酒店，取消4家星级酒店资格。福州贸总酒店被评为三星级酒店。

同时，国谊（福建）大酒店、福建天福大酒店、福州罗源湾大酒店、福州金辉大酒店4家星级酒店因无法达到所持有星级标准，被福州市星级饭店评定委员会取消星级酒店的资格。

三是以满意服务为宗旨，着力开展技能培训。通过“请进来”的方式，开展形式多样、内容丰富的酒店管理人员素质提升培训，不断提高酒店从业人员职业素养和技能。连续多年举办酒店企业技能大赛，以赛促训，向全社会展示福州市酒店企业从业人员的服务技能和服务水平，树立酒店企业服务人员的全新形象，提升旅游行业从业人员的整体素质，推动服务质量和管理水平再上新台阶。

四是以规范经营秩序基础，着力提高服务质量。通过完成星级酒店安全生产标准化建设、组织旅游行业市场秩序检查、开展星级酒店复核复评工作、官网公开旅游星级酒店名单信息等手段，牢固树立酒店从业人员“游客为本 服务至诚”的服务意识，提升星级酒店服务质量，让宾客住得安心、放心、舒心、称心。

**思考：**福州市旅游局是根据哪些国家标准完成2016年度星级酒店复核复评工作的？

**分析：**根据《旅游饭店星级的划分与评定》的规定，依据酒店必备的设施设备条件、硬件和软件评分，以及服务质量、管理和安全管理等要求，将旅游酒店等级划分为一星级至五星级。通过不同星级评定要求的酒店获评相应的星级。此外，酒店评定星级不搞终身制，已经评定星级的酒店，应定期参加复核。所有星级酒店均要参加每年至少一次的年度复核和三年期满的评定性复核。对于复核不达标的星级酒店，各级星级评定委员会依照标准予以警告、通报批评、限期整改，直至降低星级或取消星级的处罚。



## 第一节 酒店星级评定概述

### 一、我国酒店星级评定管理的演变

我国酒店的星级评定制度是实现酒店管理与国际标准接轨的重要举措。改革开放初期，我国酒店没有统一的质量等级评定制度，总体管理水平相对落后，难以适应当时涉外旅游客人的接待需求。为了使我国酒店业的经营管理与国际水平靠拢，1986年国家旅游局决定把评定酒店星级列为工作重点，1988年8月2日国家旅游局正式颁布了《中华人民共和国评定旅游（涉外）饭店星级的规定》，并在同年在广州市进行酒店星级评定的试点工作；1989年5月25日，国家旅游局公布了首批一至四星级酒店22家，从此我国酒店管理纳入了符合国际酒店等级标准的法治轨道。

1993年9月1日国家技术监督局正式批准并发布了《旅游涉外饭店星级的划分与评定》（GB/T 14308—93），并于同年10月1日实施；经过几年的实践，国家旅游局于1997年修订并重新发布了新的《旅游涉外饭店星级的划分及评定》(GB/T 14308—1997)，新标准于 1998 年 5 月 1 日起正式实施；随着社会经济发展水平和酒店行业快速发展和市场分化，2003 年 6 月 25 日，国家发布了《旅游饭店星级的划分与评定》(GB/T 14308—2003)，并规定该标准于 2003 年 12 月 1 日起实施；7 年后的 2010 年 10 月 18 日，中国国家标准化管理委员会发布了《旅游饭店星级的划分与评定》(GB/T 14308—2010)，并规定该标准于 2011 年 1 月 1 日起实施。近年来，随着我国创新经济模式不断涌现，旅游饭店业市场经营日益多元化，为更好地满足广大游客需求，加快旅游酒店业转型升级，积极适应市场变化、绿色经济和全域旅游发展需求，文化和旅游部决定正式启动国家标准《旅游饭店星级的划分与评定》(GB/T 14308—2010)的修订工作。

## 二、酒店星级评定的术语

《旅游饭店星级的划分与评定》(GB/T 14308—2010)规定了如下术语和定义。

1. 旅游饭店

该标准将旅游饭店(tourist hotel)定义为：以间(套)夜为单位出租客房，以提供住宿服务为主，并提供商务、会议、休闲、度假等相应服务的住宿设施，按不同习惯也被称为宾馆、酒店、旅馆、旅社、宾舍、度假村、俱乐部、大厦、中心等。

2. 星级划分

五角星的数量和颜色表示旅游酒店的星级。旅游酒店星级分为五个级别，即一星级、二星级、三星级、四星级、五星级(含白金五星级)。最低为一星级，最高为五星级。星级越高，表示酒店的等级越高。

3. 星级标志及管理

星级标志由长城与五角星图案构成，用一颗五角星表示一星级，两颗五角星表示二星级，三颗五角星表示三星级，四颗五角星表示四星级，五颗五角星表示五星级，五颗白金五角星表示白金五星级。

星级标志应置于酒店前厅最明显位置，接受公众监督。酒店星级标志为证明商标，任何单位或个人未经授权或认可，不得擅自制作和使用。同时，任何酒店以“准×星”“超×星”或者“相当于×星”等作为宣传手段的行为均属违法行为。酒店星级证书和标志牌由全国旅游酒店星评委统一制作、核发。

4. 有限服务酒店

一星级、二星级、三星级酒店是有限服务酒店，评定星级时应对酒店住宿产品进行重点评价。

5. 完全服务酒店

四星级和五星级(含白金五星级)酒店是完全服务酒店，评定星级时应对酒店产品进行全面评价。

6. 星级评定的范围及星级的有效期

根据星级评定的规定，开业一年后的酒店可申请星级，经星级评定机构评定批复后，可以享有三年有效的星级及其标志使用权。

## 三、评定标准的变化与导向

《旅游饭店星级的划分与评定》(GB/T 14308—2010)与旧的 GB/T 14308—2003 相比,主要技术内容变化如下。

(1)新标准更加注重对酒店住宿和餐饮等核心产品的考查,弱化配套设施。

(2)将酒店进行分类评定,明确一、二、三星级酒店定位为有限服务酒店,四、五星级酒店为完全服务酒店。

(3)突出绿色环保的要求。

(4)强化安全管理要求,将应急预案列入各星级的必备条件。

(5)提高酒店服务质量评价的操作性。

(6)增加例外条款,引导和鼓励酒店开展特色经营,走差异化发展之路。

## 四、星级评定的原则

1. 整体性原则

酒店评定星级时不应因为某一区域所有权或经营权的分离,或因为建筑物的分隔而区别对待,酒店内所有区域应达到同一星级的质量标准和管理要求。否则,各级星评委对酒店申请星级不予批准。

2. 动态性原则

酒店评定星级后,因酒店变化导致达不到原星级标准的,或在营运中发生重大安全责任事故,所属星级将被降级或立即取消,相应星级标识不能继续使用。

3. 例外原则

对于以住宿为主营业务,建筑与装修风格独特,拥有独特客户群体,管理和服务特色鲜明,且业内知名度较高旅游酒店的星级评定,可以直接向全国旅游星级酒店评定机构申请星级。

## 五、星级评定的组织管理

1. 全国旅游星级饭店评定委员会

全国旅游星级饭店评定委员会(简称"全国星评委")是我国旅游酒店星级评定的最高权力机关,具体负责实施五星级酒店的评定与复核工作,保有对各级旅游酒店星级评定机构所评定酒店星级的否决权。

2. 省级旅游星级饭店评定委员会

省级旅游星级饭店评定委员会(简称"省级星评委")是我国 31 个省区市(不含台港澳地区)的旅游酒店星级评定机构,具体负责本地区四星级及以下酒店的评定与复核工作,并向文化和旅游部推荐五星级酒店,保有对本地区下级旅游星级酒店评定机构所评星级的否决权。

3. 副省级城市、地级市(地区、州、盟)旅游星级饭店评定委员会

副省级城市、地级市(地区、州、盟)旅游星级饭店评定委员会是省级以下地区旅游星级

酒店星级评定机构，具体负责本地区三星级及以下酒店的评定与复核工作，并向所在省级旅游星评委推荐四星级、五星级酒店。

## 第二节　星级酒店的划分及要求

### 一、划分条件

1. 必备条件

《旅游饭店星级的划分与评定》中的必备项目检查表规定了各星级应具备的硬件设施和服务项目，要求相应星级的每个项目都必须达标，缺一不可。评定检查时，逐项打“√”确认达标后，再进入后续打分程序。

★一、二、三星级酒店必备项目包括：①一般要求；②设施；③服务。

详细项目要求分别见“一星级必备项目检查表”和“二星级必备项目检查表”。

★四、五星级酒店必备项目包括：①饭店总体要求；②前厅；③客房；④餐厅及吧台；⑤厨房；⑥会议和康体设施；⑦公共区域。

详细项目要求分别见“三星级必备项目检查表”，“四星级必备项目检查表”和“五星级必备项目检查表”。



2. 硬件评分

《旅游饭店星级的划分与评定》附录 B“设施设备评分表”（硬件表，共 600 分）主要是对酒店硬件设施的档次进行评价打分。三、四、五星级规定最低得分线：三星 220 分、四星 320 分、五星 420 分，一、二星级不做要求。

3. 软件评分

《旅游饭店星级的划分与评定》附录 C“饭店运营质量评价表”（软件表，共 600 分）主要是评价酒店的“软件质量”，包括对酒店各项服务的基本流程、设施维护保养和清洁卫生方面的评价。三、四、五星级规定最低得分率：三星级 70％、四星级 80％、五星级 85％，一、二星级不做要求。酒店运营质量的评价内容分为总体要求、前厅、客房、餐饮、其他、公共及后台区域等 6 个大项。

评分时按“优”“良”“中”“差”打分并计算得分率。

公式为：

得分率＝该项实际得分/该项标准总分×100％

### 二、服务质量总体要求

1. 服务基本原则

(1)对宾客礼貌、热情、亲切、友好，一视同仁。

(2)密切关注并尽量满足宾客的需求，高效率地完成对客服务。

(3)遵守国家法律法规,保护宾客的合法权益。

(4)尊重宾客的信仰与风俗习惯,不损害民族尊严。

2.服务基本要求

(1)员工仪容仪表应达到:遵守酒店的仪容仪表规范,端庄、大方、整洁;着工装、佩工牌上岗;服务过程中表情自然、亲切、热情适度,提倡微笑服务。

(2)员工言行举止应达到:语言文明、简洁、清晰,符合礼仪规范;站、坐、行姿符合各岗位的规范与要求,主动服务,有职业风范;以协调适宜的自然语言和身体语言对客服务,使宾客感到尊重舒适;对宾客提出的问题应予耐心解释,不推诿和应付。

(3)员工业务能力与技能应达到掌握相应的业务知识和服务技能,并能熟练运用。

## 三、管理要求

(1)应有员工手册。

(2)应有酒店组织机构图和部门组织机构图。

(3)应有完善的规章制度、服务标准、管理规范和操作程序。一项完整的酒店管理规范包括规范的名称、目的、管理职责、项目运作规程(具体包括执行层级、管理对象、方式与频率、管理工作内容)、管理分工、管理程序与考核指标等项目。各项管理规范应适时更新,并保留更新记录。

(4)应有完善的部门化运作规范。包括管理人员岗位工作说明书、管理人员工作关系表、管理人员工作项目核检表、专门的质量管理文件、工作用表和质量管理记录等内容。

(5)应有服务和专业技术人员岗位工作说明书,对服务和专业技术人员的岗位要求、任职条件、班次、接受指令与协调渠道、主要工作职责等内容进行书面说明。

(6)应有服务项目、程序与标准说明书,对每一个服务项目完成的目标、为完成该目标所需要经过的程序,以及各个程序的质量标准进行说明。

(7)对国家和地方主管部门和强制性标准所要求的特定岗位的技术工作如锅炉、强弱电、消防、食品加工与制作等,应有相应的工作技术标准的书面说明,相应岗位的从业人员应知晓并熟练操作。

(8)应有其他可以证明酒店质量管理水平的证书或文件。

## 四、安全管理要求

(1)星级酒店应取得消防等方面的安全许可,确保消防设施的完好和有效运行。

(2)水、电、气、油、压力容器、管线等设施设备应安全有效运行。

(3)应严格执行安全管理防控制度,确保安全监控设备的有效运行及人员的责任到位。

(4)应注重食品加工流程的卫生管理,保证食品安全。

(5)应制定和完善地震、火灾、食品卫生、公共卫生、治安事件、设施设备突发故障等各项突发事件应急预案。

知识链接

五星级酒店的必备条件

## 第三节　酒店星级评定规则

### 一、星级的申请

申请星级的旅游酒店，应执行《旅游统计调查制度》，承诺履行向全国旅游酒店星级评定机构提供不涉及本酒店商业机密的经营管理数据的业务。



开业一年后的旅游酒店申请星级，应向有相应评定权限的旅游星级酒店评定机构递交星级申请材料；申请四星级以上的酒店，应按属地原则逐级递交申请材料。申请材料包括：酒店星级申请报告、自查自评情况说明及其他必要的文字和图片资料。

### 二、星级的评定流程

1. 受理与推荐

接到酒店星级申请报告后，相应评定权限的旅游星级饭店评定机构应在核实申请材料的基础上，于 14 天内做出受理与否的答复。对申请四星级以上的酒店，其所在地旅游星级酒店评定机构在逐级递交或转交申请材料时应提交推荐报告或转交报告。

省级星评委收到酒店申请材料后，于一个月内对申报酒店进行星评工作指导。对符合申报要求的酒店，以省级星评委名义向全国星评委递交推荐报告。

2. 检查

受理申请或接到推荐报告后，相应评定权限的旅游星级酒店评定机构应在一个月内以明察和暗访的方式安排评定检查。检查合格与否，检查员均应提交检查报告。对检查未通过的酒店，相应星级评定机构应加强指导，待接到酒店整改完成并要求重新检查的报告后，于一个月内再次安排评定检查。

对申请四星级以上酒店的检查分为初检和终检。

(1)初检由有相应评定权限的旅游星级饭店评定机构组织，委派检查员以暗访或明查的形式实施检查，并将检查结果及整改意见记录在案，供终检时对照使用；初检合格，方可安排终检。

(2)终检由有相应评定权限的旅游星级饭店评定机构组织,委派检查员对照初检结果及整改意见进行全面检查。终检合格,方可提交评审。

3.评审

接到检查报告后的一个月内,旅游星级饭店评定机构应根据检查员意见对申请星级的酒店进行评审。评审的主要内容有审定申请资格,核实申请报告,认定本标准的达标情况,查验违规及事故、投诉的处理情况等。

4.批复

对通过评审的饭店,旅游星级饭店评定机构应给予评定星级的批复,并授予相应星级的标志和证书(见图 6-1、图 6-2)。对于经评审认定达不到标准的酒店,旅游星级饭店评定机构不予批复。

**图 6-1　中国星级酒店标志牌(五星级酒店)**

## 三、五星级旅游酒店检查特别流程

对于申请五星级旅游酒店,在上述的检查环节更为严格,具体流程如下。

1.审查与公示

全国星评委在接到省级星评委推荐报告和酒店星级申请材料后,应在一个月内完成资格审查。对通过资格审查的酒店,进行公示;对未通过资格审查的酒店,全国星评委应下发正式文件通知省级星评委。

2.宾客满意度调查

对通过五星级资格审查的酒店,全国星评委可根据工作需要安排宾客满意度调查,并形成专业调查报告,作为星评工作的参考意见。

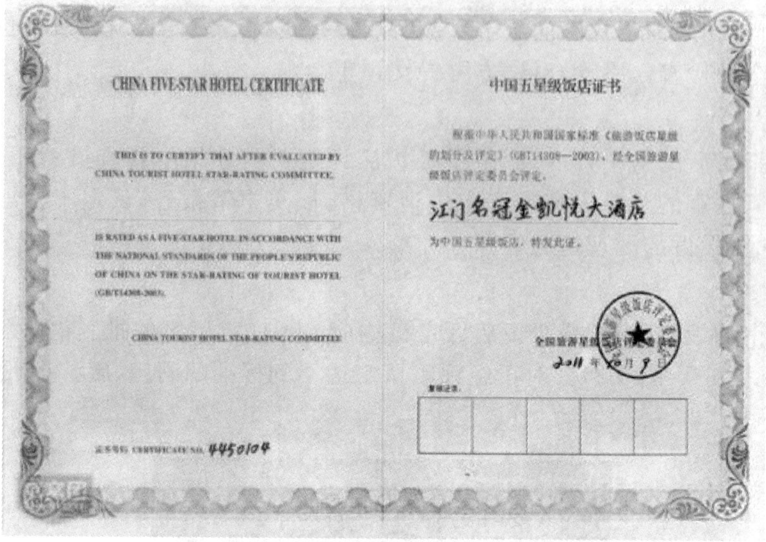


**图 6-2　中国星级酒店证书(五星级酒店)**

3. 国家级星评员检查

全国星评委发出“星级评定检查通知书”，委派 2～3 名国家级星评员，以明查或暗访的形式对申请五星级的酒店进行评定检查。评定检查工作应在 36～48 小时内完成。检查未予通过的酒店应进行整改。全国星评委待接到酒店整改完成并申请重新检查的报告后，于一个月内再次安排评定检查。

一、二、三星级酒店的评定检查工作应在 24 小时内完成，四星级酒店的评定检查工作应在 36 小时内完成。全国星评委保留对一星级到四星级酒店评定结果的否决权。



## 第四节　星级酒店检查

### 一、检查员设置

为具体实施《旅游饭店星级的划分与评定》，使旅游酒店的星级评定工作更加专业化和规范化，国家制定了相关星级评定检查制度。

1. 国家级检查员

由全国星评委负责选聘，承担全国范围内的酒店星级评定、复核和其他检查工作。

2. 地方级检查员(含省级和地市级)

省级星评委或地区星评委负责选聘，承担辖区内酒店星级评定、复核和其他检查工作。

3. 星级饭店内检查员

由各酒店指定，执行对所在酒店的检查、复核工作。

知识链接

**酒店星评员工作"十不准"**

## 二、检查员管理

旅游星级饭店评定检查员必须通过国家统一培训考核，领取国家级或地方级检查证，取得检查证的各级检查员每两年接受考核。

各级检查员在检查酒店时，除须持有检查证外，还须持有星级评定机构的介绍信，否则检查员身份无效。

旅游星级饭店评定检查员应当评分公正，尊重酒店的管理规章制度，互相监督，彼此合作，不随意以个人看法解释标准，不对外发表评论，不对外传播检查的分数，不得借用检查员身份为个人牟取利益。

星级评定检查工作暂不收费。检查员往返受检酒店的交通费以及评定期间在酒店内所发生的合理费用，均由受检酒店据实核销。

## 三、酒店星级评定前的检查

星级评定机构接到酒店提出的正式申请后，委派检查员对酒店进行检查。旅游酒店星级评定检查员再认真研究酒店星级申请报告，掌握被评定酒店的概况和特点，并准确填写其中有关部分后，听取酒店领导介绍，并由店方派人陪同，根据《旅游饭店星级的划分与评定》，实地检查酒店所申请星级的必备条件。

根据《旅游饭店星级的划分与评定》标准，采用明查、暗查、普查、抽查的方法，全面检查酒店。按照《旅游饭店星级的划分与评定》，核实、各项目的实得分数和得分率。星级评定检查员与被评定酒店交换意见，肯定其长处，指出其存在的问题。

星级评定检查员向星级评定机构汇报检查情况，提出客观的评定意见。

## 四、星级复核

星级复核是星级评定工作的重要组成部分，旅游酒店评定星级不搞终身制，其目的是督促已取得星级的酒店持续达标，其组织和责任划分完全依照星级评定的责任分工。

根据评定规定，已经评定星级的酒店，应按照《旅游饭店星级的划分与评定》中的标准参加复核，星级复核分为年度复核和三年期满的评定性复核。

年度复核工作由酒店对照星级标准自查自纠，并将自查结果上报相应级别星评委，相应级别星评委根据酒店的自查结果进行抽查。

评定性复核工作由各级星评委委派检查员以明查或暗查的方式开展星级酒店访查工作。

## 同步案例

### 国家星评委专家对景德镇紫晶宾馆进行五星级评定性复核

2017年8月25日至26日，受全国旅游星级酒店评定委员会委派，国家级星评员马尚英女士、刘志毅先生一行对紫晶宾馆进行了三年一度的五星级评定性复核检查。江西省旅发委监管处、景德镇市旅发委、开门子酒店集团、紫晶宾馆等相关负责人陪同。

早在来景德镇之前，两位经验丰富的星评专家就以网络预订和电话问询等方式对紫晶宾馆的网络预订、前台问询、宴会预订等进行了暗查。

8月25日，紫晶宾馆五星级评定性复核工作汇报会举行，紫晶宾馆相关负责人详细汇报了宾馆的基本情况、五星级复核准备、宾馆经营管理、企业文化、节能减排、安全管理等情况。景德镇市旅发委负责人简要介绍了景德镇市旅游资源，表示国家五星级旅游酒店是景德镇市打造全域旅游、建设旅游名城的一个重要品牌，是一张极具吸引力的城市名片。紫晶宾馆是景德镇市首家五星级旅游酒店，也是目前唯一的五星级酒店。在2013年荣膺五星级酒店以来，在国家、省旅游部门的大力指导下，不断规范酒店自身的经营管理，加速与国际酒店业接轨的步伐，在硬件和软件上不断升级，取得了较好的效果，在景德镇市酒店业树立了良好的口碑和形象。并希望紫晶宾馆积极做好复核评定期间的各项配合服务以及后期整改提升工作。



随后，两位专家对宾馆前台、客房、餐厅、会议、商场、康乐、厨房、员工活动中心等各区域进行了全面检查，与员工交谈，以消费者体验等多种形式对照评定五星级旅游酒店的星级标准进行了逐项认真细致的检查。

8月26日傍晚，在紫晶宾馆举行了五星级评定性复核反馈会。马尚英女士、刘志毅先生就两天来的现场检查以及前期的调研、暗访做了意见反馈。两位专家在反馈意见中表示，紫晶宾馆得到江西省和景德镇市两级星评委具体的专业指导，为紫晶宾馆五星级评定性复核创造了良好的外部环境。专家们的总体感觉是紫晶宾馆地理位置优越，环境优美，是一家文化主题明显、以绿色园林为特色的五星级旅游酒店，它的陶瓷文化主题设计切合地域文化，特别是青花瓷文化更是与众不同，彰显了时尚的前沿，是陶瓷文化的一个缩影。专家们还充分肯定了紫晶宾馆运营平稳，管理制度完善，员工服务意识强等。同时，专家们就进一步坚持“星级标准”学习、提高员工专业水平、提升运营质量、加大安全工作力度、参与互联网互动等方面为紫晶宾馆的后续发展提出了十分中肯的意见和建议，并对宾馆未来的经营和品牌提升给予殷切期望。

**问题**:谈谈上述案例中的紫晶宾馆是如何接受星级复核。

**分析**:

(1)星评专家抵店前,以网络预订和电话问询等方式对接受星级复核的酒店紫晶宾馆进行了暗查。

(2)星评专家抵店后,紫晶宾馆举行五星级评定性复核工作汇报会。

(3)星评专家对酒店进行了全面检查。

(4)星评专家在五星级评定性复核反馈会就现场检查以及前期的调研、暗查进行意见反馈。

## 五、星级复核不达标的处理

对复核结果达不到相应标准的星级酒店,相应级别星评委根据情节轻重给予限期整改、取消星级的处理,并公布处理结果。

对于取消星级的酒店,应将其星级证书和星级标志牌收回。整改期限原则上不能超过一年。

被取消星级的酒店,自取消星级之日起一年后,方可重新申请星级评定。



## 六、星级酒店访查及方式

星级酒店访查是指检查员受各级旅游星级饭店评定机构委派,以普通客人身份入住酒店,针对已评定星级酒店落实和执行星评标准的情况进行检查,或在不通知酒店管理方具体检查时间的情况下,以"神秘客人"的形式对酒店质量进行暗查的一系列检查活动。

星级酒店访查有明查和暗查两种方式。其中,明查是指检查员在通知受检酒店检查时段的情况下以普通客人身份入住酒店进行星级酒店访查;暗查则是检查员在不通知受检酒店检查时间的情况下以"神秘客人"的形式进行暗查,神秘客人是指持有各级旅游星级酒店评定机构的委派证件,以普通旅客身份入住酒店,不通报身份,在店检查期间亦不暴露真实身份的访查人员。

## 七、星级酒店访查的程序

1. 访查员入住或进入酒店

(1)入住方式:以普通客人身份入住酒店或以"神秘客人"形式进入酒店进行暗访。

(2)人员数量:2～3 名访查员。

(3)访查时间:24～72 小时。

(4)入住对象:已评星级的旅游酒店。

2. 检查

(1)方式:访查员对酒店进行明查时,应以普通旅客的身份入住酒店;访查员对酒店进行暗查时,应不通报身份,在店检查期间不得暴露真实身份。

(2)访查内容：针对酒店前厅、客房、餐饮等核心产品进行访查并打分。

3.向酒店反馈访查情况

访查结束时，访查员向酒店出具访查通知书和本人的星评员检查证，由店方报销往返交通费和住店期间的费用(仅限于访查人员个人以访查为目的的消费)，同时当面向酒店高层管理人员反馈访查情况。

4.报告

访查后7个工作日做出访查报告，向相应星评机构汇报访查情况。

5.处理决定

星评机构根据访查报告在一个月内对酒店下达处理意见，做出奖惩决定。

## 八、星级酒店访查结果管理

1.访查结果的行政管理

访查结果的处理，均应逐级上报。各省级星评委每半年一次将本辖区星级酒店的访查结果及处理意见上报国家星评委。

2.达标的处理方式

(1)口头表扬；

(2)通报表扬；

(3)酒店申请更高星级评定时予以加分；

(4)在评选各个级别的最佳酒店时予以加分。

3.未达标的处理方式

(1)口头提醒；

(2)书面警告；

(3)通报批评；

(4)限期整顿；

(5)降低星级或取消星级。



### 行业动向

**中国取消7家五星级酒店资格**

## 本章小结

本章引入《旅游饭店星级的划分与评定》(GB/T 14308—2010),概述了我国酒店星级评定管理的演变历程以及评定标准的变化与导向,详细解释了酒店星级评定的术语、原则和组织管理方法,概括了星级酒店的划分条件与要求,重点介绍了酒店星级的申请和评定流程,最后归纳总结了星级酒店检查的相关工作。

## 关键概念

旅游饭店　星级标志　有限服务酒店　完全服务酒店　星级复核　星级酒店访查　检查员　神秘客人

## 思考与练习

一、选择题

1. 根据《旅游饭店星级的划分与评定》,下列(　　)是正确的。

A. 同一酒店的不同建筑物可以被评为不同的星级

B. 同一酒店的不同建筑物不可以被评为不同的星级,且必须使用同一名称

C. 同一酒店的建筑物可以被评为不同的星级,但必须使用同一名称

D. 同一酒店的建筑物可以被评为不同的星级,且可以使用不同名称

2. 根据星级评定的有关规定,省级星级酒店评定委员会有权评定(　　)级及以下星级酒店。

A. 五星　　B. 四星　　C. 三星　　D. 其他

3. 依照酒店星级评定的有关规定,有限服务酒店包括(　　)。

A. 一星级酒店　　B. 二星级酒店　　C. 三星级酒店

D. 四星级酒店　　E. 五星级酒店

4. 旅游酒店星级评定检查员分为(　　)。

A. 国家级检查员　　B. 省级检查员　　C. 市级检查员

D. 地方级检查员　　E. 酒店内检查员

5. 下列关于旅游酒店星级评定描述正确的是(　　)。

A. 我国境内正式开业的酒店都可以申请评定星级

B. 酒店可以直接向国家星级酒店评定委员会申请五星级

C. 我国旅游酒店星级评定的领导机构是各级旅游行政管理机关

D. 已经评定星级的酒店,实行复核制度,至少每一年复核一次

E. 旅游酒店的星级检查,实行星级酒店检查员制度

6. 接到酒店星级申请报告后,相应评定权限的旅游酒店星级评定机构应在核实申请材料的基础上,于(　　)天内作出受理与否的答复。

A. 7　　B. 14　　C. 15　　D. 30

7. 被取消星级的酒店,自取消星级之日起(　　)后,方可重新申请星级评定。

A. 一年　　B. 两年　　C. 三年　　D. 五年

8. 旅游酒店星级评定,采取按星级酒店的必备条件与检查评分相结合的方法综合评定,所谓酒店的必备条件,是指酒店服务项目和建筑设施设备的(　　)。

A. 完备程度　　B. 清洁卫生

C. 服务质量　　D. 宾客满意程度

9. 旅游酒店星级评定的复核工作(　　)。

A. 一年复核一次　　B. 一年定期明查一次

C. 一年暗查一次　　D. 至少每年复核一次

10. 酒店开业一年后可申请评定星级,经相应星级评定机构评定后,星级标识使用有效期为(　　)。

A. 一年　　B. 两年　　C. 三年　　D. 五年

二、名词解释

1. 旅游酒店

2. 星级

3. 星级访查

三、简答题

1. 简述旅游酒店申请星级评定的程序。

2. 简述旅游酒店星级划分的依据。

3. 讨论自己家乡的各级旅游局星级评定机构所具有的评星权限。

4. 旅游酒店评定星级应如何申报?

5. 简述星级酒店评定后的星级复核工作。

6. 对复核结果达不到相应标准的星级酒店该如何处理?

四、案例分析题

**杯子的秘密**

网络大V“花总丢了金箍棒”经常入住酒店,6年来,他入住了147间五星级酒店及精品酒店,共计超过2000个房晚。

最初关注酒店卫生问题,源于2017年在南京一家酒店,很尴尬地撞见保洁大姐拿着擦脚的浴巾在擦杯子。此后,他想知道这种行为到底是偶然的,还是酒店行业的普遍做法。于是,就通过偷拍的方式进行调查。最终,经过近一年的准备,拍摄了尽近12分钟的视频,包括喜来登、华尔道夫、宝格丽、颐和安缦等14家顶级品牌酒店,结果无一例外,几乎所有酒店都不同程度地存在卫生乱象。酒店服务员会

使用浴巾或同一块抹布擦拭口杯、洗手盆、镜面，以及地板、马桶等，更有甚者，视频中上海浦东丽思卡尔顿酒店工作人员，用顾客使用过的洗发水来清洁咖啡杯，而上海宝格丽酒店工作人员则从垃圾桶中捡回客人丢弃的一次性杯盖，经过简单擦拭后继续盖在杯子上供顾客使用。

五星级酒店，是目前国内对旅游饭店星级划分的最高星等级别，那么，用脏抹布、脏浴巾擦拭杯子的五星级酒店，还能是五星级酒店吗？实际上，无论是五星级酒店还是三星级酒店，在星级评定过程中，三星级酒店评定的硬性指标只有 39 项，五星级酒店达 84 项，但在客房卫生等方面的评定标准，基本一致。

对于曝出的酒店业卫生状况问题，与一线清洁员工工作强度，酒店奖励清洁速度而不求质量，以及清洁员待遇低、流动大等因素有关。未来，国家在修订酒店评星标准，应建议将客房服务尤其是酒店卫生状况列入“一票否决”之列。

**讨论：**请分析如何改进和修订国家标准《旅游饭店星级的评定与划分》。

# 第七章

## 酒店安全管理

### 学习目标

1. 熟悉酒店餐饮、治安和消防等方面的安全管理法律规范。
2. 理解酒店餐饮服务安全管理、治安管理和消防管理的主要内容。
3. 掌握处理食物中毒、火灾等酒店安全事故的处理。

### 案例导人

**上海某四星级酒店发生疑似食物中毒事件**

2017年10月31日，某单位在上海一家四星级酒店组织高管培训，210名培训人员中有近70人陆续出现胃肠不适症状，16人被送至附近医院就诊，院方对就诊人员给予补液或药物治疗，症状缓解后陆续离院，无危重病人。

事情发生后，食品药品监督管理部门、公安部门迅速介入，执法人员对16名就诊人员进行了个案调查，当场封存了一楼自助餐厅可能受污染的工用具、食品及原料，同时采集部分留样食品和从业人员及就诊人员肛拭，送浦东新区疾控中心检验。

培训组织单位和酒店方面多次向培训学员道歉，双方单位负责人到现场协调、致歉，并宣布了诸如培训学费全免、住宿费全免、未参考和未通过考试的可补考且外地学员可由培训方派员到当地单独组织考试等补偿措施。某学员在朋友圈发文："事情发生后采取恰当方式处置和应对是最明智和应当的做法。"

**思考**：酒店应如何确保餐饮服务安全？

**分析**：根据《食品安全法》的有关规定，酒店经营餐饮业务，要保证餐饮安全，一是要抓好餐饮经营场所的日常卫生管理，对餐饮器具进行严格的清洗和消毒处理；二是重视食物加工处理，对可能含有生物毒素的豆浆、四季豆、马铃薯和海产品等，实行严格的餐饮食品生产标准；三是对餐饮从业人员要求持证上岗，并加强日常的食品安全培训；四是酒店还要加强餐饮生产场所的安全管理，闲杂人员不得随意进入，有毒、有害物质禁止进入厨房和食品仓库。

## 第一节　酒店餐饮安全管理

### 一、酒店餐饮安全管理法律制度概述

民以食为天，食以安为先。食品安全问题一直是公众关心的话题，也是酒店餐饮服务管理的重中之重。近年来，食品安全问题时有发生，苏丹红、三聚氰胺、地沟油等，每一起食品安全事件都牵动着广大群众。为此，党中央、国务院通过一系列的文件明确建立最严格的食品安全监管制度，以法治方式维护食品安全。与此同时，国家立法部门也在充分调研论证的基础上，不断完善食品安全法律法规体系。



1. 食品安全法律

食品安全的法典，事关我国经济社会的发展和人民群众的饮食安全。《中华人民共和国食品安全法》于 2009 年 2 月 28 日第十一届全国人民代表大会常务委员会第七次会议通过，自 2009 年 6 月 1 日起施行，原《中华人民共和国食品卫生法》废止。2015 年 4 月 24 日第十二届全国人民代表大会常务委员会第十四次会议对《中华人民共和国食品安全法》进行修订，2018 年 12 月 29 日，第十三届全国人民代表大会常务委员会第七次会议通过《关于修改〈中华人民共和国产品质量法〉等五部法律的决定》，对《中华人民共和国食品安全法》进行第一次修正。2021 年 4 月 29 日第十三届全国人民代表大会常务委员会第二十八次会议通过《关于修改〈中华人民共和国道路交通安全法〉等八部法律的决定》，对《中华人民共和国食品安全法》进行第二次修正。

《中华人民共和国食品安全法》对保健食品、网络食品交易、食品添加剂等在食品监管中存在的难点问题都有涉及，让损害消费者利益的商家承担连带责任，有以下几个亮点。

(1)突出“严”字。强化了食品安全质量监管制度构建。

(2)突出“罚”字。强化了食品安全民事法律和刑事责任的追究，新增刑拘处罚。实行首负责任制，要求接到消费者赔偿请求的生产经营者应当先行赔付，不得推诿。

(3)突出“管”字。实行风险分级管理，完善复检制度，增设生产经营者自查制度和增设责任约谈制度。

(4)突出“治”字。充分体现出全社会协同共治的大思路。

(5)突出“限”字。对食品添加剂生产实行许可制度，以及对网络食品经营者实行“实名制”。

**行业透视**

**三亚一酒店销售非法进口酒　被罚并赔偿近30万元**

2. 法规、规章

《中华人民共和国食品安全法实施条例》：2009年7月20日中华人民共和国国务院令第557号公布，2016年2月6日根据《国务院关于修改部分行政法规的决定》(国务院令第666号)修订。2019年3月26日国务院第42次常务会议修订通过，自2019年12月1日起施行。2020年10月23日，根据国家市场监督管理总局令第31号修订。



《网络餐饮服务食品安全监督管理办法》：2017年9月5日经国家食品药品监督管理总局局务会议审议通过，自2018年1月1日起施行。2020年10月23日，根据国家市场监督管理总局令第31号修订。

此外，各地方政府和相关部门出台了大量食品卫生安全相关的地方性法规和规章制度。

## 二、酒店餐饮安全管理的基本概念

酒店是综合性的服务企业，餐饮是酒店经营的重点，涉及餐饮安全的主要术语有以下几种。

1. 食品

食品指各种供人食用或者饮用的成品和原料以及按照传统既是食品又是中药材的物品，但是不包括以治疗为目的的物品。既是食品又是中药材的物品，是指依据《中华人民共和国食品安全法》(以下简称《食品安全法》)规定的“保健食品”，如罗汉果、肉桂、薄荷等中药材，作为调料的花椒，作为营养强化剂的各种维生素等。

2. 食品安全

食品安全指食品无毒、无害，符合应当有的营养要求，对人体健康不造成任何急性、亚急性或者慢性危害。“食品安全”的定义突破了以往法律单一对食品卫生方面的要求，增加了食品营养方面的要求，顺应了我国食品生产经营安全发展的趋势。

**知识链接**

**按照传统既是食品又是中药材物质目录(征求意见稿)**

3.食物中毒

食物中毒是指食用了被有毒有害物质污染的食品或者食用了含有毒有害物质的食品后出现的急性、亚急性疾病。

4.餐饮服务

餐饮服务是指通过即时制作加工、商业销售和服务性劳动等,向消费者提供食品和消费场所及设施的服务活动。

5.食品添加剂

食品添加剂是指食品生产商为改善食品品质和色、香、味,以及为防腐、保鲜和加工工艺的需要而加入食品中的人工合成或者天然物质。



**行业热点**

**“苏丹红”鸭蛋事件回放**

## 三、酒店从事餐饮服务的基本要求

根据法律规定,酒店作为提供餐饮服务的经营场所,应当具备基本的设施设备条件,以保障人民群众的餐饮安全需要。

(1)具有合适的厨房和食品仓库等,并且保持这些场所环境整洁,与有毒场所和其他污染源保持规定的距离。

(2)厨房布局合理,餐饮食品制作流程能够防止待加工食品和直接入口食品、原料与成品交叉污染，避免食品接触有毒物、不洁物。

（3）具有适当的消毒、更衣、盥洗、照明、通风、防腐、防蝇、防鼠、防虫、洗涤以及存放垃圾和废弃物的餐饮设施设备。

（4）酒店餐饮人员应持证上岗。不得聘用未取得健康证的从业人员；患有痢疾、伤寒、病毒性肝炎，以及患有活动性肺结核、化脓性或者渗出性皮肤病等疾病的人员，不得从事接触直接入口食品的工作。健康证是指对从事食品生产经营人员等按国家卫生法律、法规规定所进行的从业前、从业和就学期间的预防性健康检查证明，证明受检者具备做从业规定的健康素质。

（5）食品安全培训。酒店应配备专职或者兼职食品安全管理人员，不得聘用禁止从事餐饮服务管理工作期限未满而从事餐饮服务管理工作的人员。

（6）酒店应当按照要求对餐具、饮具进行清洗消毒，不得使用未经清洗消毒的餐具、饮具；酒店委托清洗消毒餐具、饮具的，应当委托符合本法规定条件的餐具、饮具集中消毒服务单位。

（7）法律、法规规定的其他有关要求。

**行业透视**



**酒店餐饮安全隐患多**

## 四、禁止酒店的餐饮经营行为

为了严格贯彻落实《中华人民共和国食品安全法》，对于如下的餐饮经营行为，酒店一律不得开展。

（1）不得将腐败变质、油脂酸败、霉变、生虫、污秽不洁、混有异物或者其他感官性状异常、可能对人体健康有害的食品作为原料。

（2）食品原料不得含有毒、有害物质，以及可能对人体健康有害的物质。

（3）不得超范围、超限量使用食品添加剂。

（4）不得使用未经检疫或者检疫不合格的肉类作为食品原料，以及利用病死、毒死或者死因不明的禽、畜、兽、水产动物等作为食品原料。

（5）不得使用超过保质期的调味品或其他食品添加剂。

（6）其他不符合食品安全标准或者要求的餐饮经营行为。

## 行业透视

**关于绍兴鉴湖大酒店有限公司经营“问题食品”的通报**

## 同步案例

2019 年 12 月底，某市级市场监督管理部门执法人员对一家持有食品经营许可证的星级酒店餐厅使用的预包装食品菜籽油进行监督抽检，在其食品库房内抽取了该餐馆依法采购的来源合法的菜籽油样品 3 桶(同批号共 8 桶，剩余 5 桶)，每桶价格 40 元，货值金额共 320 元；库房的货架上放有 5 瓶超过保质期的预包装食品豆瓣，货值金额共 50 元，现场检查还发现冷菜操作间食品柜台内一瓶已开封且过保质期的 HW 牌酱油调味液，货值金额 12 元，执法人员对超过保质期的食品进行了扣押。

2020 年 1 月底，该餐厅的菜籽油检验结果判定为属于“超限量使用食品添加剂的食品”，不符合食品安全标准。抽检后，该餐厅已使用完 4 桶，获违法所得 1600 元，还剩下 1 桶菜籽油未使用。

**思考：**该餐厅有哪些违规餐饮经营行为？

**分析：**首先，该餐厅采购的菜籽油属于超限量使用食品添加剂的食品，不符合食品安全标准。其行为涉嫌违反了《中华人民共和国食品安全法》的规定“食品生产者采购食品原料、食品添加剂、食品相关产品，应当查验供货者的许可证和产品合格证明；对无法提供合格证明的食品原料，应当按照食品安全标准进行检验；不得采购或者使用不符合食品安全标准的食品原料、食品添加剂、食品相关产品”，构成了使用不符合食品安全标准的食品原料的违法行为。其次，该餐厅使用超过保质期的豆瓣和酱油等作为食品原料或添加剂，涉嫌违反了《中华人民共和国食品安全法》“用超过保质期的食品原料、食品添加剂生产食品、食品添加剂”的规定，也构成了使用不符合食品安全标准的食品原料的违法行为。

## 五、食品经营许可证制度

国家对食品生产经营实行许可制度，从事餐饮服务，应当依法取得许可。

（1）餐饮服务实行许可制度。从事餐饮服务，应当依法取得食品经营许可，才能办理登记，申领营业执照。取得食品经营许可的餐饮服务提供者在其餐饮服务场所出售其制作加工的食品，不需要取得食品生产和流通的许可。

（2）食品经营许可证的有效期为3年。

（3）酒店申领食品经营许可证，应向所在地县级以上市场监督管理部门提出申请，经由接受申请的市场监督管理部门对酒店进行审查合格后，再予以发证。

## 六、酒店对食品安全事故的预防

食品安全事故是指食物中毒、食源性疾病、食品污染等源于食品，对人体健康有危害或可能有危害的事故。其中食物中毒是指食用了被有毒有害物质污染的食品或者食用了含有毒有害物质的食品后出现的急性、亚急性疾病。食源性疾病是指食品中致病因素进入人体引起的感染性、中毒性等疾病。

**知识链接**



酒店是食品安全事故的易发场所，一旦发生，就会造成群死群伤。酒店在日常经营中，一定要在生产工艺、人员培训等方面加强管理，预防食品安全事故的发生。

（1）对可能含有生物毒素的豆浆、四季豆、马铃薯和海产品等，实行严格的餐饮食品生产标准。例如，未煮熟的，不得食用，熟透的海虾、海蟹应一次或当天食用。

（2）夏秋两季要重视食物加工、消毒及炊具、餐具消毒。

（3）加强厨房管理，严防投毒事件。在厨房内要安装监控设备，外部人员不得随意进入，厨房员工不得在厨房内留宿、午休。

（4）做好厨房、食品仓库的物品进出管理，不得存放杀鼠剂、杀虫剂、洗涤剂、消毒剂等有毒、有害物质，以及非食品的物品和员工个人杂物。

## 七、酒店开展网络餐饮服务管理

酒店作为餐饮服务提供者，可以依法开展网络餐饮服务，承担餐饮安全管理职责。

（1）酒店应当依法取得食品经营许可证，并按照食品经营许可证载明的主体业态、经营项目从事经营活动，不得超范围经营。

（2）酒店应当在网上公示菜品名称和主要原料名称，公示的信息应当真实。

（3）酒店在自己的加工操作区内加工食品，不得将订单委托其他食品经营者加工制作。

（4）酒店网络销售的餐饮食品应当与实体店销售的餐饮食品质量安全保持一致。

（5）酒店应当使用无毒、清洁的食品容器、餐具和包装材料，并对餐饮食品进行包装，避免送餐人员直接接触食品，确保送餐过程中食品不受污染。

（6）酒店配送有保鲜、保温、冷藏或者冷冻等特殊要求食品的，应当采取能保证食品安全的保存、配送措施。

**同步案例**

**网上订餐饮外卖，吃坏肚子谁担责？**



## 九、酒店对食品安全事故的处理

酒店发生食品安全事故，应当立即予以处置，防止事故扩大。具体处理流程如下。

1. 报告

发生食品安全事件或可疑事件时，发现或者接到报告的人员，立即向酒店的食品安全事件应急处理小组报告。

2. 控制

酒店应立即停止食用可疑食品，封存被污染的食品及用具，追回已售出的可疑食品，根据情况有时还需要封存厨房及有关原料仓库。

3. 救治

酒店应及时将食物中毒病人送往当地医疗机构进行救治。

4. 收集

酒店应立即收集、保全食物中毒病人食用过的所有剩余食物及当餐所用原料、辅料等；收集、保全食物中毒病人的呕吐物、排泄物等。

5. 上报

酒店食品安全事件应急处置小组在食品安全事故发生的 2 小时内以最快捷的方式报告当地市场监督管理等部门。

6. 协助调查

酒店协助配合市场监督管理部门和卫生部门查明食品安全事件发生的原因。

同步案例

**浦江顺风酒店发生集体性食物中毒事件**

2020年8月13日中午，有四对结婚宴和一户乔迁宴72桌客人在浦江顺风酒店用餐。但从8月14日凌晨开始，众多在该酒店参加宴席的客人，先后出现呕吐、出冷汗、腹泻症状，已有23例病人到浦江县人民医院和中医院入院观察。

8月14日早上6点30分左右，该饭店预订台陆续接到客人电话，说前一天餐后出现拉肚子、呕吐等情况后，酒店马上和13日前来用餐的客人联系，统计出现症状的人数，安排人员在人民医院、中医院和第二人民医院，负责与客人沟通以及医院对接工作。

此外，该酒店表示，所有食物的采购都有相关的记录，遇到大型的宴席，都会对客人点的食物留样。目前，相关部门已经将留样取走检测，在化验报告没有出来之前，酒店已经将餐厅停业，内部进行自查，并积极配合相关部门的检查工作。

**思考：**请评析该酒店对食物中毒事件的处理。

**分析：**案例中的酒店接到客人食物中毒情况报告后，马上统计出现症状的人数，积极与客人沟通；安排客人到医院就诊，并做好与医院对接工作；酒店相关部门已经将食品留样取走检测，并将餐厅停业，进行内部自查。酒店积极配合卫生行政管理部门的检查工作。总体来看，涉事酒店积极主动应对食物事故的发生，妥善安排中毒客人，控制事故现场，积极协助卫生行政部门调查事故原因，应急处理预案积极有效，值得肯定。



## 第二节　酒店治安管理

### 一、酒店治安管理概述

社会安定、治安良好、客人有安全感是酒店业又快又好发展的基本条件之一，酒店业治安状况的好坏，对酒店行业的发展至关重要。我国十分重视酒店业的治安管理，先后发布了一系列法律规范保障酒店治安管理。

《中华人民共和国治安管理处罚法》于2005年8月28日第十届全国人民代表大会常务委员会第十七次会议通过，自2006年3月1日起施行，2012年10月26日又进行了修订。

《旅馆业治安管理办法》于1987年9月23日经国务院批准，1987年11月10日由公安部发布并施行，分别于2011年1月8日、2020年11月29日和2022年3月29日对部分条款做了修订。

《娱乐场所管理条例》于 2006 年 1 月 29 日经国务院批准公布，自 2006 年 3 月 1 日起施行，分别于 2016 年 2 月 6 日和 2020 年 11 月 29 日对部分条款进行了修订。

## 二、开办酒店的治安管理

开办酒店，其房屋建筑、消防设备、出入口和通道等，必须符合消防、治安法规的有关规定，并且要具备必要的防盗安全措施。

申请开办酒店，应经主管部门审查批准，经当地公安机关签署意见，向工商行政管理部门申请登记，领取营业执照后，方准开业。经批准开业的酒店，如有歇业、转业、合并、迁移、改变名称等情况，应当在工商行政管理部门办理变更登记后 3 日内，向当地的县、市公安局、公安分局备案。违反上述规定开办酒店的，公安机关可以酌情给予警告或者处以 200 元以下罚款；未经登记，私自开业的，公安机关应当协助工商行政管理部门依法处理。

**知识链接**

**小区交房不到两年　冒出数十家“旅馆”**

**知识链接**

**旅客别把便宜占　住店要住正规店**

## 三、酒店经营中的治安管理

(1)凡经营酒店住宿业，要依法建立各项安全管理制度，设置保卫部门或配置安全人员。

(2)酒店接待客人住宿必须登记。登记时，应当查验客人的身份证件，按规定的项目如实登记。接待境外客人住宿，还应当在 24 小时内向当地公安机关报送住宿登记表。

## 知识链接

**接待未成年人入住酒店的"五必须"**

当前酒店住宿登记存在"一人登记多人住宿""本人登记他人住宿"和"住宿不登记"等多种违规现象，这些乱象造成酒店、宾馆成了犯罪嫌疑人、逃犯的首选藏身地，给酒店经营带来重大安全隐患。因此，床位数达到一定规模的酒店、宾馆，应全部安装治安信息系统。客人入住后，他们的身份证信息要录入酒店的治安信息系统，以备公安部门检查。客人登记入住后，也不得私自留客住宿或者转让床位。

## 同步案例

**酒店违规登记酿血案**

(3)酒店应当设置客人财物保管箱、柜或者保管室、保险柜，指定专人负责保管工作。对客人寄存的财物，要建立登记、领取和交接制度。

(4)酒店对客人遗留的物品，应当妥为保管，设法归还原主或揭示招领；经招领3个月后无人认领的，要登记造册，送当地公安机关按拾遗物品处理。对违禁物品和可疑物品，应当及时报告公安机关处理。

(5)严禁客人将易燃、易爆、剧毒、具有腐蚀性和放射性等危险物品带入酒店，对违禁物品和可疑物品，应当及时报告公安机关处理。

(6)酒店内，严禁卖淫、嫖宿、赌博、吸毒、传播淫秽物品等违法犯罪活动，绝不能对在酒店中从事卖淫、嫖宿、赌博、吸毒、传播淫秽物品等违法犯罪活动袖手旁观，必须及时向当地公安机关报告。

(7)酒店工作人员发现违法犯罪分子，形迹可疑的人员和被公安机关通缉的罪犯，应当立即向当地公安机关报告，不得知情不报或隐瞒包庇。

## 四、开办酒店娱乐业的治安管理

(1)酒店娱乐场所不得设置在建筑物地下一层以下。

(2)酒店娱乐场所在出入口、主要通道要安装闭路电视监控设备，在疏散通道和安全出口设置明显指示标志，不得遮挡、覆盖指示标志。

(3)酒店歌舞娱乐场所的包厢、包间内不得设置隔断，并应当安装透明门窗。包厢、包间的门不得有内锁装置。

(4)酒店舞厅应当配备安全检查设备，对进入营业场所的人员进行安全检查。

(5)酒店经营娱乐依法取得营业执照和相关批准文件、许可证后，应当在15日内向所在地县级公安部门备案。

## 五、酒店娱乐场所的治安管理

(1)酒店娱乐场所不得设置在建筑物地下一层以下。

(2)酒店娱乐场所在出入口、主要通道要安装闭路电视监控设备，在疏散通道和安全出口设置明显指示标志，不得遮挡、覆盖指示标志。

(3)酒店歌舞娱乐场所的包厢、包间内不得设置隔断，并应当安装透明门窗。包厢、包间的门不得有内锁装置。

(4)酒店、舞厅等应当配备安全检查设备，对进入营业场所的人员进行安全检查。

(5)酒店经营娱乐依法取得营业执照和相关批准文件、许可证后，应当在15日内向所在地县级公安部门备案。

## 六、酒店娱乐经营中的治安管理

娱乐场所，人员高度密集，安全隐患大。因此，酒店开办舞厅、KTV、音乐茶座等娱乐服务场所，除执行《娱乐场所管理条例》和《娱乐场所管理办法》规定外，还应当按照国家和当地政府的有关规定管理。

**知识链接**

**近年国内娱乐场所火灾事故**

(1)国家倡导弘扬民族优秀文化，禁止酒店娱乐场所从事违反宪法确定的基本原则的；

危害国家统一、主权或者领土完整的；危害国家安全，或者损害国家荣誉、利益的；煽动民族仇恨、民族歧视，伤害民族感情或者侵害民族风俗、习惯，破坏民族团结的；违反国家宗教政策，宣扬邪教、迷信的；宣扬淫秽、赌博、暴力以及与毒品有关的违法犯罪活动，或者教唆犯罪的；违背社会公德或者民族优秀文化传统的；侮辱、诽谤他人，侵害他人合法权益的；法律、行政法规禁止的其他内容。

（2）酒店娱乐场所及其从业人员不得从事黄赌毒等违法活动，也不得为黄赌毒等违法活动提供条件。

（3）每日凌晨 2 时至上午 8 时，酒店娱乐场所不得营业。

（4）酒店娱乐场所在营业期间保证闭路电视监控设备正常运行，并将闭路电视监控录像资料留存 30 日备查。

（5）娱乐场所使用的音像制品或者电子游戏应当是合法正版的产品。游艺娱乐场所不得设置具有赌博功能的电子游戏机等游戏设施设备，不得以现金或者有价证券作为奖品，不得回购奖品。

（6）任何人不得非法携带枪支、弹药、管制器具或者携带爆炸性、易燃性、毒害性、放射性、腐蚀性等危险物品和传染病病原体进入酒店娱乐场所。

（7）酒店娱乐场所营业期间应当保证疏散通道和安全出口畅通，不得封堵、锁闭疏散通道和安全出口，不得在疏散通道和安全出口设置栅栏等影响疏散的障碍物。营业期间，歌舞娱乐场所内亮度不得低于国家规定的标准。

（8）酒店娱乐场所不得接纳未成年人，也不得招用未成年人。除国家法定节假日外，酒店设置的电子游戏机不得向未成年人提供。应当在营业场所的大厅、包厢、包间内的显著位置悬挂含有禁毒、禁赌、禁止卖淫嫖娼等内容的警示标志、未成年人禁入或者限入标志。标志应当注明公安部门、文化主管部门的举报电话。

（9）酒店娱乐场所应当建立从业人员名簿和营业日志，且营业日志不得删改，并应当留存 60 日备查。娱乐场所应当与保安服务企业签订保安服务合同，配备专业保安人员；不得聘用其他人员从事保安工作。

（10）酒店娱乐场所应当建立巡查制度，发现娱乐场所内有违法犯罪活动的，应当立即向所在地县级公安部门、县级人民政府文化主管部门报告。

## 同步案例

**无许可，酒店不得经营娱乐经营项目！**

# 第三节　酒店消防管理

## 一、消防法律制度概述

我国十分重视消防立法工作，目前已初步形成了以《中华人民共和国消防法》为基本法律，以消防法规和技术规范、标准以及地方性消防法规相配套的消防法规体系。

1998年4月29日，第九届全国人民代表大会常务委员会第二次会议审议通过了《中华人民共和国消防法》，同年9月1日起施行；2008年10月28日进行了修订，2019年4月23日和2021年4月29日进行了修正。

此外，1999年5月11日公安部部长办公会议通过并发布施行《公共娱乐场所消防安全管理规定》，以及公安部先后颁布了与《中华人民共和国消防法》相配套的《建筑工程消防监督管理规定》《火灾事故调查规定》《消防监督检查规定》《机关、团体、企业、事业单位消防安全管理规定》等规章。

## 二、酒店消防安全管理内容

根据有关消防法律规定，宾馆（酒店）属公众聚集场所，是消防安全重点单位，应当按照法律规定的要求，实行严格管理。酒店消防管理坚持“预防为主、防治结合”的方针和“自防自救”的原则。

（1）酒店工程在建设前，应当将酒店消防设计文件报送公安机关消防机构进行消防设计审核，审核通过后方能发放申领施工许可证。

（2）酒店在投入使用、营业前，应当向所在地县级以上公安机关消防机构申请消防安全检查，未通过检查的，不得投入使用。

（3）酒店的法人代表或者主要负责人是酒店的消防安全责任人，对酒店的消防安全工作全面负责。酒店应当落实逐级消防安全责任制和岗位消防安全责任制，明确逐级和岗位消防安全职责，确定各级、各岗位的消防安全责任人。

（4）酒店的舞厅、餐厅、酒吧等场所，必须按核定人数接待，不得超员。

（5）酒店要设有与附近公安消防队直通的火警电话，客房内应有安全疏散路线图。餐厅、楼层及走道应当配置相应种类的轻便灭火器材，各楼层宜配备供住客自救用的安全门或缓降器、软梯、救生袋等避难救生器具等。

（6）酒店应建立健全各项消防安全制度和保障消防安全的操作规程，并公布执行。酒店消防安全制度主要包括以下内容：消防安全教育、培训；防火巡查、检查；安全疏散设施管理；消防（控制室）值班；消防设施、器材维护管理；火灾隐患整改；用火、用电安全管理；易燃易爆危险物品和场所防火防爆；专职和义务消防队的组织管理；灭火和应急疏散预案演练；燃气和电气设备的检查与管理（包括防雷、防静电）；消防安全工作考评和奖惩；其他必要的消防安全内容。

同步案例

**违反《消防法》强行施工，酒店遭处罚！**

## 三、酒店火灾的预防

现代酒店向豪华综合型方向发展，融厅、堂、房、室、场于一体，不仅建筑雄伟壮观，内部装饰豪华，而且人员密集，流动性强，是重特大火灾发生的高危场所。

1. 严把建筑材料装修关

选用装饰材料要符合防火安全要求，严禁使用易燃可燃材料进行大面积装修。

2. 加强用火、用电、用气管理



3. 强化防火安全意识，健全各项制度

随时提醒客人注意防火安全，提倡安全服务用语，在物资仓库设醒目的防火标志。在工作人员中普及防火及灭火常识。

4. 配备充足的消防器材设施，做好灭火准备

在酒店公共区域配备消防栓、灭火器等灭火装置，在客房内配备手电筒、逃生绳等逃生器材。

5. 定期组织人员搞好灭火演练

酒店要组织全体员工开展消防培训及灭火演练，不断提高酒店（酒店）内部的自防自救能力。

## 四、酒店火灾应急预案

（1）发现火情后，应第一时间确定火势大小。如果是在火灾初起阶段，应就近取灭火工具进行灭火。如果火势较大个人无法控制应迅速将火警信息向上级领导和酒店消防中心汇报。

（2）酒店总经理根据火情情况，决定报警后，酒店立即启动消防应急预案。通知工程部停止电梯使用，然后全酒店断电，开启应急照明装置，并立即组织力量扑救火灾。

（3）组织酒店人员有序引导酒店客人疏散，避免造成客人恐慌。

（4）对因参加救火受伤、致残或死亡的员工，按照国家有关规定给予医疗救助或抚恤。

同步案例

**玩火必自焚!**

酒店一旦发生火灾,要积极采取措施施救,尽量减小人员和财产损失。

1.扑救

发现火情后,应第一时间确定火势大小,如在火灾在初起阶段,应就近取灭火工具进行灭火。

2.报告

如火势较大无法控制,应迅速将火警信息向直接级领导,并逐级报告给酒店消防中心和酒店值班总经理。



3.应急处理

酒店值班总经理第一时间赶到火灾现场,如果火情可控,立即组织灭火施救;如果火情不可控,立即拨打“119”报警,并启动消防应急预案。

4.施救

工程部:停止电梯使用,然后全酒店断电。

安保部:开启应急照明装置,组织人员扑救火灾,组织酒店人员有序引导酒店客人疏散。

5.善后处理

火灾处理完后,酒店要保护现场,配合消防部门调查取证;同时还要安抚客人,清点受损财产,将事故过程记录备案。

同步案例

**酒店发生火灾,如何避免群死群伤?**

## 本章小结

本章介绍了酒店餐饮安全管理、治安管理和消防管理等方面的法律规定。其中，餐饮安全管理涉及餐饮服务的概念、餐饮许可证制度、餐饮生产经营条件、食物中毒及处理等内容；酒店治安管理主要包括酒店开办和运营管理过程中的法律规定；酒店消防的主要内容包含酒店消防的法律渊源、主要内容，以及火灾的预防和处理等。

## 关键概念

食品　食品安全　餐饮服务　健康证　食物中毒　食品经营许可证
住宿登记　消防安全检查　消防应急预案

## 思考与练习



一、选择题

1. 下列（　　）经营活动符合《中华人民共和国食品安全法》的有关规定。

A. 酒店定期开展食品安全知识培训

B. 厨房和食品仓库布局合理

C. 要求新入职餐饮员在上岗后一月内办理健康证

D. 采购未经检疫的肉类食品原料

2. 食物中毒是指（　　）和有毒动植物等引发的暴发性中毒。

A. 有毒性　　B. 细菌性　　C. 化学性　　D. 真菌性

3. 食品经营许可证的有效期为（　　）年。

A. 3　　B. 8　　C. 10　　D. 5

4. 关于酒店歌舞娱乐场所经营，符合法律规定的是（　　）。

A. 歌舞娱乐场所的包厢、包间不得设置隔断，不得搞“屋中屋”

B. 包厢、包间门不得安装内锁

C. 酒店为保护客人隐私，包厢、包间安装透明门窗

D. 招聘初中刚毕业，年龄为16周岁的周某为KTV服务员

5. 我国消防工作贯彻（　　）的方针。

A. 以防为主，防消结合　　B. 预防为主，防消结合

C. 专门机关与群众相结合　　D. 以防为主，以消为辅

6. 我国的消防工作实行(　　)责任制。

A. 消防安全　B. 政府领导　C. 消防监督　D. 防火安全

7. 酒店娱乐场所在下列哪个时间不能营业?(　　)

A. 中午 11 点　B. 下午 3 点　C. 凌晨 1:30　D. 凌晨 2:30

8. 某饭店餐厅出售不符合食品安全标准的餐饮食品,引起 23 名客人食物中毒。根据《食品安全法》规定,由(　　)给予行政处罚。

A. 市场监督管理部门　B. 工商部门

C. 卫生行政部门　D. 公安机关

9. 任何单位未经(　　)审核并领取营业执照,不得从事娱乐场所经营活动。

A. 文化部门　B. 市场监督管理部门

C. 公安机关　D. 工商部门

10. 旅馆接待境外客人住宿,应当在(　　)内向当地公安机关报送住宿登记表。

A. 24 小时　B. 12 小时　C. 36 小时　D. 48 小时

11. 食品安全是指(　　)。

A. 食品卫生,无毒无害

B. 食品符合应有的营养要求

C. 对人体健康不会造成任何急性、亚急性或慢性危害

D. 以上都对

12. 酒店应当建立并执行从业人员健康管理制度,患有(　　)不得从事接触直接入口食品的工作。

A. 痢疾、伤寒、病毒性肝炎　B. 活动性肺结核

C. 化脓性皮肤病　D. 渗出性皮肤病

13. 当前酒店在登记住宿管理中,不符合法律规定是(　　)。

A. 一人登记,多人住宿　B. 本人登记,他人住宿

C. 不登记就住宿　D. 办理登记后,不住宿

14. 酒店对客人遗留的物品,经招领(　　)后无人认领的,要登记造册,送当地公安机关处理。

A. 3 个月　B. 2 个月　C. 6 个月　D. 4 个月

15. 酒店员工发现电器着火,首先应(　　)。

A. 切断电源　B. 通知客人撤离

C. 用水灭火　D. 报告直接领导

二、名词解释

1. 餐饮服务

2. 食品安全

3. 食物中毒

三、讨论题

举一例发生在身边的食品安全事故，并简要分析发生的原因，责任在谁，该如何应对。

四、案例分析题

2017 年 2 月 25 日 8 时 22 分，南昌市公安消防支队指挥中心接到报警，位于红谷滩新区的某星级酒店 1 楼唱天下 KTV 发生火灾。南昌市消防支队指挥中心立即调派 8 个中队、20 辆消防车、160 余名消防救援人员赶赴现场扑救，火灾共造成 10 人死亡，13 人受伤。初步调查，火灾是由于切割装修材料引起，7 名相关责任人员被公安机关控制。事故正进一步调查中。

事故发生后，媒体曾刊文十问南昌酒店火灾。

1. KTV 为什么会有现场切割施工？

答：建筑一至二层为唱天下 KTV，该 KTV 于 2 月 17 日起停业，2 月 20 日开始整体拆除内部装修材料，打算后期重新装修改造。

2. 火是怎么着起来的？

答：火灾原因初步认定为工人在一楼至二楼楼梯用气割枪切割楼梯扶手过程中，高温熔融物掉落到楼梯下方，引燃堆放的废弃沙发蔓延成灾。

3. KTV 店和现场作业工人是什么关系？

答：KTV 店管理层决定要拆除 KTV 原有装修，以 15 万元的价格承包给刘某（刘某没有相关资质，没有专业施工队伍），刘某以 12.7 万元转包给万某拆除墙面装修等。同时，刘某又以 2 万多元的价格将拆除的物品卖给收废品的李某，约定李某要自行把一楼至二楼的金属楼梯切割走。

4. 楼梯底下的沙发原本该由谁清理？

答：据包工头刘某和切割工李某介绍，沙发应该由二楼拆墙班组工头万某清理，刘某曾多次催促万某，但万某一直拖延。

5. 肇事切割工是否经过专业培训？

答：据切割工李某自己介绍，平时以收废品为业，没有经过专业的切割培训和相关资质。

6. 最早发现起火的是谁？是否组织扑救？

答：据切割工李某介绍，他和另一个同伴先发现起火，立即寻找灭火器灭火，因为一楼 KTV 已经停业，灭火器被收走，李某找到大厅旁边的室内消火栓，利用消防软管进行了灭火扑救，但火势太大，便放弃灭火。李某的同伴称，火灾发生时，楼梯底下有多个沙发，着火的沙发在靠里面，他努力搬走外面的沙发想进去灭火，但是火势在一分钟内便猛烈燃烧，在他搬完第三个沙发后，已经不能靠近火源，随后便自行逃生，手上有救火的伤痕。李某逃生时，搬走了切割用的两个氧气瓶和煤气罐。

7. 火灾现场为何浓烟不断？

答：KTV 内有大量的沙发座椅，还有已经拆下来的塑料材料、隔音棉、木质板材、皮料、垃圾等，堆放在大厅，燃烧后短时间内会产生巨大烟雾。

8. 火势为什么蔓延这么快？

答：据切割工李某介绍，一楼楼梯上方有从二楼天花板吊下来的装饰布艺，瞬间被一楼沙发引燃，再引燃二楼沙发和其他可燃物。沙发里面主要的成分是海绵，海绵是用合成树脂(塑料)做成的，属于易燃材料，火势蔓延速度快，燃烧生成大量含氰基的气体，毒性大，窒息性强，过多吸入后会中毒身亡。

9. 发生火灾时KTV内的消防设施为何没有启动？

答：据包工头刘某介绍，他从KTV老板处接到拆除业务后，要求KTV切断了店内原有的电源和消防设施的水源，以方便施工。

10. 遇难者为何没能第一时间逃生？

答：起火时二楼有20人左右，靠近楼梯的南面和中间位置的大部分工人发现火灾后自行逃生，二楼遍地都是拆除下来的装修垃圾，对工人逃生有阻碍作用，最终发现遗体的位置附近的疏散通道被堵塞，影响了工人逃生。

请思考，如果这起重大火灾事故的起火原因最终确定是由电焊切割装修材料引起，该事故的责任方有哪些？各方应该承担什么样的法律责任？

# 第八章

## 酒店竞争及价格管理

### 学习目标

1. 了解《反不正当竞争法》和《价格法》对酒店日常经营的影响和指导作用。

2. 重点掌握假冒行为、虚假宣传、侵犯商业秘密、搭售和设置不合理交易条件等酒店不正当竞争行为；掌握酒店明码标价和各种不正当价格行为。

3. 树立合法、正当的竞争意识和观念，形成正确的商品价格观。

### 案例导入

**酒店捆绑婚庆公司消费竟成潜规则**

2016 年 5 月，消费者王先生在虹口某四星酒店预订了 18 桌婚宴，婚期定于第二年 3 月。在确定酒店没有其他特殊要求的前提下，王先生与该酒店签订了协议，并支付定金 1000 元。

当年 11 月，王先生又与某婚庆公司签订协议，由该婚庆公司全程策划婚礼仪式。随后王先生再次与该四星酒店确认婚宴事宜。却被告知婚宴必须使用该酒店指定的婚庆公司，其他婚庆公司入场，消费者需另外支付 2000 元入场费。

王先生对此不能接受，他认为酒店的规定既没有事先说明，而且这样的强制规定也不合理。在与酒店协商不成的情况下，王先生投诉至虹口区消保委。

虹口区消保委接到消费者投诉后，立即与该酒店取得了联系。该酒店负责人解释说，在酒店举办婚宴配套使用酒店指定的婚庆公司，是公司的规定。消费者在签订协议时，接待员对这一规定没有解释清楚。

**思考：**试问酒店的辩解是否恰当，王先生能否维权成功？

**分析：**酒店的做法侵犯消费者的自主选择权，不得搭售其他商品和附加不合理的交易条件，酒店涉嫌不正当竞争。法律规定，消费者有权自主选择提供商品或者服务的经营者，经营者也不得强迫交易以及搭售其他商品，禁止在违背消费者意愿的情况下搭售商品或附加不合理条件。

# 第一节　酒店不正当竞争及管理

## 一、酒店不正当竞争的概念

竞争，是市场经济发展的客观要求，具有双重性，一方面促进经济的发展，另一方面使不适应竞争者所付出的劳动归于无效，造成社会财富的浪费。竞争者为使自己的劳动在市场上实现交换，有可能采取各种方法和手段，进行正当和不正当的竞争。

酒店不正当竞争行为是指酒店在生产经营活动中，违反《反不正当竞争法》的规定，扰乱市场竞争秩序，损害其他酒店或者客人合法权益的行为。

## 二、酒店不正当竞争的特征

1. 行为主体是酒店及相关经营者

非酒店经营者不是市场竞争行为的主体，故不能构成不正当竞争行为的主体。但是非酒店经营者的行为有时会妨碍酒店的正当经营活动，侵害酒店的合法权益，如政府机关及其所属部门滥用行政权力的行为等。如旅游星级评定机构滥评星级、食品药品监管局滥发餐饮服务许可证等。

2. 酒店在经营活动中实施的违法行为

在酒店同业竞争中，所实施的欺诈性交易行为、商业贿赂行为、引人误解的虚假宣传行为、侵犯商业秘密行为、不正当的有奖销售行为及搭售和附加不合理条件的交易等行为，均违反了自愿、公平、诚实、平等的市场交易原则和公认的商业道德行为，同时也是《反不正当竞争法》所禁止的经营行为。

3. 客体上侵害了其他酒店的合法权益和正常的社会经济秩序

一般来说，酒店通过任何不正当手段获取的竞争优势，相对于市场中的其他城市酒店而言都是不公平的。具体到某一不正当竞争行为时，它都意味着损害或可能损害某一特定酒店竞争者的利益。比如假冒其他酒店注册商标、侵犯其他酒店商业秘密，都直接构成对商标权所有酒店、商业秘密合法拥有酒店合法权益的侵害。另外值得注意的是，酒店不正当竞争行为通常不仅会损害其他酒店的利益，还会损害酒店客人的利益，会扰乱正常的社会经济秩序。如虚假广告、搭售等不正当竞争行为是直接损害其他酒店竞争者而间接损害酒店客人利益；如假冒、商业诋毁、侵犯商业秘密等不正当竞争行为是直接损害其他酒店竞争者而间接损害酒店客人利益。

**知识链接**

**中华人民共和国反不正当竞争法立法过程**

## 三、酒店不正当竞争行为

### （一）混淆行为

混淆行为，是指酒店在生产经营活动中，以种种不实手法对自己的产品或服务做虚假表示、说明或承诺，或不当利用他人的智力劳动成果推销自己的产品或服务，使客人产生误解，扰乱市场秩序、损害其他酒店或客人利益的行为。酒店不得实施下列混淆行为，误导客人。

1. 擅自使用有一定影响的酒店标识或者近似标识

酒店擅自使用有一定影响的其他酒店标识或者近似的标识，造成与其他酒店的服务品牌产生混淆，而不管是否引起酒店客人误购，视为不正当竞争行为。

如四川长富集团谭氏官府菜未经北京酒店谭家菜餐饮有限责任公司的许可，擅自使用了后者所享有的“谭”“谭府”注册商标专用权，在广告宣传中突出使用了“谭”字样，在其经营场所悬挂的店内牌匾中使用了“谭府”字样，所以，四川长富集团谭氏官府菜餐饮发展有限责任公司侵犯了北京酒店谭家菜餐饮有限责任公司的注册商标专用权，属假冒他人注册商标的行为。另外，北京“仝聚德烤鸭”与注册商标“全聚德烤鸭”相近，极易引起客人混淆，也属于假冒其他酒店注册商标的不正当竞争行为。

2. 擅自使用知名酒店的字号或其标志

酒店名称是区别不同酒店品牌的标志之一，依法由酒店所在地的行政区划、字号或经营特点、组织形式等组成，其中字号是区别不同酒店的主要标志。擅自使用知名酒店的字号或其标志是指酒店未经其他知名酒店的许可，擅自使用了其字号或标识，造成客人混淆或误信，影响被使用酒店的企业形象。

例如“万豪”“君悦”分别是美国万豪国际酒店集团和美国凯悦国际酒店集团旗下的知名字号，当前国内部分酒店存在擅自使用这两个字号的现象，严重影响了这两个酒店品牌的企业形象，实属明显的混淆行为。

## 知识链接

**未突出使用他人注册商标作为企业字号不构成侵权**

3. 擅自使用他人有一定影响的域名主体部分、网站名称、网页等

随着互联网的飞速发展，特别是电子商务近年来取得飞跃性的发展，酒店的商业活动与互联网密切相关。伴随着互联网飞速发展的是网上不正当竞争行为，出现了擅自使用其他有一定影响的酒店网络域名、网站名称、网页等经营行为，误导客人，严重扰乱了市场交易秩序。

## 同步案例

**谁是"李鬼"?**

(二)酒店商业贿赂行为

酒店商业贿赂行为是指在酒店市场交易行为活动中，为争取交易机会，采用财物或者其他手段收买客户的雇员、代理人或酒店行政监管部门工作人员的不正当竞争行为。酒店商业贿赂行为发生在市场交易中，主要目的是排挤其他酒店竞争对手，促成交易、牟取利润，包括酒店商业行贿行为和酒店商业受贿行为。

酒店在交易活动中，可以以明示方式向交易相对方支付折扣，或者向中间人支付佣金，但支付的折扣、佣金，应当如实入账。

酒店的工作人员进行贿赂的，应当认定为酒店的行为，除非酒店有证据证明该工作人员的行为与为酒店谋取交易机会或者竞争优势无关。

在当前的酒店经营过程中，酒店的采购人员、点菜员、高层管理人员可能存在酒店商业受贿违法行为，而市场销售人员为了达成销售合同，则可能存在酒店商业行贿违法行为。在

酒店商业贿赂行为的手段上，主要有两种：一是采用财物或出国考察、免费度假、免费旅游等其他手段进行贿赂，以销售或购买商品、服务；二是在交易过程中在账外暗中给予或接受回扣、佣金。

知识链接

**回扣和佣金的是非**

酒店商业贿赂行为的特征如下。

（1）主体的多重性。

酒店作为商业贿赂行为的实施者，既可以是受贿方，也可以是行贿方；酒店商业贿赂的对象是酒店的交易相对人或对商业成交具有决定作用或重大影响的人。

（2）主观自愿性。

实施商业贿赂是酒店或相关经营者主观上的故意行为和自愿行为，以排挤竞争对手为目的，争取交易优势。

（3）客观隐蔽性。

酒店商业贿赂行为表现为账外暗中给予金钱财物，具有一定的隐蔽性，违反国家有关财务、会计、廉政方面的法规规定。

（4）形式多样性。

酒店商业贿赂行为形式有金钱回扣，提供免费度假、旅游、高档宴席，赠送昂贵物品，解决子女亲属入学、就业等多种。

知识链接

**在酒店内买断销售权**

（三）引人误解的虚假宣传行为

引人误解的虚假宣传行为是指在酒店经营活动中，酒店利用广告或其他方法对酒店提供的服务做不真实的宣传，导致客人误解的经营行为。

实践中，虚假宣传主要表现在：酒店利用广告做虚假宣传，吸引酒店客人错误选择酒店服务；酒店利用广告贬低竞争对手的商品和服务质量，诋毁竞争对手的声誉；借口促销、利用广告对酒店产品或服务的质量、制作成分、性能、用途、生产者、产地、来源等做不符合实际的宣传，引人误解而购买。引人误解的虚假宣传，使酒店客人接受错误信息，做出了错误的选择，严重损害了他们的利益；诋毁了同业竞争者的声誉；破坏了市场竞争规则，助长了不正之风的蔓延，理应为法律所禁止。

**行业透视**

**网络刷单炒信**



（四）侵犯商业秘密行为

商业秘密是指不为公众所知悉，具有商业价值并经权利人采取保密措施的技术信息和经营信息。在酒店主要表现为菜肴制作工艺流程、技术秘诀、客户名单等。商业秘密是酒店的特殊财产，具有独特秘密性、价值性、保密性的特征。在酒店业中，商业秘密是酒店在长期实践中积累起来的技术信息和经营信息，有的甚至是付出了大量的人力、物力、财力及其智力才创造形成的，对于酒店的发展壮大尤为重要。一旦泄露，将给酒店带来重大损失，造成生存威胁。因此，商业秘密对于酒店未来经营是十分重要。

侵犯酒店商业秘密行为的表现：

（1）以盗窃、利诱、欺诈、胁迫或其他不正当手段获取酒店的商业秘密。例如通过“洽谈业务”、合作开发、参观学习等活动套取酒店的商业秘密。

（2）披露、使用或者允许他人使用通过上述手段获取的酒店商业秘密。

（3）违反法律规定或者违反有关保密协议的要求，有义务保守商业秘密的任何一方披露、使用或允许他人使用其掌握的商业秘密。

（4）第三人明知或者应知商业秘密权利人的员工、前员工或者其他单位、个人实施前款所列违法行为，仍获取、使用、披露他人使用该商业秘密。

知识链接

**客户名单明确界定**

（五）不正当有奖销售行为

有奖销售是指酒店为吸引顾客、扩大商业销路，通过设立奖金或提供奖品进行推销的经营行为，通常为现场抽奖。作为酒店的一种促销手段，有奖销售对酒店客人具有一定的吸引力，客人意外获奖的机会，在一定程度上刺激了酒店客人的购买欲望，并给酒店带来经济利益。

由于有奖销售具有利诱的性质，酒店可以利用客人的盲目性和投机心理促销，侵害酒店客人和其他酒店的合法权益，造成不正当竞争，因此，法律对有奖销售做了限制。凡是违反市场竞争诚实信用原则，损害酒店客人和竞争对手利益，破坏市场竞争秩序的有奖销售行为，均属不正当有奖销售。酒店常用的属于不正当竞争行为的抽奖式有奖销售方式有以下几种。



（1）采用谎报有奖或者故意让内定人员中奖的方式。

（2）利用有奖销售质次价高的商品。

（3）最高奖金额超过 50000 元。

对于多次开奖的，累计奖金总额也不得超过 50000 元。

知识链接

**春节晚会，酒店销售奖品大比拼！**

## 四、对酒店不正当竞争行为的法律监督

国家授权各级工商行政管理机关对市场经济中的各种不正当竞争行为进行专门的监督检查。因此，酒店在日常的经营过程中，发现其他酒店实施不正当竞争行为，损害自己的经济利益，则可向所在地县级以上工商行政管理部门投诉举报。

县级以上工商行政管理部门收到举报信后，要积极开展调查研究，通过询问相关当事人、查询有关资料，以及突击检查等措施，查明真相，并及时做出行政处理决定。酒店如果实施不正当竞争行为，可能面临停止不正当竞争行为、赔偿损害等民事责任，也可能遭受罚款、没收违法所得、暂扣和吊销许可证、营业执照等行政处罚决定。情节严重的，给其他酒店造成重大损失的，依据《刑法》有关规定，追究相关刑事责任。

酒店对行政处罚决定不服的，可在 15 天内向上一级主管机关申请复议；对复议决定不服的，可在 15 天内提起诉讼；也可以直接提起诉讼。

## 第二节　酒店价格及管理

酒店价格实行政府宏观调控下主要由市场形成价格的机制，保护正当的价格竞争，禁止价格欺诈、价格歧视等扰乱市场价格秩序的行为。

### 一、酒店价格

酒店价格是我国服务价格的一种，是对酒店有偿服务的收费，主要包括客房价格、会议室价格、餐饮价格、文化娱乐价格以及提供订票、复印打字等相关服务的价格和收费。

（1）酒店服务费实行政府指导定价。酒店代办电信业务等，可在同级物价部门核准后在相关服务收费基础上加收服务费；酒店提供搬运行李、叫醒等客房服务和代购商品、送餐服务的，可在同级物价部门核准后在相关服务收费基础上加收服务费。酒店服务费收取标准为五星级或相当于五星级酒店 15%、四星级或相当于四星级酒店 12%、三星级或相当于三星级酒店 10%、二星级或相当于二星级酒店 7%、其他 5%，并允许酒店根据经营情况自行下浮。

（2）客房、会议室、餐饮、文化娱乐、复印打字等服务实行市场调节价，由酒店根据服务成本和市场供求情况自主定价。

（3）酒店代办费、服务费的收取，实行核准登记。首先酒店凭工商营业执照（复印件）及代办车、船票，代办电信业务等的有关批件，以及酒店星级证书，到当地同级物价部门领取及填写服务价格登记证申请表，办理服务价格登记证，然后凭证到地税部门购领规定的收费票据，方可凭证凭票收费。

**知识链接**

**《中华人民共和国价格法》及价格管理原则**

## 二、酒店价格行为

(1)酒店依法对酒店产品有自主定价的权利，但是酒店定价，要遵循公平、合法和诚实信用的原则。

(2)酒店执行价格时，要实行明码标价。应当将价目表或价目簿置入酒店经营场所的醒目位置或收银台，供客人参考，给予客人折扣，应当书面约定。

(3)价目表要制作规范、摆放醒目、内容齐全、字迹清晰，酒店不得收取标示以外的任何费用，此外涉外酒店要同时用中英文或两种以上文字明码标价。

(4)酒店对境内外客人享受同一服务的，必须实行同一价格，不得实行价格歧视。

(5)酒店价格均以人民币结算，其中客房价格以间/夜为计算单位(钟点房除外)，会议室收费每半日按一次计收，不足半日按半日计收。

### 同步案例

**10 万元/晚！三亚又现“天价房”**

订个酒店在外过年越来越流行。三亚酒店成为 2017 年春节期间预订榜首，尤其是高星酒店集中的亚龙湾、海棠湾区域，预订已经非常紧张，部分高端酒店已经无房，而且价格相比平时上涨了四五倍，最贵的甚至开价 10 万元/晚！

如果选择 2017 年 1 月 27 日(除夕)入住，最贵的是瑞吉海景别墅酒店，最便宜的房间价格是 28888 元/晚，最贵的是 98888 元/晚；三亚悦榕庄房间的最低价格是 9700 元/晚，最贵的要 64000 元/晚；亚龙湾丽思・卡尔顿酒店标间最低价格 7000 元/晚，而且已经显示订完，套房价格则在每晚 20000 元左右；海棠湾洲际酒店标间价格最低在 6000 元/晚，也已经显示订完，套房价格则在每晚 8000 元以上。其余如文华东方、柏悦、康莱德、红树林、半山半岛洲际等五星级酒店，标间房价都在每晚 5000 元左右，而且部分房型已经订完。

从 1 月 27 日到 2 月 2 日整个春节假期期间，三亚酒店的价格水平均维持着上面的高价。一直持续到 2 月 15 日，价格才有明显的回落。亚龙湾瑞吉酒店、柏悦酒店、丽思・卡尔顿最低价格下降到每晚 2000 元左右，其他如希尔顿、美高梅、喜来登、天域、万豪等五星级酒店价格均下降到每晚 1200 元左右，相比春节期间的价格差不多打了三折，基本接近平时的价格。

**问题**：三亚酒店的“天价房”现象，是否涉嫌价格违规，如何评论？

**分析**：三亚酒店的“天价房”，属于春节期间酒店住宿供需失衡后的价格暴涨现象，酒店依法对其产品拥有自主定价的权利，既有定高价的权利，也有定低价的权利，因此，三亚酒店在法律上并不涉嫌价格违规。但从“公平和诚实信用”定价原则来看，“天价房”损害了消费者的利益，不利于三亚酒店的整体形象，不提倡三亚酒店炒作“天价房”。

## 三、酒店明码标价

(1)酒店要明码标价,注明酒店产品的名称、规格、等级和计价单位等有关情况。

(2)酒店不得在标价之外加价出售商品,不得收取任何未予标明的费用。

(3)酒店在明码标价时,必须使用阿拉伯数字标明人民币元、角、分金额。

(4)酒店菜单应标明菜肴名称、规格、计价单位和售价等内容,饮料、酒水和香烟应标明名称、产地、等级、规格、计价单位和售价等。

(5)酒店客房价目表要标明客房类型、计价单位、房价等。洗涤服务应标明洗涤的种类、洗涤物名称、计价单位、售价等;商务中心应标明服务项目、计价单位、收费标准等。

(6)酒店提供歌舞、健身等休闲娱乐服务,应标明服务项目、服务内容、计费单位、收费标准等内容。

(7)星级酒店加收服务费,必须要明示。

### 同步案例

#### 青岛大虾事件

2015 年 10 月 4 日,南京的朱先生和四川的肖先生两家人,在青岛一家名为"善德活海鲜烧烤"的饭店用餐时,分别都点了一份虾,点餐时菜单上标价 38 元,结账时,店老板却按每只虾 38 元的价格收费,经过多方协商后,最后两人分别给了烧烤店老板 2000 元和 800 元的餐费后离开。

"善德活海鲜烧烤"的价目单显示,"海捕大虾 38 元",旁边没有标明计价方式是按"一个"还是"一份",但在价目单的最下方,有"以上海鲜单个计价"的说明。就在朱先生和肖先生跟店老板理论的过程中,店老板还抛出了更狠的话,"他要了两盘蛤蜊、两盘扇贝,两盘蛤蜊,全都给他按个算,再吵全论个卖,蛤蜊也论个,一盘蛤蜊 38 个,380 元,两盘蛤蜊 760 元,两盘扇贝,一盘扇贝 12 个,120 元,两盘 240 元,全算上!"

朱先生和肖先生打了 110 报警电话。110 来了之后就说:"这事不归我们管,这事我们管不了,这个是价格方面的问题,价格方面的问题应该由物价部门进行管理,你要不就打 114 查询,查询物价局电话,把这个情况跟他们反映。"但物价局的人又说当时是晚上,太晚了,处理不了,要等到第二天才能进行处理。110 民警的离开让店老板更加得意,坚持少一分都不行,非得让朱先生付 2175 元,让肖先生付 1338 元钱。两桌客人跟烧烤店老板的争吵声,引来了不少围观的人,有人建议他们,不如留下正常价格的饭钱赶紧逃走,朱先生和肖先生两家人觉得这个方法可行,决定赶紧逃离这个是非之地。

当时为了防止客人逃跑,烧烤店老板一边用棍子恐吓朱先生和肖先生两家人,一边指使手下的人打 110 报了警,理由是"有人吃了霸王餐,不给钱想逃跑"。这个报警电话让110又回到了现场，趁着民警在场，朱先生和肖先生为了防止发生意外，趁机让老婆和孩子躲进了人群，民警把他俩还有烧烤店老板一起带回了派出所。经过协商，朱先生和肖先生分别给了烧烤店老板2000元和800元的餐费，才得以脱身离开。

**思考：**(1)该烧烤店存在哪些违规价格行为？

(2)客人该如何应对这种情况？

**分析：**首先，该烧烤店菜单标价不规范，餐饮产品标价缺少规格或计价单位，容易引起价格歧义或误解。

其次，该烧烤店在非醒目位置标示有“以上海鲜单个计价”的说明，明码标价不规范，涉嫌价格欺诈。

客人在面对以上违规价格行为时，可以当场拨打12358价格投诉电话，寻求价格管理部门帮助，以维护合法权益。如果时机不合适，客人可以保留结算凭证，事后拨打12315投诉电话，向市场监督管理部门投诉，并寻求妥善处理。

## 四、酒店的不正当价格行为



1.虚假标价行为

菜单、房价表和客房指南等所标示的产品名称、规格、等级和计价单位等内容与实际不符，并以此为手段诱骗客人。例如“青岛大虾”和“哈尔滨天价鱼”事件等。

2.阴阳价目表

对同一酒店产品，使用两种不同的标价签或价目表，以低价格招揽客人，并以高价进行结算。

3.模糊定价

使用欺骗性或误导性的语言、文字、图片、计量单位等标价，诱骗客人消费等。

4.变相涨价

有的酒店虽然没有提高菜品或客房的价格，但通过偷工减料或降低服务质量等方式变相涨价，或按最近消费方式标价、计价等。

## 本章小结

本章对酒店经营竞争和酒店价格的基本问题进行了介绍。酒店经营竞争内容包括对假冒、虚假宣传、侵犯商业秘密、搭售或设置不合理销售条件和不正当有奖销售等不正当酒店竞争行为。本章第二个部分重点介绍了酒店的价格管理规定，主要包括酒店价格类型、定价原则、明码标价，以及酒店当前不正当的价格行为。

## 关键概念

不正当竞争　假冒　虚假宣传　商业贿赂　商业秘密　搭售　有奖销售　明码标价　阴阳价目表

## 思考与练习

一、单项选择题

1. 下列属于正常竞争行为的是(　　)。

A. 季节性降价　　B. 擅自使用他人的企业名称

C. 对商品质量作引人误解的虚假表示　　D. 在商品上伪造认证标志

2. 甲酒店向该市出租车司机承诺，为酒店每介绍一位客人，酒店向其支付该客人房费的20%作为奖励，与其相邻的乙酒店向有关部门举报了这一行为。有关部门调查发现甲酒店给付的奖励在公司的账面上皆有明确详细的记录。甲酒店的行为属于(　　)。

A. 正当的竞争行为　　B. 商业贿赂行为

C. 限制竞争行为　　D. 低价倾销行为

3. 我国《反不正当竞争法》规定，酒店开展抽奖式有奖销售，最高奖金的金额不得超过人民币(　　)元。

A. 30000　　B. 50000　　C. 70000　　D. 100000

4. 违背客人意愿的搭售行为是侵害了客人的(　　)权。

A. 自主选择　　B. 知悉真情　　C. 维护尊严　　D. 依法求偿

5. 五星级酒店应该收取(　　)服务费。

A. 12%　　B. 10%　　C. 15%　　D. 20%

6. 下列属于酒店不正当价格行为的有(　　)。

A. 旺季提价　　B. 淡季降价　　C. 模糊定价

D. 阴阳价格　　E. 差别定价

7. 酒店商业秘密包括(　　)。

A. 创新菜肴制作技术　　B. 酒店营销活动方案

C. 大客户名单及信息　　D. 酒店经营数据

8. 某酒店计划在中秋晚会开展有奖销售活动，其公告中称：本次活动分两次抽奖，第一次一等奖 8 名，各奖彩电一台(价值人民币 4500 元)；第二次一等奖 3 名，各奖录音机一台(价值人民币 2300 元)；第一次获奖者还可参加第二次抽奖。对此事的以下判断中正确的是(　　)。

A. 开奖不允许分两次进行，该酒店构成不正当有奖销售

B. 可以两次开奖，但最高奖的总值不得超过 5000 元，该酒店构成不正当有奖销售

C. 可以两次开奖，因每次的最高奖励额未超过 5000 元，属正当的有奖销售

D. 是不是正当有奖销售，应取决于最后抽奖结果是否出现一人连续两次中一等奖

9. 依据有关法律规定，酒店商业贿赂主要指（　　）。

A. 回扣　　B. 让利　　C. 折扣　　D. 佣金

10. 酒店定价，应当遵循（　　）的原则。

A. 公平、合法和诚实信用　　B. 公开、公平、公正

C. 公平、自愿、诚实信用　　D. 公平、公正、诚实信用

二、思考题

1. 请列举酒店不正当的价格行为。

2. 何为酒店明码标价？

3. 酒店不正当的竞争行为有哪些？

三、案例分析题

甲乙两酒店都是上海的高档星级酒店。2013 年上半年，甲酒店以高薪为条件，致使乙酒店 15 名高级厨师全部辞职，转入甲酒店工作。该 15 名原乙酒店的工作人员在转入甲酒店时将自己的特色菜肴、菜单等技术资料都带入甲酒店。2014 年上半年，两酒店的业务发生很大的变化，甲酒店的食客骤然上升，效益大增，而乙酒店业务受到极大影响，造成了较大的经济损失。

**试分析：**

1. 甲酒店的行为是否构成不正当竞争？如是，应属哪种不正当竞争行为？为什么？

2. 对甲酒店是否应进行法律制裁？如何制裁？

# 第九章

## 酒店行业管理规范

### 学习目标

1. 了解《旅游饭店行业规范》及《旅游民宿基本要求与评价》两个行业标准。

2. 能够有效处理酒店对客人服务过程中客人自带酒水纠纷、侵害客人隐私权纠纷、客人洗涤衣物破损纠纷、客人车辆毁损或灭失纠纷、酒店收取房费纠纷等各种服务纠纷。

3. 掌握旅游民宿等级的划分、评定要求及流程。

### 案例导入

**真假预订难识别**

2018 年 10 月 2 日傍晚 6 点左右，某酒店的住宿率已达到了 92%。这时，一位客人来到总台，对接待员小胡说："我姓林，我是昌辉公司的客户，昌辉公司为我订了一个标准间，房间准备好了吗？""请稍候。"小胡立即在电脑上从"预订类客人"中进行查找，奇怪的是电脑显示没有该预订。小胡又查了总台的预订夹，里面也没有该公司的传真件。小胡礼貌地问客人："林先生，请问您有昌辉公司的票据吗？""有啊。"该客人立即从包里拿出一张文件递给小胡。小胡一看果然是昌辉公司于 9 月 15 日为林先生预订了一个标准间，住 10 月 2 日、3 日两晚，房价按酒店与昌辉公司签定的协议价，但怎么会没有原始订房单呢？在小胡正在疑惑的时候，她又发现了一个问题：以前从昌辉公司过来的票据上都有一个印鉴标志，但这张上面却没有。因此，小胡开始怀疑起这份订房单的真实性：是不是客人为了能在国庆节期间以较低的房价订到房间而擅自伪造了一张订房单呢？但又不能仅凭一个印鉴标志来判断客人所持票据的真伪，因为昌辉公司从来没有向酒店正式声明过以此印鉴作为真伪识别符号。于是小胡想立即打电话与该公司联系确认，可偏偏国庆节期间该公司休假，联系不上，小胡这时左右为难，不知如何处理……

**思考**：接待员小胡应该如何规范地处理该预订？

**分析**：根据酒店有关法律规定，酒店如果接受了客人的客房预订，客人和酒店之间的住宿合同并宣告成立。客人抵达酒店后，酒店就应按照事先的住宿合同为客人办理登记入住来切实履行合约。但该案例中，酒店对客人客房预订的真实性存疑，给酒店履行住宿合同带来决策风险。为了减少决策风险，酒店可以向客人明确由于恰逢国庆假期，无法及时确认相关预订信息，请客人按一般客人办理登记入住，若后期得到昌辉公司的信息确认，酒店会遵守合约给予其相应的协议价，请该客人谅解和配合。该处理办法既不拒绝给客人协议价，又不承诺给其协议价，是一个比较稳妥的选择。

## 第一节　酒店行业规范概述

### 一、中国旅游饭店行业规范



由于目前我国旅游法规尚需完善，一般的法律法规难以照顾到酒店行业的特殊性，而我国对旅游酒店业国际惯例宣传的力度有待加强。酒店与客人出现纠纷后，往往各执一词，无据可依的客人的权益得不到保护，一定程度上也影响了酒店的经营。

中国旅游饭店协会依据国家有关的法律法规于 2002 年 3 月颁布《中国旅游饭店行业规范》，该规范于 2002 年 5 月 1 日正式实施，2009 年 8 月进行了修订。《中国旅游饭店行业规范规范》是中国旅游酒店业的第一部行业规范。它的出台标志着中国旅游酒店业向更加成熟的方向迈出了新的一步，管理进一步走向深入和细化。过去我国一些单体酒店、酒店集团虽然也有自己的规范，但其对企业的约束力、与国际惯例的衔接、对客人权益的保护程度、对有关部门裁决依据的效力都无法与《中国旅游饭店行业规范》相比。《中国旅游饭店行业规范》第一次全面、系统地将酒店与客人之间易产生权益纠纷的各个方面进行了明确的规定，对保护酒店客人的合法权益、保障酒店的正常经营有积极的促进作用。

《中国旅游饭店行业规范》倡导诚实守信，强化酒店对客人的承诺，维护客人和酒店的合法权益，规范企业经营活动，维护企业经营秩序，引导酒店按国际规则办事，使酒店经营更加符合国际惯例，逐步建立酒店行业的信誉和行业规范体系。

《中国旅游饭店行业规范》是完善旅游酒店业法规建设的重要步骤；是引导酒店客人消费行为、保障其合法权益的坐标；是推动我国旅游酒店业持续健康发展的航标；是我国加强酒店行业管理工作的重要抓手。旅游酒店包括在中国境内开办的各种经济性质的酒店，含宾馆、酒店、度假村等。酒店应当遵守国家的有关法律、法规和规章，遵守社会道德规范，诚信经营，维护中国旅游酒店行业的声誉。

## 二、旅游民宿基本要求与评价

为了规范我国旅游民宿行业的发展，2017年国家旅游局发布了《旅游民宿基本要求与评价》，明确规定了民宿行业标准，规定了旅游民宿的定义、评价原则、基本要求、管理规范和等级划分条件，于2017年10月1日起实施。2019年7月19日，文化和旅游部宣布新版《旅游民宿基本要求与评价》(LB/T 065—2019)已通过批准，并自发布之日起实施。修订后的新版标准，更加体现发展新理念，体现文旅融合；加强对卫生安全、消防等方面的要求，健全退出机制。

2021年3月1日，文化和旅游部发布旅游行业标准《旅游民宿基本要求与评价》(LB/T 065—2019)第1号修改单。修改后，旅游民宿等级分为3个级别，由低到高分别为丙级、乙级和甲级。2021年6月10日全国旅游标准化技术委员会制定了《〈旅游民宿基本要求与评价〉(LB/T 065—2019)及第1号修改单实施工作规程》和《全国旅游民宿等级评定和复核专家管理办法》，这两个文件对各级旅游民宿等级评定机构职责、评定和复核专家队伍组建等提出明确要求，明确甲级、乙级、丙级旅游民宿评定和复核程序。并于公布之日实施。

# 第二节　中国旅游饭店行业规范的主要内容



《中国旅游饭店行业规范》规范了酒店的经营行为，保护了客人的合法权益，维护了酒店的正常经营秩序，尤其针对酒店同客人常发生的一些主要纠纷作了相应的规范。

## 一、客人物品报失纠纷

在法律上，酒店有义务保护酒店客人财物安全。凡是来到酒店住宿的客人往往携带一些物品入店。有些酒店忽视了有效保护好住店客人的财物安全的义务，造成客人财物的损坏或被窃。客人物品报失纠纷在酒店业相当普遍。很多酒店为处理这类纠纷颇费精力。客人报失的情况各种各样，有的是错误报失，有的是虚假报失，有的是真正失窃。在真正的失窃案中，又有多种情况，有的留有现场，有的没有留下任何痕迹。有的失窃案是酒店的过错所为(如服务员在清扫完客人的房间后未锁上房门，以致客人的物品被窃)，有的失窃案是客人的过错(如客人外出或睡觉时自己未锁上房门而致物品被窃)。

针对酒店常发生的情况，《中国旅游饭店行业规范》规定："饭店应当采取措施，防止客人放置在客房内的财物灭失、毁损。由于饭店的原因造成客人财物灭失、毁损的，饭店应当承担责任。"由于客人自己的行为造成的损害，饭店不承担责任。双方均有过错的，应当各自承担相应的责任。此条规定明确了酒店所承担的责任。

物品，在法律上分为一般物品和贵重物品。酒店有保护住店客人贵重物品安全的义务。但有些酒店忽略了对客人贵重物品的保护，如没有设置酒店专用的、有双锁的客人贵重物品保险箱，或者设置的地方不方便、不隐蔽，或者没有提醒客人将贵重物品存放在贵重物品保管箱内保管等，而导致客人的贵重物品丢失。

由于贵重物品价值很高，客人的贵重物品报失纠纷是客人物品报失案中十分突出和棘手的问题。酒店在具体处理客人财物尤其是贵重物品纠纷时，对于究竟何种情况酒店应当赔偿，何种情况不承担赔偿责任，双方往往各执一词。尤其是一些没有留下任何痕迹的报失案，公安和司法部门也难以做出判断。往往是客人盯得紧一点，酒店就适当多赔偿一些。酒店如何防范客人在住店期间财物被窃；发生客人报失事件后，酒店如何承担责任，《中国旅游饭店行业规范》做了较详细的规定，从而避免或者减少这方面的纠纷发生。

为避免或减少同客人发生的纠纷，酒店应当按照国家的有关规定，安装、设置必要的安全设施设备，切实保护客人的人身和财物安全。如客房门上应当装置防盗链、房门窥镜，在前厅处设置符合规定的客人贵重物品保管箱。

## 二、客人人身损害纠纷

客人在酒店内因受伤或死亡而引发的纠纷在酒店业较为普遍，其原因各异。有的客人受伤或死亡事件是由于酒店的设施、设备的缺陷所致；有的是外来犯罪分子作案所为；还有的是由于其他人员的侵害。

在法律上，一旦成为酒店的客人后，酒店有保护客人人身安全的义务。一些酒店对保护好客人的人身安全没有引起足够的重视，火灾、抢劫、凶杀等事件在酒店业时有发生。有的酒店客房的房门上没有装置防盗链、房门窥镜、火灾应急疏散图；客房内无住客须知、防火指南；客房卫生间内无防滑措施等，以致客人的人身遭受伤害。有的酒店在地面打蜡或拖地时未放置告示牌提醒客人，致使客人滑倒受伤等。



有些客人在酒店内受伤或死亡是由于自身的原因，如洗澡摔倒、饮酒过量、身体不适等而致伤或死亡。还有的甚至是客人在酒店内自杀身亡。

很多酒店的情况是，只要客人在酒店内受伤或死亡，家属就要求酒店承担责任，而酒店往往认为是客人自身的原因所致拒绝承担责任。《中国旅游饭店行业规范》针对不同情况，作了相应的规定。

酒店还应当根据其实际情况，安装消防报警系统、安全监控系统、电子门锁系统、防盗报警系统等，以确保客人的人身和财物安全。在酒店客房门背后设置火灾应急疏散图，客房内放置住客须知、安全须知、防火指南、客房卫生间采取防滑措施等。

### 同步案例

**酒店客人遭他人毒打谁之责**

2004年5月23日，商人李某到素以安全著称的大富豪酒店住宿，下台阶时不慎摔倒，扭伤了脚踝，花了医疗费500元。经查，酒店的楼梯安检合格，但李某认为如果配置更人性化一点，他可能就不会摔倒。当晚，李某又在“大富豪”酒店客房里遭仇人甲毒打，致重伤。警方事后从酒店的安全监视系统记录资料中发现，凶手甲在入室作案前，曾尾随李某，在短时间内多次上下电梯，但酒店保安人员无一人上前对形迹可疑的嫌疑人进行盘查；李某也曾接到甲的电话，但认为酒店安全，甲不敢找到这里，就没有告诉酒店保安。事后犯罪嫌疑人甲被抓获，但只有财产5000

多元可供赔偿。李某向法院提起民事诉讼，要求酒店赔偿医疗费、伤残补助等30万元，酒店拒绝赔偿。

**问题：**(1)李某扭伤脚的医疗费该谁承担？如何承担？

(2)李某遭甲毒打所造成的医疗费、伤残补助该如何担责？

**分析：**李某在大富豪酒店住宿期间，下台阶时不慎摔倒，扭伤了脚踝，花去医疗费500元。经查，酒店的楼梯安检合格，因此，酒店尽到了保障客人安全的义务，李某受伤是由于自己不慎，酒店不承担法律责任。李某在大富豪酒店客房里遭仇人甲毒打，致成重伤。酒店在李某上下电梯期间，曾遇多人次尾随，酒店安保未及时发现，酒店安存在一定管理漏洞。但李某遭仇人甲毒打致重伤，是刑事案件，主要责任在凶手甲，客人李某也有盲目乐观、粗心大意之责，因此，李某重伤所造成的医疗费、伤残补助应由凶手甲、客人自己和酒店三方共同承担，酒店仅负次要责任，具体承担比例由法院裁量。

## 三、客人自带酒水纠纷

由于酒店出售的不仅仅是商品本身，还包括了酒店的服务和环境等，所以酒店出售的酒水价格高于一般商店酒水的价格。酒店业的惯例是，一般情况下，酒店谢绝客人自带酒水和食品进入酒店的餐厅等场所享用。但是，有些人对此概念较为模糊。对此《中国旅游饭店行业规范》第二十九条做出了明确的规定："饭店如果谢绝客人自带酒水和食品进入餐厅、酒吧、舞厅等场所享用，应当将谢绝的告示置于经营场所的显著位置。"由于一些人对《中国旅游饭店行业规范》中的第二十九条这一规定不理解，在《中国旅游饭店行业规范》出台后的一段时间内提出了反对的意见。由此在社会上引起前所未有的广泛的大讨论。为何《中国旅游饭店行业规范》第二十九条会在社会各界引起如此轩然大波？一些人未能理解"旅游饭店"的含义，将旅游饭店与小餐馆混为一谈。《中国旅游饭店行业规范》中的饭店指的是包括住宿和餐饮在内的旅游饭店(这样的饭店英文为hotel)，而不是街头路边的小餐馆(仅提供餐饮服务的饭店英文为restaurant)。

在国外，酒店和客人之间有种默契，客人一般不会自带酒水到酒店饮用。我国酒店行业的惯例也是，不准客人将酒店以外的酒水带入酒店内饮用。

为什么酒店(尤其是高星级旅游酒店)限制客人自带酒水进入酒店饮用？因为酒店出售的不仅仅是酒水本身，还包含了它的服务、场地、环境等。所以，旅游酒店出售的酒水价格适当高于一般商店酒水的价格，具有一定的合理性。人们都知道，不可以将外面的食品和饮料带入肯德基、麦当劳等国际著名的连锁餐厅享用，那么为什么投资很大的酒店就不能谢绝客人自带酒水呢？如果大家都把酒水或者食品带入酒店的餐厅、舞厅和酒吧等场所享用，那么又有谁去经营餐厅、舞厅和酒吧呢？

所以，酒店可以谢绝客人自带酒水和食品进入餐厅、酒吧、舞厅等场所享用，但酒店应当将谢绝的告示设置于经营场所的显著位置。

知识链接

房费到底如何收？

四、侵害客人隐私权纠纷

侵害客人隐私权的纠纷近年来在酒店业内也较为突出。由于一些酒店是从过去传统的招待所模式的酒店转变过来的，不太注意保护客人的隐私权。随着法制的健全，越来越多的客人对酒店侵犯其隐私权表示不满。从法律的角度来看，虽然客房是属于酒店的，但客房一旦出租给客人，使用权即属于客人。有些酒店不注意保护客人的隐私权，随意将客人情况透露给他人，或者工作人员随意进入住客房，客人对此很有意见，由此产生纠纷。在《中国旅游饭店行业规范》中规定了酒店应当保护客人的隐私权，除日常进行清扫卫生、设施设备维修或者发生火灾等紧急情况外，酒店员工未经客人许可不得随意进入客人下榻的房间。



知识链接

总机电话能任性接转吗？

五、客人洗涤衣物破损纠纷

客人洗涤衣物引发的纠纷在酒店较为常见。有的酒店在客人送洗衣物之前不仔细检查客人的衣物有无破损，而在客人收到衣物后对送洗剂破损一事予以否认。也有的可能是客人在送洗衣物之前已经破损，但客人自己也不知道，在洗涤后才发现问题，引起纠纷。针对酒店常发生的情况，《中国旅游饭店行业规范》规定，客人送洗衣物，酒店应当要求客人在洗衣单上注明洗涤种类及要求，并应当检查衣物状况，如有无破损。客人如有特殊要求或者酒店工作人员发现衣物有破损，双方应当事先确认并在洗衣单上注明。客人事先没有提出特殊要求，酒店按照常规进行洗涤，造成衣物损坏的，酒店不承担责任。客人的衣物在洗涤后即时发现破损等问题，而酒店无法证明该衣物是在洗涤以前破损的，应由酒店承担责任。

## 六、客人车辆毁损或灭失纠纷

保管好来店消费客人的车辆，是酒店服务的一部分，如果没有停车服务有些客人是不会来此酒店消费的。所以酒店应当保证来店消费客人的车辆安全，防止车辆被窃和损坏。有些酒店没有有效地保护客人的车辆安全以致纠纷发生。

近年来，酒店和客人之间因为停车场内的车辆毁损或灭失所发生的纠纷数量较多，有的是场内车辆或者其零部件被盗，有的是车辆受损。因为各酒店所发生的情况各异，在承担责任上，也应有所不同。而很多酒店内一旦发生上述情况，无论酒店是否有过错，车辆是否停在指定的地方，双方是否事先有约定，客人都可要求酒店进行赔偿。

对于酒店范围内的客人车辆灭失或毁损，在何种情况下酒店应当负责，何种情况可以免除或者减轻酒店的责任，根据酒店业的实际情况，《中国旅游饭店行业规范》规定，酒店应当保护停车场内客人的车辆安全。由于保管不善，造成车辆灭失或者毁损的，酒店应承担责任，但因为客人自身的原因造成车辆灭失或者毁损的除外。双方均有过错的，应当各自承担相应的责任。

当然，酒店同客人之间产生的纠纷各种各样，《中国旅游饭店行业规范》不可能规定得十分具体细致，也不具备法律、法规意义上的对全酒店行业的普遍的约束力，它只是对中国旅游酒店业协会的会员酒店有一定的约束力，其他酒店可以参照执行。但这一规范的施行可以更好地维护客人的合法权益，同时也能维护酒店的合法权益，避免或者减少客人与酒店发生的纠纷。对于已经发生纠纷的酒店可以此规范为依据，界定酒店的责任。自律、规范是酒店的经营之本。



很多酒店都发生过客人车辆被盗、车内物品失踪或车辆碰坏要求赔偿的纠纷。为了避免这类纠纷的发生，酒店应当加强管理，立足于预防。在客人将车辆停下时，工作人员就应当立即检查车辆的情况，如车辆是否损坏、门是否锁好、车窗是否关好等。如发现情况，工作人员要立即同客人核对，以免纠纷发生。

## 七、酒店收取房费纠纷

国际酒店业普遍采取的客房收费方法是，以当日上午至次日中午 12 时以前为一天计收房费。不足一天的按一天计算。次日 12 时以后，18 时以前办理退房手续者，酒店加收半天房费。次日 18 时以后退房者，酒店加收一天房费。这是因为客人住酒店往往是在夜间，即使客人是在夜间入住酒店，但在客人进店以前，该房间已替他进行了保留。所以，酒店按此方法收取房费具有一定的合理性。

由于国际广泛采取的这种住房收费的计价方式，我国无明文规定，加上一些人对酒店的情况不了解，误认为酒店是牟取暴利、乱收费，而酒店又拿不出有关的规定说服客人，由此产生纠纷。因此，《中国旅游饭店行业规范》将酒店客房收费的方式写入，可以做到有据可查，以避免纠纷的发生。在修订后的 2010 年版的国家标准《旅游饭店星级的划分与评定》将旅游饭店的定义修改为："能够以夜为时间单位向旅游客人提供配有餐饮及相关服务的住宿设施。"2009 年 8 月，中国旅游饭店业协会公布的《中国旅游饭店行业规范》，其中将原先的第十条："旅游饭店收费以'间/夜'为计算单位(钟点房除外)。按客人住一'间/夜'，计收一天房费；次日 12 时以后，18 时以前办理退房手续者，饭店可以加收一天房费；次日 18 时以后办理退房手续者，饭店可以加收半天房费。"修改为："饭店应当在前厅显著位置明示客房价格和住宿时间结算方法，或者确认已将上述信息用适当方式告诉客人。"

**同步案例**

**酒店房费按"夜"收**

北京市消协曾接到一位来北京出差的谷先生因该酒店收取房费问题而引发的投诉纠纷。客人谷先生通过订房中心预订了 7 月 16 日至 19 日北京华侨大厦的一间客房。由于飞机晚点，他于 7 月 17 日凌晨 1:50 分才抵达北京华侨大厦。在办理入住手续时，工作人员告诉他，应交纳 7 月 16 日的房费，他对此置疑，但因为旅途劳累，没有进一步交涉。但 19 日谷先生在结账时，发现账单上所列的是 16 日、17 日、18 日三天的房费。他对酒店收取 16 日的房费极为不满，故投诉到市消协。消协接到投诉后，立即通知了华侨大厦，要求酒店针对投诉内容做出书面答复。此案在国内的多家报刊上进行了报道。

**思考：**谷先生的行为是否正确？

**分析：**客人谷先生已经预订了 16 日的客房，要求酒店替他预留客房，由于飞机晚点才使得客人于 17 日凌晨到达酒店。虽然谷先生是在 17 日凌晨入住酒店，可在他进店以前，华侨大厦已替他保留了房间。所以，酒店收取 16 日的房费有一定的合理性。根据《中国旅游饭店行业规范》规定，酒店客房收费以间/夜为计算单位(钟点房除外)，按客人住 1 间/夜，计收 1 天房费。客人如果延迟退房，超过了酒店规定的住宿结算时间，酒店可以加收房费。次日 12 时以后、18 时以前办理退房手续者，酒店加收半天房费；次日 18 时以后退房者，酒店加收一天房费。



## 第三节 旅游民宿基本要求与评价的主要内容

### 一、术语和定义

新的《旅游民宿基本要求与评价》(LB/T 065—2019)规定了如下术语和定义。

1. 旅游民宿

利用当地民居等相关闲置资源，经营用客房不超过 4 层，建筑面积不超过 800 平方米，民宿主人参与接待，为游客提供体验当地自然、文化与生产生活方式的小型住宿设施。根据所处地域的不同可分为城镇民宿和乡村民宿。

2. 等级

旅游民宿等级分为 3 个级别，由低到高分别为丙级、乙级和甲级。等级越高表示接待设施与服务品质越高。

3. 等级标志及管理

等级旅游民宿标志由民居图案与相应文字构成。

星级标志应置于民宿最明显位置，接受公众监督。民宿等级标志为证明商标，任何单位或个人未经授权或认可，不得擅自制作和使用。旅游民宿等级证书和标牌由等级评定机构统一制作、核发。

4. 等级评定的范围及等级的有效期

根据等级评定的规定，旅游民宿开业一年后可自愿申报评定星级，近一年内未发生相关违法违规事件，同一地点，同一投资经营主体只能以一个整体申报。

经评定合格后可使用星级标志，有效期为三年，三年期满后应进行复核。

5. 退出机制

旅游民宿经营过程中出现以下情况的将取消星级。

(1)发生相关违法违规事件。

(2)出现卫生、消防、安全等责任事故。

(3)发生重大有效投诉。

(4)发生私自设置摄像头侵犯游客隐私等造成社会恶劣影响的其他事件。

(5)日常运营管理达不到或不符合相应星级标准要求。

## 二、等级评定的组织管理

1. 全国旅游标准化技术委员会

全国旅游标准化技术委员会作为全国旅游民宿等级评定机构，负责审核、备案、发布全国旅游民宿等级评定和复核结果，受理全国旅游民宿等级评定和复核申诉；组织评定甲级、乙级旅游民宿；负责制作、核发和管理全国旅游民宿等级证书、标牌。

2. 省级旅游民宿等级评定机构

省级文化和旅游行政部门根据本地实际情况组建省级旅游民宿等级评定机构，上报国家级相关部门。

旅游标准化技术委员会备案后开展工作。省级旅游民宿等级评定机构负责指导、初审和推荐本地区申报甲级、乙级的旅游民宿；负责评定和复核本地区丙级旅游民宿并向全国旅游标准化技术委员会报备评定和复核结果。

## 三、等级划分条件

### (一)必备条件

旅游民宿评定设置了运营门槛，分别规定了丙级、乙级、甲级旅游民宿的必备项目，申报相应等级的旅游民宿每个项目都必须达标，缺一不可。评定检查时，逐项打“√”确认达标后，再进入后续打分程序。

★丙级旅游民宿必备项目包括：

①一般要求；

②设施；

③服务。

★甲、乙级旅游民宿必备项目包括：

①酒店总体要求；

②前厅；

③客房；

④餐厅及吧台；

⑤厨房；

⑥会议及康体设施；

⑦公共区域。

（二）一般要求

旅游民宿评定在环境和建筑（30 分）、设施和设备（60 分）、服务和接待（60 分）、特色和其他（50 分）四大项上有一般要求，评分共计 200 分。丙级四大项总分最低得分率 40%，乙级、甲级规定各大项最低得分率：乙级 60%、甲级 80%。



## 四、等级评定流程

（一）申请

申请评定甲级、乙级的旅游民宿应按属地原则向省级旅游民宿等级评定机构递交申请报告，消防、卫生、工商等相关证件复印照，无违法违规行为的承诺书等申请材料。

（二）初审和推荐

省级旅游民宿等级评定机构受理申请材料后，在 30 个工作日内对申报旅游民宿进行初审和指导。对符合要求的旅游民宿，省级旅游民宿等级评定机构向全国旅游标准化技术委员会递交推荐材料。

（三）评定

全国旅游标准化技术委员会收到省级旅游民宿等级评定机构推荐材料后，在 30 个工作日内对推荐的旅游民宿进行资料审核。未通过审核的旅游民宿，全国旅游标准化技术委员会书面通知省级旅游民宿等级评定机构。通过审核的旅游民宿，由全国旅游标准化技术委员会委派 2 至 3 名评定专家进行现场检查，在 24—36 小时内完成检查并形成打分表、检查报告等结果，提交全国旅游标准化技术委员会。

（四）审核和公示

现场检查结束 30 个工作日内，全国旅游标准化技术委员会对现场检查结果进行审核。审核认定达到甲级、乙级标准的旅游民宿，由全国旅游标准化技术委员会向社会公示 5 个工作日。审核认定未达到甲级、乙级标准的旅游民宿，应根据评定反馈意见进行整改并重新申请评定。

（五）发布

公示合格的旅游民宿，由全国旅游标准化技术委员会向社会公布，授予相应等级证书和标牌。

申请甲级、乙级评定的旅游民宿主人对评定过程及结果有异议的，可向全国旅游标准化技术委员会申诉。全国旅游标准化技术委员会核查后做出裁决并予以答复。全国旅游标准化技术委员会保留最终裁定权。此外，丙级旅游民宿评定程序由省级旅游民宿等级评定机构参照甲级、乙级旅游民宿评定程序执行，评定结果报全国旅游标准化技术委员会审核、备案后发布，全国旅游标准化技术委员会可对丙级旅游民宿的评定进行核查。

**资料链接**

**甲级旅游民宿评定要求**



## 五、等级复核

旅游民宿取得等级满三年后，由相应旅游民宿等级评定机构进行复核。如因正在进行大规模装修改造或者其他原因而暂停营业的旅游民宿，可以在复核当年前提出延期申请，经查属实后，相应旅游民宿等级评定机构可予以适当延期。

对复核结果达不到相应等级标准的旅游民宿，相应旅游民宿等级评定机构根据情节轻重给予限期整改、取消等级的处理，并对外公布。整改期限不超过六个月。复核被取消等级的旅游民宿，自取消等级之日起三年后，可重新申请评定。

## 本章小结

本章阐述了《中国旅游饭店行业规范》和《旅游民宿基本要求与评价》两个行业标准，主要介绍了两个行业标准实施情况和主要内容。其中《中国旅游饭店行业规范》在内容上主要包括客人物品损害、人身损害、客人隐私权纠纷和酒店收费等酒店经营最为突出的法律问题；《旅游民宿基本要求与评价》主要探讨了旅游民宿的定义、等级划分及要求，以及评定流程及等级复核等内容。

## 关键概念

自带酒水　退房时间　加收房费　服务费　贵重物品　知情权　强制消费　保险箱　不予接待　旅游民宿

## 思考与练习

一、选择题

1. 最新的《中国旅游饭店行业规范》是在（　　）年修订的。

A. 2002　　B. 2003　　C. 2008　　D. 2009

2. 吴先生和李先生是同事，两人分别于 2017 年 5 月 6 日 8 时入住和 16 时入住××大酒店，2017 年 5 月 7 日中午 11 时，吴先生结账退房。3 小时后，李先生也结账离店，试问两人房费分别按（　　）和（　　）计收。（酒店规定退房时间为中午 12 时）

A. 1 天和 1 天　　B. 1 天和 1.5 天

C. 1.5 天和 1.5 天　　D. 1.5 天和 1 天

3. 酒店谢绝客人自带酒水，主要基于的理由不包含（　　）。

A. 客人安全的考虑　　B. 酒店自主经营权

C. 开瓶费收得太低　　D. 酒店主要以提供无形服务为主

4. 张先生驾车抵达某酒店入住，将车停在酒店免费的停车场内，第二天，发现汽车车牌和车后备箱内的茅台酒被盗，试问酒店应该如何担责？（　　）

A. 酒店免费停车，可不负任何责任

B. 酒店应负责任，但只赔偿车牌遗失损失

C. 酒店仅对茅台酒遗失负责

D. 酒店全责

5. 酒店业对于住宿的结算时间，符合《中国旅游饭店行业规范》的是（　　）。

A. 必须统一规定为中午 12 时，不得随意变更

B. 可以统一规定为下午 14 时，不得随意变更

C. 酒店可以根据经营需要决定结算时间，但必须将此信息确保告知客人

D. 酒店可以根据经营需要决定结算时间，客人可以凭住宿登记表获知

6. 客人洗衣后发现衣服口袋内的发票毁损了，下列符合《中国旅游饭店行业规范》的是（　　）。

A. 酒店客房人员有责　　B. 客人有责

C. 酒店和客人都有责任　　D. 酒店洗衣房人员有责

7. 对于酒店客人的贵重物品及服务，下列符合《中国旅游饭店行业规范》的是（　　）。

A. 要收费　　B. 应当设置贵重物品保险箱

C. 在规定的时限内免费　　D. 以上都不对

8. 某客人在住店期间，不慎将该酒店马桶损坏，致使该酒店客房三天不能出租，则该客人应当承担（　　）。

A. 马桶维修费用

B. 酒店客房三天营业损失

C. 马桶维修费用和一定数量的客房营业损失

D. 以上都不是

9. 客房服务员在送洗客衣时，未发现衣物破损，待客人收到衣物时，投诉酒店将其衣服洗破了，下列符合《中国旅游饭店行业规范》有（　　）。

A. 不是酒店损坏的，当然不承担赔偿责任

B. 酒店应承担赔偿责任

C. 客人和酒店各承担一半责任

D. 以上都不是

10. 对于不符合《中国旅游饭店行业规范》的酒店，可能受到的处理有（　　）。

A. 协会内通报批评　　B. 通报批评

C. 协会除名　　D. 降低星级

11. 下列属于旅游民宿的是（　　）。

A. 经营用客房共 5 层，建筑面积 600 平方米

B. 建筑共 5 层，最高层为员工宿舍，经营用客房建筑面积平方米

C. 经营用客房共 5 层，建筑面积平方米

D. 建筑共 5 层，最高层为员工宿舍，经营用客房建筑面积 900 平方米

12. 旅游民宿等级由低到高分别为（　　）。等级越高表示接待设施与服务品质越高。

A. 银宿级和金宿级　　B. 三星级、四星级、五星级

C. 丙级、乙级、甲级　　D. 一星级、二星级、三星级

13. 旅游民宿经营过程中出现以下（　　）情况的，将取消星级。

A. 私自设置摄像头侵犯游客隐私

B. 发生食物中毒致多人死亡

C. 客人吐槽旅游民宿卫生

D. 以上都是

14. 复核被取消等级的旅游民宿，自取消等级之日起（　　）年后，可重新申请评定。

A. 1　　B. 2　　C. 3　　D. 5

15. 最新的《旅游民宿基本要求与评价》是在（　　）年修订的。

A. 2017　　B. 2018　　C. 2019　　D. 2021

二、名词解释

1. 服务费

2. 开瓶费

三、简答题

1. 旅游酒店收取房费的依据是什么？为什么使用这个依据？

2. 酒店不予接待客人的情形有哪些？

3. 如何预防酒店客人人身损害纠纷？

4. 如何评论“客人自带酒水纠纷”？

5. 受理客人洗涤衣物时的注意事项是什么？

四、案例分析题

某天，广州一家三星级酒店大堂内，812 房间的谢先生正在总台办理退房手续，收银员在打印账单，谢先生 2 岁左右的小儿子在他身边玩耍。过了一会儿，管家部报房下来说：“812 房内的电视机遥控器不见了。”收银员小王面带笑容婉转地问客人：“您好，谢先生，请问您看到电视机的遥控器了吗？”“有啊，昨晚我还用过呢。”谢先生答道。“请问您用过之后放在哪里了呢？”“这我就不记得了，不过，总在房间的。”“可是现在找不到了……”“那是你们的事。”“我们客房中心已经找遍了每个角落，房间里确实没有，您看您是否检查一下您的行李，有没有在里面？”谢先生一听这话就生气了，说：“你的意思是我偷了这个遥控器？我要遥控器干吗？好！你们查！”谢先生说着“哗”地一下拉开了自己的行李箱，里面的东西掉出来了一大半，小男孩也被吓得大哭起来。

小王被这突如其来的动作吓蒙了，他不知道自己的哪一句话惹恼了客人。这时，大堂经理闻讯赶来，她首先抱起哭着的孩子……

**思考**：对于酒店客房内物品的遗失，酒店员工应如何处理？

# 第十章

# 酒店侵权责任及赔偿制度

## 学习目标

1. 掌握侵权行为和侵权责任的概念，熟悉酒店常见的侵权责任类型。

2. 理解酒店承担侵权责任的形式，理解酒店发生客人人身损害、财物损害时应承担的赔偿责任。

3. 掌握法律对于酒店侵权案件的诉讼时效规定。

## 案例导入

**西安一酒店开业遭打砸　顾客意外伤害谁来赔偿**

2017年7月5日，西安市某酒店开业当天，突遭十几名不明身份的人士进店打砸，酒店红地毯两边的花篮被砸得凌乱不堪，酒店玻璃大门被砸变形，前台上的物品包括电脑和银行POS机砸碎在地，倒塌的花瓶、绿植散乱一地。酒店十几名工作人员受伤，一名进店就餐的顾客王女士在躲避的过程中被溅起的酒瓶碎片划伤。据酒店负责人介绍，他们原来在云南做生意，于去年来西安投资了这家酒店。前期装修花了2000多万元，相关手续齐全，选择在7月5日开业，上午开业时还正常，没想到下午2点左右，突然闯进十几名不明身份的人员，进酒店就砸。酒店工作人员和保安上前劝说无效，多人被打伤。对于王女士提出的索赔要求，该负责人表示他们也是受害者，他们也很无奈。

请思考，酒店方面是否对王女士给予赔偿？

**分析：**案例中王女士在该酒店就餐过程中人身受到伤害，是典型的侵权行为。在此过程中，虽然酒店不是直接加害方，但酒店有保护客人就餐安全的法定义务。因此，酒店虽然没有侵害王女士的直接责任，但由于其没有保障客人的就餐安全，形成王女士人身受到伤害的法定事实，应该承担相应的侵权责任。不过，酒店作为第一责任人承担了对王女士人身伤害的侵权责任后，可以向人民法院对打砸加害方提起诉讼，申请对其造成财产损害，顾客人身伤害等方面的侵权责任赔偿。

## 第一节　酒店侵权责任概述

### 一、侵权行为与侵权责任

2021年1月1日，《中华人民共和国民法典》(以下简称“侵权责任编”)正式实施，于2010年7月1日实施的《中华人民共和国侵权责任法》同日废止。不管是废止的《中华人民共和国侵权责任法》，还是新实施的“侵权责任编”，两者的核心在于保障私权，对包括生命权、健康权、专利权等一系列公民的人身、财产权利提供全方位保护。

1. 侵权行为

侵权行为一般是指行为人由于过错侵害他人的财产、人身权利，依法应承担民事责任的行为；行为人虽无过错，但法律特别规定应对相对受害人承担民事责任的其他侵害行为，也属于侵权行为。



侵权人因同一行为应当承担行政责任或者刑事责任的，不影响依法承担侵权责任。因同一行为应当承担侵权责任和行政责任、刑事责任，侵权人的财产不足以支付的，先承担侵权责任。

2. 侵权责任

法律规定酒店有保障客人人身、财产安全的义务，酒店违反法定义务或者由于过错侵害客人民事权益，无论是主动的作为，还是被动的不作为，均应当承担侵权责任，承担损害赔偿责任。主动的作为，是指酒店的直接行为导致客人受到侵害，比如提供不符合国家卫生标准的饮食导致客人食物中毒等；被动的不作为，是指酒店应当采取安全措施，而由于疏忽大意没有意识到，或者虽然能够意识到，但出于侥幸心理没有采取措施，致使客人受到侵害，比如酒店对湿滑地面既没有及时处理，又没有提醒告示致使客人滑倒受伤等。

根据法律规定推定酒店有过错，酒店不能证明自己没有过错的，应当承担侵权责任；或者酒店损害客人民事权益，不论酒店有无过错，法律应当承担侵权责任的，依照其规定。

**同步案例**

**客房惊现摄像头　酒店是否担责？**

空姐梅梅所在的航班常年飞往伊宁市，为方便机组工作人员住宿，该航空公司于2016年1月11日与伊宁市某酒店签订“机组住宿服务协议”，约定该酒店为机组工作人员定点提供过夜客房。

2016年8月12日凌晨，梅梅又飞往伊宁市，和同机组工作人员一同来到该酒店。因频繁入住，酒店就像梅梅的第二个“家”。这天她进入客房后照常脱衣洗澡，随后入睡。一觉醒来已是12日中午，梅梅躺在床上，忽然发现空调上有一个亮晶晶的点，她心里一惊，赶紧上前查看，没想到是个针孔摄像头。梅梅住的房间有个特点，洗漱间和卧室之间隔着一块透明玻璃板，而通过摄像头可以清楚地看到整个洗漱间。回想起昨晚入住客房后的一幕，梅梅花容失色，认为自己的个人隐私被严重侵犯。

梅梅叫来同事，将摄像头摘下，随后酒店工作人员赶来，对摄像设备进行摘除并报警。酒店工作人员表示，对于梅梅房间内装有针孔摄像头的事，他们并不知情，绝非酒店内部工作人员所为。据他们观察，该摄像头接口处的线头有陈旧性切割痕迹，早已风化，摄像头处于非拍摄状态，并没有发生侵权行为。梅梅却认为她的工作和生活因此受到较大影响，遂将该酒店诉至法院，要求酒店向其道歉，并赔偿精神损害抚慰金30万元。同为空姐的周莉认为，既然事情发生在酒店，酒店就该担全责，不仅应该赔偿精神损失费，还应赔偿相应的住宿费等费用。

伊宁市民王某却认为，此事酒店确实有一定的责任，但既然已查清摄像头是坏的，并没有对梅梅造成任何损失，便可简单解决，不必赔偿。

**思考**：请讨论案例中的空姐梅梅的个人隐私权是否受到侵犯，理由何在？

**分析**：本案中，梅梅入住酒店，客房内便属于私密领域，酒店经营者未发现客房内装有针孔摄像头，疏于管理职责，存在过错，侵犯了梅梅的隐私权，给其造成了一定的精神损害。根据《中华人民共和国民法典》中关于“行为人因过错侵害他人民事权益，应当承担侵权责任”及《最高人民法院关于确定民事侵权精神损害赔偿责任若干问题的解释》关于“违反社会公共利益、社会公德侵害他人隐私或者人格利益，受害人以侵权为由向人民法院起诉请求赔偿精神损害的，人民法院应当依法予以受理”的规定，梅梅有权要求酒店对其道歉并给予一定的经济赔偿。事后伊宁市人民法院做出判决，该酒店向梅梅赔礼道歉，并赔偿其精神损害抚慰金10000元。

（资料来源：《客房惊现摄像头 酒店是否担责?》，《新疆法制报》，2017年5月8日。）

## 二、侵权责任类型

侵权责任以侵权行为为前提条件，依据责任的构成要件和适用的情况不同，侵权责任分为一般侵权责任和特殊侵权责任。

1. 一般侵权责任

一般侵权需要同时具备损害事实、行为违法、侵害行为与损害事实之间有因果关系、酒店主观上有过错这四个要件。如果酒店主观上既无故意也无过失，遵照民法理论上广泛适用的“过错责任制度”，即使造成一定损害结果，也无须承担法律责任；如果酒店有过错，但客人一方也有过错，则双方按过错程度大小合理分担责任。酒店工作人员在工作中造成客人的人身伤害或者财物损失的，无论该员工是正式职工、临时工还是实习生，无论是出于故意还是过失，酒店方面须承担损失责任，但是酒店有权在内部向有过错的工作人员追偿。

**知识链接**

**地滑提示不醒目致客人摔伤　酒店被判担七成责任**

2. 特殊侵权责任

特殊侵权责任是指当事人基于自己有关的行为、物件、事件或者其他特别原因致人损害，依照民法上的特别责任条款或者民事特别法的规定仍应对他人的人身、财产损失所应当承担的民事责任，也指有缺陷的产品所造成的侵权责任。



特殊侵权行为主要适用特殊的归责原则；在举证上适用举证责任倒置原则，即由加害人就自己没有过错或者存在法定的抗辩事由承担举证责任，受害人对此无须举证；免责事由受到法律严格控制，通常包括不可抗力和受害人故意，受害人的过错、第三人的过错、加害人没有过错或者履行了法定义务等在有法律特别规定的情况下亦可能成为免责事由。

酒店经营管理过程中较常见的特殊侵权责任主要有因产品质量问题致人损害的特殊侵权责任和酒店建筑上的物件致人损害的特殊侵权责任两类。

(1)产品质量问题致人损害的特殊侵权责任。

构成产品缺陷致人损害的侵权行为的要件包括：产品质量不合格，即存在缺陷；不合格产品造成了人身、财产损害事实；产品缺陷与受害人的损害事实间存在因果关系。只要产品缺陷造成损害，无论行为人主观上是否有过错，该有缺陷产品的产销各个环节均应承担侵权责任。

(2)酒店建筑上的物件致人损害的特殊侵权责任。

根据我国法律规定，酒店建筑物、构筑物或者其他设施及其搁置物、悬挂物发生脱落、坠落造成他人损害，酒店不能证明自己没有过错的，应当承担侵权责任。酒店承担赔偿后，有其他责任人的，有权向其他责任人追偿。此外，从酒店建筑物中抛掷物品或者从建筑物上坠落的物品造成他人损害，难以确定具体侵权人的，除能够证明酒店自己不是侵权人的外，由可能加害的建筑物使用人给予补偿。

由此可见，我国酒店建筑物致人损害的侵权行为适用过错推定责任，即一旦发生酒店建筑物致人损害的后果，便推定酒店有过错，除非酒店举证证明自己无过错，否则应承担侵权责任。故酒店建筑上的物件致人损害的特殊侵权行为的构成要件包括：须有建筑物或建筑物上的搁置物、悬挂物致人损害的行为；建筑物及其附属物造成了人身、财产损害事实；建筑物致害行为与损害事实之间有因果关系；建筑物的所有人或管理人有过错。

**知识链接**

**酒店外停车，被高空坠物砸坏谁主责？**

### 三、承担侵权责任的方式

根据《中华人民共和国民法典》（侵权责任编）等法律的规定，承担侵权责任的方式主要有以下八种。

（1）停止侵害。

（2）排除妨碍。

（3）消除危险。

（4）返还财产。

（5）恢复原状。

（6）赔偿损失。

（7）赔礼道歉。

（8）消除影响，恢复名誉。

以上承担侵权责任的方式，可以单独使用，也可以合并使用。

## 第二节　酒店客人维权与诉讼时效

### 一、客人财物损害赔偿责任

1. 对客人财物造成损害的，酒店应赔偿损失

根据我国有关法律的规定，对客人财物造成损害的，首先应当恢复原状，无法恢复原状的，酒店应当折价赔偿。折价时，一般以损害发生时，发生地通常价格为准，依照财产实际价值的损失来确定赔偿额。如果当事人双方对财产的实际价值有争议，应请有关人员进行鉴定，以鉴定所确定的损失额为准。

客人的财物毁损或灭失，要求赔偿时，应当具备以下条件。

(1)针对酒店的客人(狭义上的客人)，酒店有保护他的财物安全的法定义务。

(2)财物的毁损或灭失发生在酒店实际控制的范围内。

(3)财物的毁损或灭失是酒店的故意或过失行为。

(4)客人能够提供毁损或灭失财物的名称、数量及其价值等信息。

财产损害受害人需要准备以下的举证。

(1)证明损害事实发生的原因、经过、时间、地点的书证物证。

(2)被损害财产的品名、规格、数量、质地、新旧程度、价值(贵重物品需有关部门的鉴定书)。

(3)被损害财产的毁损程度或灭失的证据。

2. 因客人原因造成财物损害的，酒店免责或减轻责任

由于客人的疏忽大意而使财物毁损或灭失的，酒店不应当承担责任或者应减轻赔偿责任。如客人没有锁上门窗，或者没有按照酒店的告示将贵重物品交给酒店保管，造成财产的灭失，酒店可以减轻或免除责任。

3. 因不可抗力造成客人财物损害的，酒店可以减轻或免除责任

因地震、洪水等自然灾害而造成客人财物的损失，酒店的责任也可以减轻或免除。《中华人民共和国民法典》(侵权责任编)规定，因不可抗力造成他人损害的，不承担责任，法律另有规定的，依照其规定。



**知识链接**

**在酒店住宿丢失财物索赔难上难**

## 二、客人人身损害赔偿责任

(1)由于酒店的原因侵害了客人的人身权利，造成客人人身损害的，应当承担相应的赔偿责任。

根据我国法律的规定，酒店未尽合理限度范围内的安全保障义务，造成客人人身损害的，客人请求其承担相应赔偿责任的，人民法院应予支持，酒店就应当承担侵权责任。

(2)因第三人的行为造成他人损害的，由第三人承担侵权责任；但酒店有过错的，应当在其能够防止或者制止损害的范围内承担相应的补充赔偿责任。

(3)酒店赔偿费用范围。

根据《中华人民共和国民法典》(侵权责任编)规定："侵害他人造成人身损害的，应当赔

偿医疗费、护理费、交通费、营养费、住院伙食补助费等为治疗和康复支出的合理费用，以及因误工减少的收入。造成残疾的，还应当赔偿辅助器具费和残疾赔偿金；造成死亡的，还应当赔偿丧葬费和死亡赔偿金。”

①酒店造成客人人身一般损害的，酒店应当赔偿医疗费、治疗期间的护理费、因误工而减少的收入等项费用。

②酒店造成客人残疾的，酒店应当赔偿医疗费、治疗期间的护理费、因误工而减少的收入、残疾者生活补助费、残疾赔偿金、受害人所扶养人所必需的生活费、假肢费等项费用。

③酒店造成客人死亡的，赔偿的范围包括丧葬费、死亡赔偿金以及死者在生前扶养的人所必需的生活费等项费用。如果受害人死亡之前有抢救费、医疗费、护理费等项费用的，酒店也应当一并赔偿。

(4)因为第三人造成客人人身损害的，酒店在承担责任后，可以向第三人追偿。

**知识链接**

**顾客赴宴酒店门口摔伤致残　酒店是否应该赔偿？**

## 三、诉讼时效

诉讼时效是指民事权利受到侵害的权利人在法定的时效期间内不行使权利，当时效期间届满时，债务人获得诉讼时效抗辩权。在法律规定的诉讼时效期间内，权利人提出请求的，人民法院就强制义务人履行所承担的义务。而在法定的诉讼时效期间届满之后，权利人行使请求权的，人民法院就不再予以保护。

值得注意的是，诉讼时效届满后，义务人虽可拒绝履行其义务，但权利人请求权的行使仅发生障碍，权利本身及请求权并不消灭。当事人超过诉讼时效后起诉的，人民法院应当受理。受理后，如另一方当事人提出诉讼时效抗辩且查明无中止、中断、延长事由的，判决驳回其诉讼请求。如果另一方当事人未提出诉讼时效抗辩，则视为其自动放弃该权利，法院不得依照职权主动适用诉讼时效，应当受理并支持其诉讼请求。

《中华人民共和国民法典》规定，“向人民法院请求保护民事权利的诉讼时效期间为三年。法律另有规定的，依照其规定。”“自权利受到损害之日起超过二十年的，人民法院不予保护，有特殊情况的，人民法院可以根据权利人的申请决定延长。”因此，我国民事诉讼时效一般为3年，最长不超过20年。

## 知识链接

**宾馆内注射地西洋致死　家属起诉超过时效被驳回**

## 本章小结

本章介绍了侵权行为和侵权责任的相关概念、一般侵权责任和特殊侵权责任的有关内容、酒店发生财物毁损或灭失，以及人身损害时应承担的侵权责任、诉讼时效等相关内容。



## 关键概念

侵权行为　侵权责任　隐私权　人身伤害　财产损害　精神损害　诉讼　诉讼时效

## 思考与练习

一、选择题

1. 一住店客人未付房钱即离开旅馆去车站，旅馆服务员见状揪住他不让走，并打电话报警。客人说："你不让我走还限制我的自由，我要告你们旅馆，耽误了乘火车要你们赔偿。"旅馆这样做的性质应如何认定？（　　）

A. 属于侵权，系侵害人身自由权　　B. 属于侵权，系积极侵害债权

C. 不属于侵权，是行使抗辩权之行为　　D. 不属于侵权，是自助行为

2. 一般侵权行为的归责原则是（　　）。

A. 严格责任原则　　B. 过错责任原则

C. 公平责任原则　　D. 无过错责任原则

3. 我国《民法典》规定的责任构成原则不包括(　　)。

A. 过错责任原则　　B. 无过错责任原则

C. 推定过错原则　　D. 过失责任原则

4. 酒店造成客人人身损害的,不应当赔偿的是(　　)。

A. 医疗费　　B. 误工费

C. 护理费　　D. 被抚养人的生活费

5. 客人张某在酒店美容美发厅用一名牌面膜为其美容,用后脸部水肿。经检验,认定该面膜为假冒伪劣产品,是美容店从当地批发市场购买的。下列判断正确的是(　　)。

A. 美容店不是面膜的生产者,不应承担责任

B. 美容店也是受害者,不应承担责任

C. 美容店不是面膜的销售者,不应承担责任

D. 美容店是服务的服务者,应承担责任

6. 客人刘某向酒店反映所住客房室外窗户关不严实,但没引起酒店的足够重视。当晚,该客房遭到不明人员爬窗入室盗窃,根据有关法律规定,刘某有权请求相应的(　　)赔偿。

A. 补偿性　　B. 赔偿性　　C. 惩罚性　　D. 惩戒性

7. 因同一侵权行为,酒店应当承担侵权责任、行政责任和刑事责任,而酒店的财产不足以支付的,应先承担(　　)。

A. 侵权责任　　B. 行政责任　　C. 刑事责任　　D. 经济责任

8. 客人饮酒后洗澡时,在卫生间不慎滑倒摔伤,调查结果显示,该酒店没配置防滑垫,对该损害的发生,(　　)。

A. 应当减轻酒店的责任　　B. 可以减轻酒店的责任

C. 必须减轻酒店的责任　　D. 不可以减轻酒店的责任

9. 客人在酒店受到意外人身伤害,但酒店和客人对该损害的发生都没有过错的,(　　)。

A. 客人自行承担责任

B. 酒店承担责任

C. 可以根据实际情况,由酒店和客人双方分担损失

D. 由酒店和客人平均承担责任

10. 对于酒店处理的贵重物品保管纠纷,客人一般应在(　　)向人民法院提起诉讼。

A. 1 年　　B. 2 年　　C. 10 年　　D. 20 年

二、简答题

1. 什么是侵权行为?

2. 承担侵权责任的方式有哪些?

3. 侵权民事责任的构成要件有哪些?

4. 什么是特殊侵权行为？

5. 我国民事案件的诉讼时效是如何规定的？

三、思考题

春节期间，某酒店客人王先生，晚上在房间打麻将，由于凳子不够就拿房间的行李架坐，结果坐坏了行李架还把手弄伤了，之后还去了医院，退房时酒店工作人员要求王先生赔偿行李架毁坏费用，王先生称他不是本地人，以为行李架是凳子，酒店什么物品应该贴上标签，所以拒绝赔偿。

请分析客人的解释是否合理，该事件应如何处理？

四、案例分析题

**客人离店后说在酒店受了伤，要不要赔偿？**

陆先生赴异地参加同学聚会，住在某酒店。聚会结束那一天到总台退房后，因赶火车走得比较着急，大步向大堂门口走去，快到门口时突然脚底一滑，整个人摔倒，屁股重重落地。他坐在地上后才发现地面湿滑，但周边没有立放“小心地滑”的警示牌。走在他前面的同学詹某回头见状，立即扶他起来。由于陆先生当时能站能走，身体似无大碍，加上急于赶火车，也就没有当场与酒店交涉，便匆匆离酒店而去。之后大堂副理查看地面，确实湿滑，立即通知人处理。

陆先生回到家后，当晚躺在床上觉得腰部以下隐隐作痛。他想也许是因为坐了七八个小时火车疲累所致，心想睡一觉就会好了，也就没当一回事。然而到了第二天疼痛加剧，到医院骨科检查，诊断为尾椎骨骨折，按医嘱需要卧床休息和服药。陆先生当即将在酒店摔伤及医院诊断结果通知了酒店，酒店回应：“酒店将会认真调查核实，该承担什么责任就承担什么责任。”陆先生仍然不放心，就委托当地的同学也就是当时扶他起来的同学詹某到酒店交涉此事，并要求查看大堂的监控录像。

詹某和酒店保安一起看了监控录像，但由于光线较弱，虽然可以看到有个人摔倒，但面部无法看清，也就是说尚不能确定摔倒的人就是陆先生本人。

陆先生经过十多天的治疗，身体基本痊愈，共计花费医疗费用近三千元。之后陆先生向酒店提出赔偿要求，酒店则称没有证据可以证明陆先生是在该酒店摔倒受伤，所以不同意赔偿。

陆先生本想通过诉讼讨回公道，后来在当律师的同学邹某建议下，决定先由邹律师出面与酒店交涉，看能否协商解决。随即邹律师向酒店指出酒店一方应予赔偿的两条理由。

第一，有证据表明陆先生是在该酒店摔倒。证据有：一是酒店监控录像展示有人摔倒时间与陆先生退房时间吻合；二是陆先生同学詹某也能证明陆先生摔倒情况；三是由于当时陆先生受伤并不严重，没有意识到会摔成骨折，所以没有当场向酒店提出符合常理，但是就诊后已及时通知酒店；四是酒店也没有证据能证明录像中那个摔倒的人不是陆先生而是另有其人。根据最高人民法院《关于民事诉讼证据的若干规定》关于“一方当事人提出的证据，另一方当事人认可或者提出相反证据不足以反驳的，人民法院可以确认其证明力”的规定，从而可以认定陆先生就是在该酒店摔倒的人。

第二，酒店未尽到对消费者安全保障的义务，例如地面湿滑且没有围警戒线或立警示牌。不过，邹律师也客观地指出陆先生走得比较着急而忽视了脚下安全，存在一定过错，也要负一定责任。

酒店听了陆先生所请的邹律师一番表白，鉴于医疗证据充分，排除了陆先生“碰瓷”讹诈可能，于是当即决定与陆先生协商解决。最后除了付清陆先生所花费的医疗费用外，另在酒店可接受的范围内给予对方一定的经济补偿，双方终于握手言和。

**问题**：1. 请分析酒店处理该事件的可取之处。

2. 酒店今后如何杜绝此类事故的发生？

# 附录 A

## 典型案例

案例 1

### 客人欠费想跑路

某国际企业跨国公司执行总裁龙飞和该公司技术顾问陈工从 2013 年 8 月 25 日至同年 11 月 7 日期间入住上海 MY 大酒店，应付该酒店房费、车费等项费用共计人民币 70927.47 元。除已付人民币 14000 元，尚欠该酒店人民币 56927.47 元。上海 MY 大酒店多次向他们索要，二人均以身边无现款为由一再拖欠。之后，二人迁住在上海 JJ 国际酒店 5110 房间，准备离开上海，上海 MY 大酒店于同年 12 月在上海市中级人民法院对上述二人提起诉讼，请求法院判他们偿付欠款。上海市中级人民法院受理起诉后，立即对该案进行审理。法院认定二被告欠款不还是违法的。经法庭调解，被告又偿还了人民币 25000 元。余款部分由陈工开出 3.5 万元的期票，限期为 2014 年 1 月 21 日，由被告按期汇款。于是，上海 MY 大酒店向上海市中级人民法院提出撤诉申请。上海市中级人民法院经审查，于 2013 年 12 月 24 日裁定准许上海 MY 大酒店撤销起诉，诉讼费由被告负担。

分析：上海 MY 大酒店在多次向客人龙某和陈某二人索要所欠酒店的住宿费用，是正确行使“收取住店客人合理费用”的权利，而二人以种种理由一拖再拖，伺机逃账，及时向上海市中级人民法院对二人提起诉讼，这种做法不但合法而且维护了自己的利益。

案例 2

### 房间烟感报警器突然报警

2015 年大年初二，广州某酒店的 1633 号客房内的烟感报警器突然报警。酒店的消防队立即出动直奔该客房，此时客房内冒出浓烈的硫黄烟焦味。敲门多次，无人应答。他们只得用紧急万能钥匙打开房门。房内的火已经熄灭，烟雾弥漫，茶几上一截未烧尽的烟花余热尚存，近旁还有一包用报纸裹着的烟花和爆竹。经检查发现，地毯、茶几台面及旁边的两张单人沙发的面布上都有被烟花烧坏的痕迹。按照惯例，消防人员进行了现场拍照，着手查明起火原因。

经查，该房间住的是随某旅行社组团来的李先生及境外的女友。午夜 1 时 30 分，李先生同其女友回到房间。经电话同意后，酒店的大堂经理、保安领班、消防主管及客房楼层主管共四人入房找李先生谈话。李先生承认点燃过烟花,并问赔偿多少钱。酒店回复按国际五星级酒店的质量标准,损坏的物品需要更换。地毯每平方米为 300 元人民币,房间面积 28 平方米,应赔 8400 元,沙发面布 600 元,茶几 1000 元,合计赔偿金额为 10000 元人民币,尚不包括装修费及导致该房间不能出租的损失。但考虑到过年,赔偿金额减为人民币 6000 元。李先生表示同意,由于身上所带现金不足,先付人民币 1800 元,其余的等回港后再付。李先生用英文立下字据,为保护其字据的有效性,李先生、旅游团领队和酒店代表分别在欠条上签了名。

分析:在本案中,广州某酒店发现 1633 客房内的烟感报警器突然报警后,酒店消防人员立即到客房内查明情况,并进行现场拍照,这样做可以取得酒店遭受损害的可靠证据。而且事后查明,该火灾的产生是由于客人李先生点燃烟花造成的,故酒店的财产损害与客人李先生的损害行为有直接因果关系,是客人李先生侵害了酒店的财产权益,依法应当由客人李先生赔偿。但酒店在赔偿金额的计算方面充分考虑到了国际行业惯例和客人的承受能力。当客人所携带的现金不足时,让客人立下字据并且请当事人和旅游团的领队在上面分别签字,这种做法符合法律规定。

案例 3

## 妻子也难进老公的房间



客人柯贝在一家汽车酒店包租了一个双人间的客房,其妻偶尔也来共度周末,但妻子从未获得该房间的钥匙。在某一周末,妻子在丈夫外出的时候来到酒店,要求服务台工作人员给她客房钥匙。服务台人员查了住客登记,登记单上并未注明其妻是登记的客人,丈夫也未授权酒店把钥匙交给妻子。工作人员拒绝了她的要求,于是该女士到另一酒店住宿。事后,该客人控告酒店和工作人员,声称其妻有权取得丈夫客房的钥匙,并要求酒店担负由此而引起的烦恼、屈辱和内心痛苦的损害赔偿。

分析:婚姻并不隐含丈夫或妻子就能够随意进入其所租房间,况且酒店也无法知道客人的婚姻状况。事实上,酒店有保护客人安全和隐私的义务,未经住宿客人许可,其他所有访客,当然也包含他的妻子,都不得进入客房,故该酒店对此案不负任何赔偿责任。

案例 4

## 酒店安全无小事

2016 年 12 月 31 日,王斯夫妇在武汉的 LB 酒店下榻。次日清晨大约 4 点钟,两名男子来到酒店前台,其中一人对值班的前厅服务员李麦说自己是 233 房间的客人,名叫本森,把房间的钥匙丢了。服务员查了住客登记,233 房间确实是名叫本森的客人所住,钥匙架上又无此房间的钥匙,便随手把酒店总钥匙交给了对方。

两人拿了钥匙后来到王斯夫妇的客房,用总钥匙打开了房门锁,并弄坏了安全链。他们把王斯从床上打到床下,用胶布封住他的嘴,用金属丝将他捆住。接着他们开始殴打王斯太太，把她扔进浴缸里，然后逃走。王斯先生挣断金属丝，追出去报案，发现该酒店一名年迈的保安人员正在办公室后的阶梯上睡觉。王斯太太由于受到惊吓，精神惶恐，直到 2017 年 8 月仍不能康复。王斯夫妇上告法庭，要求酒店赔偿损失。

分析：如果酒店内发生暴力犯罪事件，而酒店业主和其雇员并无过失，则酒店不负责任。然而，本案例中的 LB 酒店的前厅服务员李麦将酒店客户的钥匙随便交给不明身份的访客是严重的玩忽职守的行为，酒店的保安在暴力事件发生时正在睡觉，是严重的失职行为，代表酒店的两名员工存在严重的错误，是导致事故发生的直接原因，故酒店在此事故中存在重大过错，不能免除该酒店的责任。为此，酒店应对王斯夫妇蒙受的损失负责。

案例 5

## 客遗物品的处理

2020 年 6 月 19 日上午，宜昌某酒店总机话务员刘某接到广州来的长途电话，称日本客人正司茂当天离开酒店时不慎将 50 万日元现金遗忘在该宾馆的 609 房内，希望酒店帮助查找。话务员刘某当即向六楼当班的服务员王某询问，并要求查找。王某让服务员甘某前去查找。甘某进入 609 房后，发现床上有一白色信封，内装 50 万日元。甘某急忙将该信封放进自己办公桌的抽屉内，然后离开酒店。失主当天晚上再次打长途询问查找情况，甘某回答说没有找到。次日上午，甘某将 50 万日元带回家中，并将 25 万日元兑换成人民币和港币，带着朋友去广州、珠海、深圳等地游玩并买了摩托车、收录机、手表等物。案发后，除上述赃物和剩余的 25 万日元，其他赃款均被挥霍一空。

分析：在酒店内拾得客人的遗留物品，应当主动归还给客人，这是法律规定的强制性义务，而不仅仅是道德义务。《中华人民共和国民法典》第三百一十四条规定："拾得遗失物，应当返还权利人。拾得人应当及时通知权利人领取，或者送交公安等有关部门。"第一百二十二条规定："因他人没有法律根据，取得不当利益，受损失的人有权请求其返还不当利益。"由此可见，拾得客人的遗留物后，据为己有，显然违反了民法的有关规定，拾得人应依法承担民事责任，若情节严重，数额较大，还会构成侵占罪，拾得人还将受到刑法惩罚。本案中的甘某在住店客人多次打长途电话要求查找遗留的现金时，将 50 万日元隐藏并带回家中，并将其中部分购买了物品，显然违反了我国的法律规定。利用自己的工作关系，以非法手段隐藏并占有了客人数额较大的钱财，这实际上已构成了侵占罪。



案例 6

## 客人豪车被盗，酒店辩解不担责

2016 年 2 月 4 日晚上 12 点，广东省深圳市的王某来到广州的 XG 大酒店住宿时，停放在楼下的宝马轿车被盗。客人要求酒店给予赔偿。XG 大酒店的答复是该酒店于 2015 年 10 月 1 日开始对外试营业，停车场仍在施工，没有正式启用，所以酒店门前的停车场当时也没有人看管。客人没有支付酒店停车费，所以酒店不能赔偿。在该事件的调查中发现，该酒店的停车场可以停放 30 辆小车，因其没有围墙，所以没有办理正式的停车场审批手续，也没有放置类似注意停车安全的警示。

分析：酒店无论是试营业还是正式开业，对客人的有关法律责任是存在的。客人来酒店住宿，酒店就应当对客人的财物负责。《中华人民共和国消费者权益保护法》第十八条规定："经营者应当保证其提供的商品或者服务符合保障人身、财产安全的要求。对可能危及人身、财产安全的商品和服务，应当向消费者作出真实的说明和明确的警示，并说明和标明正确使用商品或者接受服务的方法以及防止危害发生的方法。"

酒店在设施设备没有完全到位或建成的情况下，应当考虑到有可能危及客人人身和财产的安全情况，如果有可能发生上述情况，酒店应当尽最大的可能采取措施消除危害，如一时无法消除，酒店应当做出明确的警示。只有这样酒店才能免除或减轻责任。该酒店虽然没有收取停车费，但由于没有对客人做出明确的警示，所以应当对客人的损失承担相应的责任。

案例 7

### 非住店客人贵重物品遗失纠纷

2015 年 1 月 4 日，李某去江苏某大酒店享受桑拿浴，随身携带人民币 3000 余元和 2000 多元的债券及其他一些贵重物品。因数额较大，李某要求酒店服务员代为保管，可服务员却以无此先例为由，拒绝了他的要求。李某将这些财物放入更衣箱内上锁。洗完桑拿后李某却发现箱内的财物不见了，当即向酒店报案并要求赔偿。酒店认为接受桑拿服务的客人应当与住店客人区别对待，对于非住店客人的贵重物品的丢失酒店不负责任。为此李某起诉到法院，要求赔偿。法院审理后认为酒店有保管客人贵重物品的责任，判被告承担主要赔偿责任。

分析：从酒店和客人的权利义务关系来看，只要客人提出在酒店消费，而且酒店接受了客人的消费要求，酒店就有责任保管好客人随身携带的物品。客人在酒店内享受桑拿浴不可能将随身携带的物品带入浴室内，酒店也不可能要求客人不能携带物品进入酒店。所以客人在接受桑拿服务时，要求酒店提供安全地方存放物品是合理合法的，酒店也有义务保管好客人的物品。

案例 8

### 城门失火，殃及池鱼

2015 年，某厂职工刘某来到南京一家酒店的舞厅跳舞。正当他随着悠扬的乐曲起舞时，舞厅临街窗户的一块玻璃忽然被人砸碎，其中一小块碎片击中了刘某的右眼。当保安人员追出门时，肇事者已逃得不见踪影。刘某在医院治疗中共花费医疗费 6000 余元。刘某家人多次与舞厅交涉，要求舞厅赔偿其医药费及误工损失费。然而，得到的答复是，该事件非本舞厅所致，因此不能承担赔偿责任。

刘某向酒店所属区法院提出起诉，要求这家酒店承担赔偿责任。在法庭辩论中酒店方的委托代理人认为：舞厅的玻璃被外人砸碎，责任完全在肇事者；舞厅的门票中并不含人身保险费用，酒店不应承担赔偿责任。舞厅本身不存在过错，就不能适用《民法典》中的过错责任原则。法院经过调查后裁定：在无法找到肇事者的情况下，刘某要求舞厅赔偿其经济损失是合理的。当然舞厅在承担赔偿责任之后，依然享有向该案的肇事者追偿的权利。

分析：法庭的判决是合理的。刘某到舞厅跳舞，购买了门票，这实际上应视为订立合同的行为；舞厅卖门票给他，双方即由此形成了契约关系，门票则成为双方当事人合同的书面形式。舞厅作为合同的一方当事人，本身有义务为合同的另一方当事人提供安全的跳舞环境，也有责任保护跳舞者在舞厅内不受到伤害。虽然这家舞厅不是造成刘某受伤的直接侵害人，但在客观上舞厅已存在违约的行为，因为舞厅没有有效地保护跳舞者在舞厅内免遭外来的侵害；由于肇事者的侵害行为以及舞厅的违约行为共同导致了刘某的人身健康受到侵害，而舞厅的行为不符合法定的免责条件，因此肇事者与舞厅均负有责任赔偿受害人刘某的经济损失。

案例 9

### 客人遭外人暴打　酒店要担责



2021 年 3 月，苏某与方某旅行结婚住进江苏某豪华大酒店，当晚 10 点他们在逛完城市夜景后回到酒店。刚走进大厅，两名醉醺醺的青年男子向他们寻衅，苏某和他们争辩了几句，招来了一顿拳打脚踢，苏某头部被打破，口鼻出血。方某虽大声呼救，但站在大厅内的两名酒店安全部的保安人员和两名服务员都无动于衷。待那两位打人的青年男子扬长而去之后，两名保安人员才走过来协助方某将苏某送往医院。经医院诊断：苏某头部外伤、脑震荡、胸腹部等多处软组织挫伤。苏某在医院治疗近一个月，花费医疗费 5000 元。

苏某出院后，要求酒店进行赔偿。酒店方认为，苏某受伤是外来人员所致，而且是在双方打斗时受伤的，所以酒店不应当承担赔偿责任。在得不到酒店任何赔偿的情况下，苏某将该酒店告到了法院。要求该酒店赔偿医疗费、误工费、营养费、护理费、精神损失费等共 20000 元。法院审理后判决，被告赔偿原告 7500 元。

分析：原告在被告处登记住宿，双方就建立了一种合同关系，被告有为原告提供安全住宿条件的义务。在本案中两名酒店的保安人员就在现场，和原告近在咫尺，完全能够履行其义务，保护原告免受侵害，但他们却无动于衷，放弃了职责。因而，应当认为被告没有履行自己的义务。根据《中华人民共和国民法典》的规定，公民、法人违反合同或者不履行其他义务的，应当承担民事责任。原告作为消费者，《中华人民共和国消费者权益保护法》也明确规定，消费者在接受服务时，其合法权益受到损害的，可以向服务者要求赔偿。根据这些有关规定，原告受到的损害与被告不履行自己的义务有着法律上的因果关系，被告应当依法承担民事赔偿责任。

案例 10

## 白领美女住酒店被人尾随遇害

2016 年 8 月 23 日，深圳市翰适医药有限公司总经理的王翰，赴沪入住 YH 宾馆。当天下午 2 时 45 分，王翰刚刚在宾馆安顿下来，就给深圳的父母打了电话，告诉父母自己已经平安到达，请父母放心。晚上 9 时，王翰的男友给王翰房间打电话，但是连打数次，只听见电话那边铃声长响，却总是没有人接听。晚 10 时、11 时，随着一次次给王翰拨打电话都无响应，王翰的男友和家人开始焦急不安。他们多次向总台讲明情况，请求宾馆服务员到王翰的房间看一下，但都被服务员以“我们没有这项服务”为由拒绝，无奈之下他们只有一次又一次地拨打王翰房间的电话号码，但每一次都不得不失望地放下话筒。8 月 24 日上午 9 时 30 分，在王翰母亲的强烈要求下，宾馆的服务员终于答应到王翰入住的 1911 房间看一下，她打开房门，赫然发现房间内凌乱不堪，女住客王翰已经死在房间内。

事后，经公安机关勘查，王翰系被他人扼压颈部及用锐器刺戳颈部等手段加害，其左侧颈动脉被刺破，造成大失血，并因机械性窒息而死亡。王翰随身携带的 3 万元人民币及价值 7140 元欧米茄防水表等物被劫。公安机关立刻查看宾馆的安全监视系统 8 月 23 日的全部录像资料，资料显示，王翰登记后进入客房的过程中遭遇不明身份人员尾随，之后，该不明人员又六次乘电梯频繁往返于大堂和 19 楼之间，在大堂游荡，并有东张西望的可疑形迹，第 7 次该不明人员乘电梯上楼敲门进入王翰房间并将其杀害于房间内。

分析：宾馆应向住客提供安全的住宿环境，保障客人的人身财产安全。宾馆应提供与收费标准相一致的房间设施及服务，并应保证宾馆内设施及环境安全，恪尽最谨慎的注意义务，采取切实的安全防范措施，以使住客在宾馆内免遭非法侵害。在本案中，YH 宾馆应切实履行与其星级服务相称的对住客的安全保护义务，密切监控、严格防范，维护一切住客人身、财产安全。YH 宾馆未能履行对王翰的安全保护义务，其行为已构成违法。但王翰未能充分利用宾馆提供的安全设施，对事件的发生亦具有轻度的过失，因此 YH 宾馆对本案的违约赔偿数额可因此酌情降低。根据本案的事实，YH 宾馆的赔偿范围应包括王翰丧事支出的合理差旅费及王翰个人合理的财产损失，不支持其家人关于精神损失费赔偿的请求。



案例 11

## 人命关天，食物中毒可不是儿戏

2015 年 7 月 26 日上午 11 时，某市卫生防疫站接到市第三人民医院的报案电话，称有五人食物中毒正在医院抢救，该站立即派人前往调查。据受害人反映：7 月 23 日晚 8 时许，25 名人员在市 MYM 饭店聚餐，从次日凌晨 2 时起至 25 日上午 8 时先后有 19 人发生不同程度的腹痛、腹泻、恶心、发热等症状。市卫生防疫站从 7 月 26 日下午开始对此案进行调查。在初步掌握了食物污染源的情况下，7 月 27 日，依据《中华人民共和国食品卫生法》中的相关规定，对 MYM 饭店做出停业整改的行政处罚。但 MYM 饭店拒不执行，继续非法营业七天。此后，市卫生防疫站先后向有关单位和个人作了详细调查，并对病人的血液和大便进行检查、化验，经流行病学、临床症状、细菌毒理学、血清学等方法的综合检查论证，确认这是一起由副溶血性弧菌（原名嗜盐菌）作用而发生的集体性食物中毒，是由食用 MYM 饭店的不洁食物后而引起的。因此，该店对此次食物中毒事件负有完全责任。根据《中华人民共和国食品卫生法》中的相关规定，8 月 6 日，市卫生防疫站做出给予该店以罚款的行政处罚决定。

分析：案例中的 MYM 饭店简直是视法律为儿戏，完全没有法律观点。该饭店发生食物中毒事故既不报告，也不主动采取相应控制措施，更为恶劣的是当卫生行政部门做出停业整改的行政处罚后，依然拒不执行，继续非法营业。事后查明，该食物中毒是不洁食物引起的，故饭店在夏秋季，要搞好餐饮卫生，不得生产腐败变质、油脂酸败、污秽不洁、混有异物或者其他感官性状异常的食品。

案例 12

**酒店娱乐经营有度**

2016 年 9 月 16 日由日本莘辉株式会社组织的 285 人（均为男性）入境后，按照事先的安排，在珠海 YH 酒店举行表彰会。由 JS 酒店歌舞厅的明某等将召集来的 300 多名“三陪小姐”带到 YH 酒店三楼丽晶厅外等候安排。当晚 9 时左右，日本莘辉株式会社的表彰仪式结束后，自助晚宴开始，300 多名“三陪小姐”进入宴会现场，分别坐到该社成员的餐桌上，边吃边供日本人挑选。主持人宣布，嫖娼一次 800 元人民币，嫖宿一夜 1200 元人民币。宴会结束后。该社成员和卖淫小姐先后离开 YH 酒店，乘车回到 JS 大酒店。当晚有 185 名卖淫小姐向该会社成员卖淫，一夜嫖资达 30 万元。



事发后在国内外引起很大的反响。2016 年 12 月 16 日，珠海市中级人民法院依据我国《刑法》的有关规定，对珠海“9.16”组织卖淫案进行公开宣判，以组织卖淫罪判处叶某（JS 酒店总经理助理）等无期徒刑，并处没收财产，剥夺政治权利终身；判处刘某（JS 酒店市场营销部副经理）有期徒刑 1 年，处罚金 3.5 万元，其余的 12 人受到刑期不等的判决。按照责任追究的要求，包括公安局、旅游局在内的 15 名当地官员也受到了处分。

分析：在此案中 JS 酒店涉嫌组织、容留卖淫罪，不仅人数多，而且涉案金额高达 30 万，其职员叶某和刘某分别受到刑事处罚，罪有应得。另外，广边功等三名日本犯罪嫌疑人，因涉嫌组织卖淫罪，根据《中华人民共和国刑法》的规定，凡是在中国境内实施犯罪行为的、触犯中国法律的，根据属地原则，将依据中国法律对犯罪嫌疑人实施制裁，检察机关也做出批准逮捕的决定。

# 附录 B

## 旅游饭店星级的划分与评定

(GB/T 14308—2010)

## 前　言

本标准代替 GB/T 14308—2003 旅游饭店星级的划分与评定。

本标准与 GB/T 14308—2003 相比，主要技术内容变化如下：

a)增加了对国家标准 GB/T 16766、GB/T 15566.8 的引用；

b)更加注重饭店核心产品，弱化配套设施；

c)将一二三星级饭店定位为有限服务饭店；

d)突出绿色环保的要求；

e)强化安全管理要求，将应急预案列入各星级的必备条件；

f)提高饭店服务质量评价的操作性；

g)增加例外条款，引导特色经营；

h)保留白金五星级的概念，其具体标准与评定办法将另行制定。

本标准的附录 A、附录 B、附录 C 均为规范性附录。

本标准由国家旅游局提出。

本标准由全国旅游标准化技术委员会归口。

本标准起草单位：国家旅游局监督管理司。

本标准主要起草人：李任芷、刘士军、余昌国、贺静、鲁凯麟、刘锦宏、徐锦祉、辛涛、张润钢、王建平。

本标准所代替标准的历次版本发布情况为：

——GB/T 14308—1993；

——GB/T 14308—1997；

——GB/T 14308—2003。

### 1. 范围

本标准规定了旅游饭店星级的划分条件、服务质量和运营规范要求。

本标准适用于正式营业的各种旅游饭店。

2.规范性引用文件

下列文件对于本文件的应用是必不可少的。凡是注日期的引用文件，仅注日期的版本适用于本文件，凡是不注日期的引用文件，其最新版本（包括所有的修改单）适用于本文件。

GB/T 16766　旅游业基础术语

GB/T 10001.1 标志用公共信息图形符号　第1部分：通用符号

GB/T 10001.2 标志用公共信息图形符号　第2部分：旅游设施与服务符号

GB/T 10001.4 标志用公共信息图形符号　第4部分：运动健身符号

GB/T 10001.9 标志用公共信息图形符号　第9部分：无障碍设施符号

GB/T 15566.8 公共信息导向系统 设置原则与要求　第8部分：宾馆和饭店

3.术语和定义

下列术语和定义适用于本标准。

旅游饭店　tourist hotel

以间（套）夜为单位出租客房，以提供住宿服务为主，并提供商务、会议、休闲、度假等相应服务的住宿设施，按不同习惯可能也被称为宾馆、酒店、旅馆、旅社、宾舍、度假村、俱乐部、大厦、中心等。



4.星级划分及标志

4.1　用星的数量和颜色表示旅游饭店的星级。旅游饭店星级分为五个级别，即一星级、二星级、三星级、四星级、五星级（含白金五星级）。最低为一星级，最高为五星级。星级越高，表示饭店的等级越高。（为方便行文，“星级旅游饭店”简称为“星级饭店”。）

4.2　星级标志由长城与五角星图案构成，用一颗五角星表示一星级，两颗五角星表示二星级，三颗五角星表示三星级，四颗五角星表示四星级，五颗五角星表示五星级，五颗白金五角星表示白金五星级。

5.总则

5.1　星级饭店的建筑、附属设施设备、服务项目和运行管理应符合国家现行的安全、消防、卫生、环境保护、劳动合同等有关法律、法规和标准的规定与要求。

5.2　各星级划分的基本条件见附录A，各星级饭店应逐项达标。

5.3　星级饭店设备设施的位置、结构、数量、面积、功能、材质、设计、装饰等评价标准见附录B。

5.4　星级饭店的服务质量、清洁卫生、维护保养等评价标准见附录C。

5.5　一星级、二星级、三星级饭店是有限服务饭店，评定星级时应对饭店住宿产品进行重点评价；四星级和五星级（含白金五星级）饭店是完全服务饭店，评定星级时应对饭店产品进行全面评价。

5.6　倡导绿色设计、清洁生产、节能减排、绿色消费的理念。

5.7　星级饭店应增强突发事件应急处置能力，突发事件处置的应急预案应作为各星级饭店的必备条件。评定星级后，如饭店营运中发生重大安全责任事故，所属星级将被立即取消，相应星级标识不能继续使用。

5.8　评定星级时不应因为某一区域所有权或经营权的分离，或因为建筑物的分隔而区别对待，饭店内所有区域应达到同一星级的质量标准和管理要求。

5.9　饭店开业一年后可申请评定星级，经相应星级评定机构评定后，星级标志使用有效期为三年。三年期满后应进行重新评定。

## 6. 各星级划分条件

6.1　必备条件

6.1.1　必备项目检查表规定了各星级应具备的硬件设施和服务项目。评定检查时，逐项打“√”确认达标后，再进入后续打分程序。

6.1.2　一星级必备项目见表 A.1；二星级必备项目见表 A.2；三星级必备项目见表 A.3；四星级必备项目见表 A.4；五星级必备项目见表 A.5。

6.2　设施设备

6.2.1　设施设备的要求见附录 B。总分 600 分。

6.2.2　一星级、二星级饭店不做要求，三星级、四星级、五星级饭店规定最低得分线：三星级 220 分，四星级 320 分，五星级 420 分。



6.3　饭店运营质量

6.3.1　饭店运营质量的要求见附录 C。总分 600 分。

6.3.2　饭店运营质量的评价内容分为总体要求、前厅、客房、餐饮、其他、公共及后台区域等 6 个大项。评分时按“优”、“良”、“中”、“差”打分并计算得分率。公式为：得分率＝该项实际得分/该项标准总分×100％。

6.3.3　一星级、二星级饭店不做要求。三星级、四星级、五星级饭店规定最低得分率：三星级 70％，四星级 80％，五星级 85％。

6.3.4　如饭店不具备表 C.1 中带“＊”的项目，统计得分率时应在分母中去掉该项分值。

## 7. 服务质量总体要求

7.1　服务基本原则

7.1.1　对宾客礼貌、热情、亲切、友好，一视同仁。

7.1.2　密切关注并尽量满足宾客的需求，高效率地完成对客服务。

7.1.3　遵守国家法律法规，保护宾客的合法权益。

7.1.4　尊重宾客的信仰与风俗习惯，不损害民族尊严。

7.2　服务基本要求

7.2.1　员工仪容仪表应达到：

a) 遵守饭店的仪容仪表规范，端庄、大方、整洁；

b) 着工装、佩工牌上岗；

c)服务过程中表情自然、亲切、热情适度，提倡微笑服务。

7.2.2 员工言行举止应达到：

a)语言文明、简洁、清晰，符合礼仪规范；

b)站、坐、行姿符合各岗位的规范与要求，主动服务，有职业风范；

c)以协调适宜的自然语言和身体语言对客服务，使宾客感到尊重舒适；

d)对宾客提出的问题应给予耐心解释，不推诿和应付。

7.2.3 员工业务能力与技能应达到掌握相应的业务知识和服务技能，并能熟练运用。

## 8. 管理要求

8.1 应有员工手册。

8.2 应有饭店组织机构图和部门组织机构图。

8.3 应有完善的规章制度、服务标准、管理规范和操作程序。一项完整的饭店管理规范包括规范的名称、目的、管理职责、项目运作规程(具体包括执行层级、管理对象、方式与频率、管理工作内容)、管理分工、管理程序与考核指标等项目。各项管理规范应适时更新，并保留更新记录。

8.4 应有完善的部门化运作规范。包括管理人员岗位工作说明书、管理人员工作关系表、管理人员工作项目核检表、专门的质量管理文件、工作用表和质量管理记录等内容。

8.5 应有服务和专业技术人员岗位工作说明书，对服务和专业技术人员的岗位要求、任职条件、班次、接受指令与协调渠道、主要工作职责等内容进行书面说明。



8.6 应有服务项目、程序与标准说明书，对每一个服务项目完成的目标、为完成该目标所需要经过的程序，以及各个程序的质量标准进行说明。

8.7 对国家和地方主管部门和强制性标准所要求的特定岗位的技术工作如锅炉、强弱电、消防、食品加工与制作等，应有相应的工作技术标准的书面说明，相应岗位的从业人员应知晓并熟练操作。

8.8 应有其他可以证明饭店质量管理水平的证书或文件。

## 9. 安全管理要求

9.1 星级饭店应取得消防等方面的安全许可，确保消防设施的完好和有效运行。

9.2 水、电、气、油、压力容器、管线等设施设备应安全有效运行。

9.3 应严格执行安全管理防控制度，确保安全监控设备的有效运行及人员的责任到位。

9.4 应注重食品加工流程的卫生管理，保证食品安全。

9.5 应制定和完善地震、火灾、食品卫生、公共卫生、治安事件、设施设备突发故障等各项突发事件应急预案。

## 10. 其他

对于以住宿为主营业务，建筑与装修风格独特，拥有独特客户群体，管理和服务特色鲜明，且业内知名度较高旅游饭店的星级评定，可参照五星级的要求。

# 附录 C

## 中国旅游饭店行业规范

（中国旅游饭店业协会 2009 年 8 月修订版）

### 第一章　总　　则

第一条　为了倡导履行诚信准则，保障客人和旅游饭店的合法权益，维护旅游饭店业经营管理的正常秩序，促进中国旅游饭店业的健康发展，中国旅游饭店业协会依据国家有关法律、法规，特制定《中国旅游饭店行业规范》（以下简称为《规范》）。

第二条　旅游饭店包括在中国境内开办的各种经济性质的饭店，含宾馆、酒店、度假村等（以下简称为饭店）。

第三条　饭店应当遵守国家有关法律、法规和规章，遵守社会道德规范，诚信经营，维护中国旅游饭店行业的声誉。

### 第二章　预订、登记、入住

第四条　饭店应当与客人共同履行住宿合同，因不可抗力不能履行双方住宿合同的，任何一方均应当及时通知对方。双方另有约定的，按约定处理。

第五条　饭店由于出现超额预订而使预订客人不能入住的，饭店应当主动替客人安排本地同档次或高于本饭店档次的饭店入住，所产生的有关费用由饭店承担。

第六条　饭店应当同团队、会议、长住客人签订住房合同。合同内容应当包括客人入住和离店的时间、房间等级与价格、餐饮价格、付款方式、违约责任等款项。

第七条　饭店在办理客人入住手续时，应当按照国家的有关规定，要求客人出示有效证件，并如实登记。

第八条　以下情况饭店可以不予接待：

（一）携带危害饭店安全的物品入店者；

（二）从事违法活动者；

（三）影响饭店形象者（如携带动物者）；

（四）无支付能力或曾有过逃账记录者；

（五）饭店客满；

（六）法律、法规规定的其他情况。

## 第三章　饭店收费

第九条　饭店应当将房价表置于总服务台显著位置，供客人参考。饭店如给予客人房价折扣，应当书面约定。

第十条　饭店应在前厅显著位置明示客房价格和住宿时间结算方法，或者确认已将上述信息用适当方式告知客人。

第十一条　根据国家规定，饭店如果对客房、餐饮、洗衣、电话等服务项目加收服务费，应当在房价表或有关服务价目单上明码标价。

## 第四章　保护客人人身和财产安全

第十二条　为了保护客人的人身和财产安全，饭店客房房门应当装置防盗链、门镜、应急疏散图，卫生间内应当采取有效的防滑措施。客房内应当放置服务指南、住宿须知和防火指南。有条件的饭店应当安装客房电子门锁和公共区域安全监控系统。

第十三条　饭店应当确保健身、娱乐等场所设施、设备的完好和安全。

第十四条　对可能损害客人人身和财产安全的场所，饭店应当采取防护、警示措施。警示牌应当中外文对照。

第十五条　饭店应当采取措施，防止客人放置在客房内的财物灭失、毁损。由于饭店的原因造成客人财物灭失、毁损的，饭店应当承担责任。



第十六条　饭店应当保护客人的隐私权。除日常清扫卫生、维修保养设施设备或者发生火灾等紧急情况外，饭店员工未经客人许可不得随意进入客人下榻的房间。

## 第五章　保管客人贵重物品

第十七条　饭店应当在前厅处设置有双锁的客人贵重物品保险箱。贵重物品保险箱的位置应当安全、方便、隐蔽，能够保护客人的隐私。饭店应当按照规定的时限，免费提供住店客人贵重物品的保管服务。

第十八条　饭店应当对住店客人贵重物品的保管服务做出书面规定，并在客人办理入住登记时予以提示。违反第十七条和本条规定，造成客人贵重物品灭失的，饭店应当承担赔偿责任。

第十九条　客人寄存贵重物品时，饭店应当要求客人填写贵重物品寄存单，并办理有关手续。

第二十条　饭店客房内设置的保险箱仅为住店客人提供存放一般物品之用。对没有按规定将贵重物品存放在饭店前厅贵重物品保险箱内，而造成客房里客人的贵重物品灭失、毁损的，如果责任在饭店一方，可视为一般物品予以赔偿。

第二十一条　如无事先约定，在客人结账退房离开饭店以后，饭店可以将客人寄存在贵重物品保险箱内的物品取出，并按照有关规定处理。饭店应当将此条规定在客人贵重物品寄存单上明示。

第二十二条　客人如果遗失饭店贵重物品保险箱的钥匙，除赔偿锁匙成本费用外，饭店还可以要求客人承担维修保险箱的费用。

## 第六章 保管客人一般物品

第二十三条 饭店保管客人寄存在前厅行李寄存处的行李物品时，应当检查其包装是否完好、安全，询问有无违禁物品，并经双方当面确认后，给客人签发行李寄存牌。

第二十四条 客人在餐饮、康乐、前厅行李寄存处等场所寄存物品时，饭店应当当面询问客人寄存物品中有无贵重物品。客人寄存的物品中如有贵重物品的，应当向饭店声明，由饭店员工验收并交饭店贵重物品保管处免费保管；客人事先未声明或不同意核实而造成物品灭失、毁损的，如果责任在饭店一方，饭店按照一般物品予以赔偿；客人对寄存物品没有提出需要采取特殊保管措施的，因为物品自身的原因造成毁损或损耗的，饭店不承担赔偿责任；由于客人没有事先说明寄存物品的情况，造成饭店损失的，除饭店知道或者应当知道而没有采取补救措施的以外，饭店可以要求客人承担相应的赔偿责任。

## 第七章 洗衣服务

第二十五条 客人送洗衣物，饭店应当要求客人在洗衣单上注明洗涤种类及要求，并应当检查衣物状况有无破损。客人如有特殊要求或者饭店员工发现衣物破损的，双方应当事先确认并在洗衣单上注明。客人事先没有提出特殊要求，饭店按照常规进行洗涤，造成衣物损坏的，饭店不承担赔偿责任。客人送洗衣物在洗涤后即时发现破损等问题，而饭店无法证明该衣物是在洗涤以前破损的，饭店承担相应责任。

第二十六条 饭店应当在洗衣单上注明，要求客人将送洗衣物内的物品取出。对洗涤后客人衣物内物品的灭失，饭店不承担责任。

## 第八章 停车场管理

第二十七条 饭店应当保护停车场内饭店客人的车辆安全。由于保管不善，造成车辆灭失或者毁损的，饭店承担相应责任，但因为客人自身的原因造成车辆灭失或者毁损的除外。双方均有过错的，应当各自承担相应的责任。

第二十八条 饭店应当提示客人保管好放置在汽车内的物品。对汽车内放置的物品的灭失，饭店不承担责任。

## 第九章 其 他

第二十九条 饭店如果谢绝客人自带酒水和食品进入餐厅、酒吧、舞厅等场所享用，应当将谢绝的告示设置于经营场所的显著位置，或者确认已将上述信息用适当方式告知客人。

第三十条 饭店有义务提醒客人在客房内遵守国家有关规定，不得私留他人住宿或者擅自将客房转让给他人使用及改变使用用途。对违反规定造成饭店损失的，饭店可以要求入住该房间的客人承担相应的赔偿责任。

第三十一条 饭店可以口头提示或书面通知客人不得自行对客房进行改造、装饰。未经饭店同意进行改造、装饰而造成损失的，饭店可以要求客人承担相应的赔偿责任。

第三十二条　饭店有义务提示客人爱护饭店的财物。由于客人的原因造成损坏的，饭店可以要求客人承担赔偿责任。由于客人原因，饭店维修受损设施、设备期间导致客房不能出租、场所不能开放而发生的营业损失，饭店可视其情况要求客人承担责任。

第三十三条　对饮酒过量的客人，饭店应恰当、及时地劝阻，防止客人在饭店内醉酒。客人醉酒后在饭店内肇事造成损失的，饭店可以要求肇事者承担相应的赔偿责任。

第三十四条　客人结账离店后，如有物品遗留在客房内，饭店应当设法同客人取得联系，将物品归还或寄还给客人，或替客人保管，所产生的费用由客人承担。三个月后仍无人认领的，饭店可登记造册，按拾遗物品处理。

第三十五条　饭店应当提供与本饭店档次相符的产品与服务。饭店所提供的产品与服务如果存在瑕疵，饭店应当采取措施及时加以改进。由于饭店的原因而给客人造成损失的，饭店应当根据损失程度向客人赔礼道歉，或给予相应的赔偿。

## 第十章　处　　理

第三十六条　中国旅游饭店业协会会员饭店违反本《规范》，造成不良后果和影响的，除按照有关规定进行处理外，中国旅游饭店业协会将对该会员饭店给予协会内部通报批评。

第三十七条　中国旅游饭店业协会会员饭店违反本《规范》，给客人的人身造成较大伤害或者给客人的财产造成严重损失且情节严重的，除按规定进行赔偿外，中国旅游饭店业协会将对该会员饭店给予公开批评。



第三十八条　中国旅游饭店业协会会员饭店违反本《规范》，给客人人身造成重大伤害或者给客人的财产造成重大损失且情节特别严重的，除按规定进行赔偿外，经中国旅游饭店业协会常务理事会通过后，将对该会员饭店予以除名。

## 第十一章　附　　则

第三十九条　饭店公共场所的安全疏散标志等，应当符合国家的规定。饭店的图形符号，应当符合中华人民共和国旅游行业标准 LB/T 001—1995 旅游饭店公共信息图形符号。

第四十条　中国旅游饭店业协会会员饭店如果同客人发生纠纷，应当参照本《规范》的有关条款协商解决；协商不成的，双方按照国家有关法律、法规和规定处理。

第四十一条　本《规范》适用于中国旅游饭店业协会会员饭店。

第四十二条　本《规范》自 2002 年 5 月 1 日起施行。

第四十三条　本《规范》由中国旅游饭店业协会常务理事会通过并负责解释。

# 附录 D

## 中华人民共和国旅游法(节选)

(2013 年 4 月 25 日第十二届全国人民代表大会常务委员会第二次会议通过 2016 年 11 月 7 日第十二届全国人民代表大会常务委员会第二十四次会议修订)

### 第一章 总 则

第一条 为保障旅游者和旅游经营者的合法权益,规范旅游市场秩序,保护和合理利用旅游资源,促进旅游业持续健康发展,制定本法。

第二条 在中华人民共和国境内的和在中华人民共和国境内组织到境外的游览、度假、休闲等形式的旅游活动以及为旅游活动提供相关服务的经营活动,适用本法。

第三条 国家发展旅游事业,完善旅游公共服务,依法保护旅游者在旅游活动中的权利。

第四条 旅游业发展应当遵循社会效益、经济效益和生态效益相统一的原则。国家鼓励各类市场主体在有效保护旅游资源的前提下,依法合理利用旅游资源。利用公共资源建设的游览场所应当体现公益性质。

第五条 国家倡导健康、文明、环保的旅游方式,支持和鼓励各类社会机构开展旅游公益宣传,对促进旅游业发展做出突出贡献的单位和个人给予奖励。

第六条 国家建立健全旅游服务标准和市场规则,禁止行业垄断和地区垄断。旅游经营者应当诚信经营,公平竞争,承担社会责任,为旅游者提供安全、健康、卫生、方便的旅游服务。

### 第二章 旅 游 者

第九条 旅游者有权自主选择旅游产品和服务,有权拒绝旅游经营者的强制交易行为。

旅游者有权知悉其购买的旅游产品和服务的真实情况。旅游者有权要求旅游经营者按照约定提供产品和服务。

第十条 旅游者的人格尊严、民族风俗习惯和宗教信仰应当得到尊重。

第十一条 残疾人、老年人、未成年人等旅游者在旅游活动中依照法律、法规和有关规定享受便利和优惠。

第十二条 旅游者在人身、财产安全遇有危险时,有请求救助和保护的权利。旅游者人身、财产受到侵害的，有依法获得赔偿的权利。

第十三条　旅游者在旅游活动中应当遵守社会公共秩序和社会公德，尊重当地的风俗习惯、文化传统和宗教信仰，爱护旅游资源，保护生态环境，遵守旅游文明行为规范。

第十四条　旅游者在旅游活动中或者在解决纠纷时，不得损害当地居民的合法权益，不得干扰他人的旅游活动，不得损害旅游经营者和旅游从业人员的合法权益。

第十五条　旅游者购买、接受旅游服务时，应当向旅游经营者如实告知与旅游活动相关的个人健康信息，遵守旅游活动中的安全警示规定。

旅游者对国家应对重大突发事件暂时限制旅游活动的措施以及有关部门、机构或者旅游经营者采取的安全防范和应急处置措施，应当予以配合。

旅游者违反安全警示规定，或者对国家应对重大突发事件暂时限制旅游活动的措施、安全防范和应急处置措施不予配合的，依法承担相应责任。

## 第四章　旅 游 经 营

第四十九条　为旅游者提供交通、住宿、餐饮、娱乐等服务的经营者，应当符合法律、法规规定的要求，按照合同约定履行义务。

第五十条　旅游经营者应当保证其提供的商品和服务符合保障人身、财产安全的要求。

旅游经营者取得相关质量标准等级的，其设施和服务不得低于相应标准；未取得质量标准等级的，不得使用相关质量等级的称谓和标识。



第五十一条　旅游经营者销售、购买商品或者服务，不得给予或者收受贿赂。

第五十二条　旅游经营者对其在经营活动中知悉的旅游者个人信息，应当予以保密。

第五十四条　景区、住宿经营者将其部分经营项目或者场地交由他人从事住宿、餐饮、购物、游览、娱乐、旅游交通等经营的，应当对实际经营者的经营行为给旅游者造成的损害承担连带责任。

第五十六条　国家根据旅游活动的风险程度，对旅行社、住宿、旅游交通以及本法第四十七条规定的高风险旅游项目等经营者实施责任保险制度。

## 第五章　旅游服务合同

第五十七条　旅行社组织和安排旅游活动，应当与旅游者订立合同。

第五十八条　包价旅游合同应当采用书面形式，包括下列内容：

（一）旅行社、旅游者的基本信息；

（二）旅游行程安排；

（三）旅游团成团的最低人数；

（四）交通、住宿、餐饮等旅游服务安排和标准；

（五）游览、娱乐等项目的具体内容和时间；

（六）自由活动时间安排；

（七）旅游费用及其交纳的期限和方式；

（八）违约责任和解决纠纷的方式；

(九)法律、法规规定和双方约定的其他事项。

订立包价旅游合同时,旅行社应当向旅游者详细说明前款第二项至第八项所载内容。

第五十九条　旅行社应当在旅游行程开始前向旅游者提供旅游行程单。旅游行程单是包价旅游合同的组成部分。

第六十五条　旅游行程结束前,旅游者解除合同的,组团社应当在扣除必要的费用后,将余款退还旅游者。

第六十六条　旅游者有下列情形之一的,旅行社可以解除合同:

(一)患有传染病等疾病,可能危害其他旅游者健康和安全的;

(二)携带危害公共安全的物品且不同意交有关部门处理的;

(三)从事违法或者违反社会公德的活动的;

(四)从事严重影响其他旅游者权益的活动,且不听劝阻、不能制止的;

(五)法律规定的其他情形。

因前款规定情形解除合同的,组团社应当在扣除必要的费用后,将余款退还旅游者;给旅行社造成损失的,旅游者应当依法承担赔偿责任。

第六十七条　因不可抗力或者旅行社、履行辅助人已尽合理注意义务仍不能避免的事件,影响旅游行程的,按照下列情形处理:

(一)合同不能继续履行的,旅行社和旅游者均可以解除合同。合同不能完全履行的,旅行社经向旅游者作出说明,可以在合理范围内变更合同;旅游者不同意变更的,可以解除合同。

(二)合同解除的,组团社应当在扣除已向地接社或者履行辅助人支付且不可退还的费用后,将余款退还旅游者;合同变更的,因此增加的费用由旅游者承担,减少的费用退还旅游者。

(三)危及旅游者人身、财产安全的,旅行社应当采取相应的安全措施,因此支出的费用,由旅行社与旅游者分担。

(四)造成旅游者滞留的,旅行社应当采取相应的安置措施。因此增加的食宿费用,由旅游者承担;增加的返程费用,由旅行社与旅游者分担。

第六十八条　旅游行程中解除合同的,旅行社应当协助旅游者返回出发地或者旅游者指定的合理地点。由于旅行社或者履行辅助人的原因导致合同解除的,返程费用由旅行社承担。

第七十四条　旅行社接受旅游者的委托,为其代订交通、住宿、餐饮、游览、娱乐等旅游服务,收取代办费用的,应当亲自处理委托事务。因旅行社的过错给旅游者造成损失的,旅行社应当承担赔偿责任。

第七十五条　住宿经营者应当按照旅游服务合同的约定为团队旅游者提供住宿服务。住宿经营者未能按照旅游服务合同提供服务的,应当为旅游者提供不低于原定标准的住宿服务,因此增加的费用由住宿经营者承担;但由于不可抗力、政府因公共利益需要采取措施造成不能提供服务的,住宿经营者应当协助安排旅游者住宿。

## 第六章　旅游安全

第七十六条　县级以上人民政府统一负责旅游安全工作。县级以上人民政府有关部门依照法律、法规履行旅游安全监管职责。

第七十七条　国家建立旅游目的地安全风险提示制度。旅游目的地安全风险提示的级别划分和实施程序，由国务院旅游主管部门会同有关部门制定。

县级以上人民政府及其有关部门应当将旅游安全作为突发事件监测和评估的重要内容。

第七十八条　县级以上人民政府应当依法将旅游应急管理纳入政府应急管理体系，制定应急预案，建立旅游突发事件应对机制。

突发事件发生后，当地人民政府及其有关部门和机构应当采取措施开展救援，并协助旅游者返回出发地或者旅游者指定的合理地点。

第七十九条　旅游经营者应当严格执行安全生产管理和消防安全管理的法律、法规和国家标准、行业标准，具备相应的安全生产条件，制定旅游者安全保护制度和应急预案。

旅游经营者应当对直接为旅游者提供服务的从业人员开展经常性应急救助技能培训，对提供的产品和服务进行安全检验、监测和评估，采取必要措施防止危害发生。

旅游经营者组织、接待老年人、未成年人、残疾人等旅游者，应当采取相应的安全保障措施。

第八十条　旅游经营者应当就旅游活动中的下列事项，以明示的方式事先向旅游者作出说明或者警示：

（一）正确使用相关设施、设备的方法；

（二）必要的安全防范和应急措施；

（三）未向旅游者开放的经营、服务场所和设施、设备；

（四）不适宜参加相关活动的群体；

（五）可能危及旅游者人身、财产安全的其他情形。

第八十一条　突发事件或者旅游安全事故发生后，旅游经营者应当立即采取必要的救助和处置措施，依法履行报告义务，并对旅游者作出妥善安排。

第八十二条　旅游者在人身、财产安全遇有危险时，有权请求旅游经营者、当地政府和相关机构进行及时救助。

中国出境旅游者在境外陷于困境时，有权请求我国驻当地机构在其职责范围内给予协助和保护。

旅游者接受相关组织或者机构的救助后，应当支付应由个人承担的费用。

## 第七章　旅游监督管理

第八十三条　县级以上人民政府旅游主管部门和有关部门依照本法和有关法律、法规的规定，在各自职责范围内对旅游市场实施监督管理。

县级以上人民政府应当组织旅游主管部门、有关主管部门和市场监督管理、产品质量监督、交通等执法部门对相关旅游经营行为实施监督检查。

第八十四条　旅游主管部门履行监督管理职责，不得违反法律、行政法规的规定向监督管理对象收取费用。

旅游主管部门及其工作人员不得参与任何形式的旅游经营活动。

第八十五条　县级以上人民政府旅游主管部门有权对下列事项实施监督检查：

（一）经营旅行社业务以及从事导游、领队服务是否取得经营、执业许可；

(二)旅行社的经营行为;

(三)导游和领队等旅游从业人员的服务行为;

(四)法律、法规规定的其他事项。

旅游主管部门依照前款规定实施监督检查,可以对涉嫌违法的合同、票据、账簿以及其他资料进行查阅、复制。

第八十六条　旅游主管部门和有关部门依法实施监督检查,其监督检查人员不得少于二人,并应当出示合法证件。监督检查人员少于二人或者未出示合法证件的,被检查单位和个人有权拒绝。

监督检查人员对在监督检查中知悉的被检查单位的商业秘密和个人信息应当依法保密。

第八十七条　对依法实施的监督检查,有关单位和个人应当配合,如实说明情况并提供文件、资料,不得拒绝、阻碍和隐瞒。

第八十八条　县级以上人民政府旅游主管部门和有关部门,在履行监督检查职责中或者在处理举报、投诉时,发现违反本法规定行为的,应当依法及时作出处理;对不属于本部门职责范围的事项,应当及时书面通知并移交有关部门查处。

第八十九条　县级以上地方人民政府建立旅游违法行为查处信息的共享机制,对需要跨部门、跨地区联合查处的违法行为,应当进行督办。

旅游主管部门和有关部门应当按照各自职责,及时向社会公布监督检查的情况。

第九十条　依法成立的旅游行业组织依照法律、行政法规和章程的规定,制定行业经营规范和服务标准,对其会员的经营行为和服务质量进行自律管理,组织开展职业道德教育和业务培训,提高从业人员素质。



## 第八章　旅游纠纷处理

第九十一条　县级以上人民政府应当指定或者设立统一的旅游投诉受理机构。受理机构接到投诉,应当及时进行处理或者移交有关部门处理,并告知投诉者。

第九十二条　旅游者与旅游经营者发生纠纷,可以通过下列途径解决:

(一)双方协商;

(二)向消费者协会、旅游投诉受理机构或者有关调解组织申请调解;

(三)根据与旅游经营者达成的仲裁协议提请仲裁机构仲裁;

(四)向人民法院提起诉讼。

第九十三条　消费者协会、旅游投诉受理机构和有关调解组织在双方自愿的基础上,依法对旅游者与旅游经营者之间的纠纷进行调解。

第九十四条　旅游者与旅游经营者发生纠纷,旅游者一方人数众多并有共同请求的,可以推选代表人参加协商、调解、仲裁、诉讼活动。

## 第九章　法律责任

第一百零四条　旅游经营者违反本法规定,给予或者收受贿赂的,由工商行政管理部门依照有关法律、法规的规定处罚;情节严重的,并由旅游主管部门吊销旅行社业务经营许可证。

第一百零七条　旅游经营者违反有关安全生产管理和消防安全管理的法律、法规或者国家标准、行业标准的，由有关主管部门依照有关法律、法规的规定处罚。

第一百零八条　对违反本法规定的旅游经营者及其从业人员，旅游主管部门和有关部门应当记入信用档案，向社会公布。

第一百零九条　旅游主管部门和有关部门的工作人员在履行监督管理职责中，滥用职权、玩忽职守、徇私舞弊，尚不构成犯罪的，依法给予处分。

第一百一十条　违反本法规定，构成犯罪的，依法追究刑事责任。

## 第十章　附　　则

第一百一十一条　本法下列用语的含义：

（一）旅游经营者，是指旅行社、景区以及为旅游者提供交通、住宿、餐饮、购物、娱乐等服务的经营者。

（二）景区，是指为旅游者提供游览服务、有明确的管理界限的场所或者区域。

（三）包价旅游合同，是指旅行社预先安排行程，提供或者通过履行辅助人提供交通、住宿、餐饮、游览、导游或者领队等两项以上旅游服务，旅游者以总价支付旅游费用的合同。

（四）组团社，是指与旅游者订立包价旅游合同的旅行社。

（五）地接社，是指接受组团社委托，在目的地接待旅游者的旅行社。

（六）履行辅助人，是指与旅行社存在合同关系，协助其履行包价旅游合同义务，实际提供相关服务的法人或者自然人。

第一百一十二条　本法自 2013 年 10 月 1 日起施行。

# 附录 E

## 旅馆业治安管理办法

（1987 年 9 月 23 日国务院批准，1987 年 11 月 10 日公安部发布。根据 2011 年 1 月 8 日《国务院关于废止和修改部分行政法规的决定》第一次修订，根据 2020 年 11 月 29 日《国务院关于修改和废止部分行政法规的决定》第二次修订。2022 年，国务院决定对《旅馆业治安管理办法》的部分条款予以修改，自 2022 年 5 月 1 日起施行）

第一条　为了保障旅馆业的正常经营和旅客的生命财物安全，维护社会治安，制定本办法。

第二条　凡经营接待旅客住宿的旅馆、饭店、宾馆、招待所、客货栈、车马店、浴池等（以下统称旅馆），不论是国营、集体经营，还是合伙经营、个体经营、外商投资经营，不论是专营还是兼营，不论是常年经营，还是季节性经营，都必须遵守本办法。

第三条　开办旅馆，其房屋建筑、消防设备、出入口和通道等，必须符合《中华人民共和国消防法》等有关规定，并且要具备必要的防盗安全设施。

第四条　申请开办旅馆，应取得市场监管部门核发的营业执照，向当地公安机关申领特种行业许可证后，方准开业。

经批准开业的旅馆，如有歇业、转业、合并、迁移、改变名称等情况，应当在市场监管部门办理变更登记后 3 日内，向当地的县、市公安局、公安分局备案。[5]

第五条　经营旅馆，必须遵守国家的法律，建立各项安全管理制度，设置治安保卫组织或者指定安全保卫人员。

第六条　旅馆接待旅客住宿必须登记。登记时，应当查验旅客的身份证件，按规定的项目如实登记。

接待境外旅客住宿，还应当在 24 小时内向当地公安机关报送住宿登记表。

第七条　旅馆应当设置旅客财物保管箱、柜或者保管室、保险柜，指定专人负责保管工作。对旅客寄存的财物，要建立登记、领取和交接制度。

第八条　旅馆对旅客遗留的物品，应当妥为保管，设法归还原主或揭示招领；经招领 3 个月后无人认领的，要登记造册，送当地公安机关按拾遗物品处理。对违禁物品和可疑物品，应当及时报告公安机关处理。

第九条　旅馆工作人员发现违法犯罪分子，形迹可疑的人员和被公安机关通缉的罪犯，应当立即向当地公安机关报告，不得知情不报或隐瞒包庇。

第十条　在旅馆内开办舞厅、音乐茶座等娱乐、服务场所的，除执行本办法有关规定外，还应当按照国家和当地政府的有关规定管理。

第十一条　严禁旅客将易燃、易爆、剧毒、腐蚀性和放射性等危险物品带入旅馆。

第十二条　旅馆内，严禁卖淫、嫖宿、赌博、吸毒、传播淫秽物品等违法犯罪活动。

第十三条　旅馆内，不得酗酒滋事、大声喧哗，影响他人休息，旅客不得私自留客住宿或者转让床位。

第十四条　公安机关对旅馆治安管理的职责是，指导、监督旅馆建立各项安全管理制度和落实安全防范措施，协助旅馆对工作人员进行安全业务知识的培训，依法惩办侵犯旅馆和旅客合法权益的违法犯罪分子。

公安人员到旅馆执行公务时，应当出示证件，严格依法办事，要文明礼貌待人，维护旅馆的正常经营和旅客的合法权益。旅馆工作人员和旅客应当予以协助。

第十五条　违反本办法第四条规定开办旅馆的，公安机关可以酌情给予警告或者处以200元以下罚款；未经登记，私自开业的，公安机关应当协助工商行政管理部门依法处理。

第十六条　旅馆工作人员违反本办法第九条规定的，公安机关可以酌情给予警告或者处以200元以下罚款；情节严重构成犯罪的，依法追究刑事责任。

旅馆负责人参与违法犯罪活动，其所经营的旅馆已成为犯罪活动场所的，公安机关除依法追究其责任外，对该旅馆还应当会同工商行政管理部门依法处理。

第十七条　违反本办法第六、十一、十二条规定的，依照《中华人民共和国治安管理处罚法》有关条款的规定，处罚有关人员；发生重大事故、造成严重后果构成犯罪的，依法追究刑事责任。



第十八条　当事人对公安机关的行政处罚决定不服的，按照《中华人民共和国治安管理处罚法》第一百零二条的规定办理。

第十九条　省、自治区、直辖市公安厅（局）可根据本办法制定实施细则，报请当地人民政府批准后施行，并报公安部备案。

第二十条　本办法自公布之日起施行。1951年8月15日公布的《城市旅栈业暂行管理规则》同时废止。

# 附录 F

## 中华人民共和国食品安全法(节选)

(2009 年 2 月 28 日第十一届全国人民代表大会常务委员会第七次会议通过,2015 年 4 月 24 日第十二届全国人民代表大会常务委员会第十四次会议修订,根据 2018 年 12 月 29 日第十三届全国人民代表大会常务委员会第七次会议《关于修改〈中华人民共和国产品质量法〉等五部法律的决定》第一次修正,根据 2021 年 4 月 29 日第十三届全国人民代表大会常务委员会第二十八次会议《关于修改〈中华人民共和国道路交通安全法〉等八部法律的决定》第二次修正。)

### 第一章　总　　则

第一条　为了保证食品安全,保障公众身体健康和生命安全,制定本法。

第二条　在中华人民共和国境内从事下列活动,应当遵守本法:

(一)食品生产和加工(以下称食品生产),食品销售和餐饮服务(以下称食品经营);

(二)食品添加剂的生产经营;

(三)用于食品的包装材料、容器、洗涤剂、消毒剂和用于食品生产经营的工具、设备(以下称食品相关产品)的生产经营;

(四)食品生产经营者使用食品添加剂、食品相关产品;

(五)食品的贮存和运输;

(六)对食品、食品添加剂、食品相关产品的安全管理。

供食用的源于农业的初级产品(以下称食用农产品)的质量安全管理,遵守《中华人民共和国农产品质量安全法》的规定。但是,食用农产品的市场销售、有关质量安全标准的制定、有关安全信息的公布和本法对农业投入品作出规定的,应当遵守本法的规定。

第三条　食品安全工作实行预防为主、风险管理、全程控制、社会共治,建立科学、严格的监督管理制度。

第四条　食品生产经营者对其生产经营食品的安全负责。

食品生产经营者应当依照法律、法规和食品安全标准从事生产经营活动,保证食品安全,诚信自律,对社会和公众负责,接受社会监督,承担社会责任。

第五条　国务院设立食品安全委员会,其职责由国务院规定。

国务院食品安全监督管理部门依照本法和国务院规定的职责,对食品生产经营活动实施监督管理。

国务院卫生行政部门依照本法和国务院规定的职责，组织开展食品安全风险监测和风险评估，会同国务院食品安全监督管理部门制定并公布食品安全国家标准。

国务院其他有关部门依照本法和国务院规定的职责，承担有关食品安全工作。

第六条　县级以上地方人民政府对本行政区域的食品安全监督管理工作负责，统一领导、组织、协调本行政区域的食品安全监督管理工作以及食品安全突发事件应对工作，建立健全食品安全全程监督管理工作机制和信息共享机制。

县级以上地方人民政府依照本法和国务院的规定，确定本级食品安全监督管理、卫生行政部门和其他有关部门的职责。有关部门在各自职责范围内负责本行政区域的食品安全监督管理工作。

县级人民政府食品安全监督管理部门可以在乡镇或者特定区域设立派出机构。

第七条　县级以上地方人民政府实行食品安全监督管理责任制。上级人民政府负责对下一级人民政府的食品安全监督管理工作进行评议、考核。县级以上地方人民政府负责对本级食品安全监督管理部门和其他有关部门的食品安全监督管理工作进行评议、考核。

第八条　县级以上人民政府应当将食品安全工作纳入本级国民经济和社会发展规划，将食品安全工作经费列入本级政府财政预算，加强食品安全监督管理能力建设，为食品安全工作提供保障。

县级以上人民政府食品安全监督管理部门和其他有关部门应当加强沟通、密切配合，按照各自职责分工，依法行使职权，承担责任。



第九条　食品行业协会应当加强行业自律，按照章程建立健全行业规范和奖惩机制，提供食品安全信息、技术等服务，引导和督促食品生产经营者依法生产经营，推动行业诚信建设，宣传、普及食品安全知识。

消费者协会和其他消费者组织对违反本法规定，损害消费者合法权益的行为，依法进行社会监督。

第十条　各级人民政府应当加强食品安全的宣传教育，普及食品安全知识，鼓励社会组织、基层群众性自治组织、食品生产经营者开展食品安全法律、法规以及食品安全标准和知识的普及工作，倡导健康的饮食方式，增强消费者食品安全意识和自我保护能力。

新闻媒体应当开展食品安全法律、法规以及食品安全标准和知识的公益宣传，并对食品安全违法行为进行舆论监督。有关食品安全的宣传报道应当真实、公正。

第十一条　国家鼓励和支持开展与食品安全有关的基础研究、应用研究，鼓励和支持食品生产经营者为提高食品安全水平采用先进技术和先进管理规范。

国家对农药的使用实行严格的管理制度，加快淘汰剧毒、高毒、高残留农药，推动替代产品的研发和应用，鼓励使用高效低毒低残留农药。

第十二条　任何组织或者个人有权举报食品安全违法行为，依法向有关部门了解食品安全信息，对食品安全监督管理工作提出意见和建议。

第十三条　对在食品安全工作中做出突出贡献的单位和个人，按照国家有关规定给予表彰、奖励。

## 第二章 食品安全风险监测和评估

第十四条 国家建立食品安全风险监测制度,对食源性疾病、食品污染以及食品中的有害因素进行监测。

国务院卫生行政部门会同国务院食品安全监督管理等部门,制定、实施国家食品安全风险监测计划。

国务院食品安全监督管理部门和其他有关部门获知有关食品安全风险信息后,应当立即核实并向国务院卫生行政部门通报。对有关部门通报的食品安全风险信息以及医疗机构报告的食源性疾病等有关疾病信息,国务院卫生行政部门应当会同国务院有关部门分析研究,认为必要的,及时调整国家食品安全风险监测计划。

省、自治区、直辖市人民政府卫生行政部门会同同级食品安全监督管理等部门,根据国家食品安全风险监测计划,结合本行政区域的具体情况,制定、调整本行政区域的食品安全风险监测方案,报国务院卫生行政部门备案并实施。

第十五条 承担食品安全风险监测工作的技术机构应当根据食品安全风险监测计划和监测方案开展监测工作,保证监测数据真实、准确,并按照食品安全风险监测计划和监测方案的要求报送监测数据和分析结果。

食品安全风险监测工作人员有权进入相关食用农产品种植养殖、食品生产经营场所采集样品、收集相关数据。采集样品应当按照市场价格支付费用。



第十六条 食品安全风险监测结果表明可能存在食品安全隐患的,县级以上人民政府卫生行政部门应当及时将相关信息通报同级食品安全监督管理等部门,并报告本级人民政府和上级人民政府卫生行政部门。食品安全监督管理等部门应当组织开展进一步调查。

第十七条 国家建立食品安全风险评估制度,运用科学方法,根据食品安全风险监测信息、科学数据以及有关信息,对食品、食品添加剂、食品相关产品中生物性、化学性和物理性危害因素进行风险评估。

国务院卫生行政部门负责组织食品安全风险评估工作,成立由医学、农业、食品、营养、生物、环境等方面的专家组成的食品安全风险评估专家委员会进行食品安全风险评估。食品安全风险评估结果由国务院卫生行政部门公布。

对农药、肥料、兽药、饲料和饲料添加剂等的安全性评估,应当有食品安全风险评估专家委员会的专家参加。

食品安全风险评估不得向生产经营者收取费用,采集样品应当按照市场价格支付费用。

第十八条 有下列情形之一的,应当进行食品安全风险评估:

(一)通过食品安全风险监测或者接到举报发现食品、食品添加剂、食品相关产品可能存在安全隐患的;

(二)为制定或者修订食品安全国家标准提供科学依据需要进行风险评估的;

(三)为确定监督管理的重点领域、重点品种需要进行风险评估的;

(四)发现新的可能危害食品安全因素的;

(五)需要判断某一因素是否构成食品安全隐患的;

(六)国务院卫生行政部门认为需要进行风险评估的其他情形。

## 第三章　食品安全标准

第二十四条　制定食品安全标准，应当以保障公众身体健康为宗旨，做到科学合理、安全可靠。

第二十五条　食品安全标准是强制执行的标准。除食品安全标准外，不得制定其他食品强制性标准。

第二十六条　食品安全标准应当包括下列内容：

（一）食品、食品添加剂、食品相关产品中的致病性微生物，农药残留、兽药残留、生物毒素、重金属等污染物质以及其他危害人体健康物质的限量规定；

（二）食品添加剂的品种、使用范围、用量；

（三）专供婴幼儿和其他特定人群的主辅食品的营养成分要求；

（四）对与卫生、营养等食品安全要求有关的标签、标志、说明书的要求；

（五）食品生产经营过程的卫生要求；

（六）与食品安全有关的质量要求；

（七）与食品安全有关的食品检验方法与规程；

（八）其他需要制定为食品安全标准的内容。

第二十七条　食品安全国家标准由国务院卫生行政部门会同国务院食品安全监督管理部门制定、公布，国务院标准化行政部门提供国家标准编号。



食品中农药残留、兽药残留的限量规定及其检验方法与规程由国务院卫生行政部门、国务院农业行政部门会同国务院食品安全监督管理部门制定。

屠宰畜、禽的检验规程由国务院农业行政部门会同国务院卫生行政部门制定。

第二十八条　制定食品安全国家标准，应当依据食品安全风险评估结果并充分考虑食用农产品安全风险评估结果，参照相关的国际标准和国际食品安全风险评估结果，并将食品安全国家标准草案向社会公布，广泛听取食品生产经营者、消费者、有关部门等方面的意见。

食品安全国家标准应当经国务院卫生行政部门组织的食品安全国家标准审评委员会审查通过。食品安全国家标准审评委员会由医学、农业、食品、营养、生物、环境等方面的专家以及国务院有关部门、食品行业协会、消费者协会的代表组成，对食品安全国家标准草案的科学性和实用性等进行审查。

第二十九条　对地方特色食品，没有食品安全国家标准的，省、自治区、直辖市人民政府卫生行政部门可以制定并公布食品安全地方标准，报国务院卫生行政部门备案。食品安全国家标准制定后，该地方标准即行废止。

第三十条　国家鼓励食品生产企业制定严于食品安全国家标准或者地方标准的企业标准，在本企业适用，并报省、自治区、直辖市人民政府卫生行政部门备案。

## 第四章　食品生产经营

### 第一节　一般规定

第三十三条　食品生产经营应当符合食品安全标准，并符合下列要求：

(一)具有与生产经营的食品品种、数量相适应的食品原料处理和食品加工、包装、贮存等场所,保持该场所环境整洁,并与有毒、有害场所以及其他污染源保持规定的距离;

(二)具有与生产经营的食品品种、数量相适应的生产经营设备或者设施,有相应的消毒、更衣、盥洗、采光、照明、通风、防腐、防尘、防蝇、防鼠、防虫、洗涤以及处理废水、存放垃圾和废弃物的设备或者设施;

(三)有专职或者兼职的食品安全专业技术人员、食品安全管理人员和保证食品安全的规章制度;

(四)具有合理的设备布局和工艺流程,防止待加工食品与直接入口食品、原料与成品交叉污染,避免食品接触有毒物、不洁物;

(五)餐具、饮具和盛放直接入口食品的容器,使用前应当洗净、消毒,炊具、用具用后应当洗净,保持清洁;

(六)贮存、运输和装卸食品的容器、工具和设备应当安全、无害,保持清洁,防止食品污染,并符合保证食品安全所需的温度、湿度等特殊要求,不得将食品与有毒、有害物品一同贮存、运输;

(七)直接入口的食品应当使用无毒、清洁的包装材料、餐具、饮具和容器;

(八)食品生产经营人员应当保持个人卫生,生产经营食品时,应当将手洗净,穿戴清洁的工作衣、帽等;销售无包装的直接入口食品时,应当使用无毒、清洁的容器、售货工具和设备;

(九)用水应当符合国家规定的生活饮用水卫生标准;

(十)使用的洗涤剂、消毒剂应当对人体安全、无害;

(十一)法律、法规规定的其他要求。

非食品生产经营者从事食品贮存、运输和装卸的,应当符合前款第六项的规定。

第三十四条　禁止生产经营下列食品、食品添加剂、食品相关产品:

(一)用非食品原料生产的食品或者添加食品添加剂以外的化学物质和其他可能危害人体健康物质的食品,或者用回收食品作为原料生产的食品;

(二)致病性微生物,农药残留、兽药残留、生物毒素、重金属等污染物质以及其他危害人体健康的物质含量超过食品安全标准限量的食品、食品添加剂、食品相关产品;

(三)用超过保质期的食品原料、食品添加剂生产的食品、食品添加剂;

(四)超范围、超限量使用食品添加剂的食品;

(五)营养成分不符合食品安全标准的专供婴幼儿和其他特定人群的主辅食品;

(六)腐败变质、油脂酸败、霉变生虫、污秽不洁、混有异物、掺假掺杂或者感官性状异常的食品、食品添加剂;

(七)病死、毒死或者死因不明的禽、畜、兽、水产动物肉类及其制品;

(八)未按规定进行检疫或者检疫不合格的肉类,或者未经检验或者检验不合格的肉类制品;

(九)被包装材料、容器、运输工具等污染的食品、食品添加剂;

(十)标注虚假生产日期、保质期或者超过保质期的食品、食品添加剂;

(十一)无标签的预包装食品、食品添加剂;

（十二）国家为防病等特殊需要明令禁止生产经营的食品；

（十三）其他不符合法律、法规或者食品安全标准的食品、食品添加剂、食品相关产品。

第三十五条　国家对食品生产经营实行许可制度。从事食品生产、食品销售、餐饮服务，应当依法取得许可。但是，销售食用农产品和仅销售预包装食品的，不需要取得许可。仅销售预包装食品的，应当报所在地县级以上地方人民政府食品安全监督管理部门备案。

县级以上地方人民政府食品安全监督管理部门应当依照《中华人民共和国行政许可法》的规定，审核申请人提交的本法第三十三条第一款第一项至第四项规定要求的相关资料，必要时对申请人的生产经营场所进行现场核查；对符合规定条件的，准予许可；对不符合规定条件的，不予许可并书面说明理由。

第三十六条　食品生产加工小作坊和食品摊贩等从事食品生产经营活动，应当符合本法规定的与其生产经营规模、条件相适应的食品安全要求，保证所生产经营的食品卫生、无毒、无害，食品安全监督管理部门应当对其加强监督管理。

县级以上地方人民政府应当对食品生产加工小作坊、食品摊贩等进行综合治理，加强服务和统一规划，改善其生产经营环境，鼓励和支持其改进生产经营条件，进入集中交易市场、店铺等固定场所经营，或者在指定的临时经营区域、时段经营。

食品生产加工小作坊和食品摊贩等的具体管理办法由省、自治区、直辖市制定。

第三十七条　利用新的食品原料生产食品，或者生产食品添加剂新品种、食品相关产品新品种，应当向国务院卫生行政部门提交相关产品的安全性评估材料。国务院卫生行政部门应当自收到申请之日起六十日内组织审查；对符合食品安全要求的，准予许可并公布；对不符合食品安全要求的，不予许可并书面说明理由。



第三十八条　生产经营的食品中不得添加药品，但是可以添加按照传统既是食品又是中药材的物质。按照传统既是食品又是中药材的物质目录由国务院卫生行政部门会同国务院食品安全监督管理部门制定、公布。

## 第二节　生产经营过程控制

第四十四条　食品生产经营企业应当建立健全食品安全管理制度，对员工进行食品安全知识培训，加强食品检验工作，依法从事生产经营活动。

食品生产经营企业的主要负责人应当落实企业食品安全管理制度，对本企业的食品安全工作全面负责。

食品生产经营企业应当配备食品安全管理人员，加强对其培训和考核。经考核不具备食品安全管理能力的，不得上岗。食品药品监督管理部门应当对企业食品安全管理人员随机进行监督抽查考核并公布考核情况。监督抽查考核不得收取费用。

第四十五条　食品生产经营者应当建立并执行从业人员健康管理制度。患有国务院卫生行政部门规定的有碍食品安全疾病的人员，不得从事接触直接入口食品的工作。从事接触直接入口食品工作的食品生产经营人员应当每年进行健康检查，取得健康证明后方可上岗工作。

第四十六条　食品生产企业应当就下列事项制定并实施控制要求，保证所生产的食品符合食品安全标准：

（一）原料采购、原料验收、投料等原料控制；

(二)生产工序、设备、贮存、包装等生产关键环节控制;

(三)原料检验、半成品检验、成品出厂检验等检验控制;

(四)运输和交付控制。

第四十七条　食品生产经营者应当建立食品安全自查制度,定期对食品安全状况进行检查评价。生产经营条件发生变化,不再符合食品安全要求的,食品生产经营者应当立即采取整改措施;有发生食品安全事故潜在风险的,应当立即停止食品生产经营活动,并向所在地县级人民政府食品药品监督管理部门报告。

第五十条　食品生产者采购食品原料、食品添加剂、食品相关产品,应当查验供货者的许可证和产品合格证明;对无法提供合格证明的食品原料,应当按照食品安全标准进行检验;不得采购或者使用不符合食品安全标准的食品原料、食品添加剂、食品相关产品。

食品生产企业应当建立食品原料、食品添加剂、食品相关产品进货查验记录制度,如实记录食品原料、食品添加剂、食品相关产品的名称、规格、数量、生产日期或者生产批号、保质期、进货日期以及供货者名称、地址、联系方式等内容,并保存相关凭证。记录和凭证保存期限不得少于产品保质期满后六个月;没有明确保质期的,保存期限不得少于二年。

第五十三条　食品经营者采购食品,应当查验供货者的许可证和食品出厂检验合格证或者其他合格证明(以下称合格证明文件)。

食品经营企业应当建立食品进货查验记录制度,如实记录食品的名称、规格、数量、生产日期或者生产批号、保质期、进货日期以及供货者名称、地址、联系方式等内容,并保存相关凭证。记录和凭证保存期限应当符合本法第五十条第二款的规定。



实行统一配送经营方式的食品经营企业,可以由企业总部统一查验供货者的许可证和食品合格证明文件,进行食品进货查验记录。

第五十四条　食品经营者应当按照保证食品安全的要求贮存食品,定期检查库存食品,及时清理变质或者超过保质期的食品。

食品经营者贮存散装食品,应当在贮存位置标明食品的名称、生产日期或者生产批号、保质期、生产者名称及联系方式等内容。

第五十五条　餐饮服务提供者应当制定并实施原料控制要求,不得采购不符合食品安全标准的食品原料。倡导餐饮服务提供者公开加工过程,公示食品原料及其来源等信息。

餐饮服务提供者在加工过程中应当检查待加工的食品及原料,发现有本法第三十四条第六项规定情形的,不得加工或者使用。

第五十六条　餐饮服务提供者应当定期维护食品加工、贮存、陈列等设施、设备;定期清洗、校验保温设施及冷藏、冷冻设施。

餐饮服务提供者应当按照要求对餐具、饮具进行清洗消毒,不得使用未经清洗消毒的餐具、饮具;餐饮服务提供者委托清洗消毒餐具、饮具的,应当委托符合本法规定条件的餐具、饮具集中消毒服务单位。

第五十八条　餐具、饮具集中消毒服务单位应当具备相应的作业场所、清洗消毒设备或者设施,用水和使用的洗涤剂、消毒剂应当符合相关食品安全国家标准和其他国家标准、卫生规范。

餐具、饮具集中消毒服务单位应当对消毒餐具、饮具进行逐批检验,检验合格后方可出厂，并应当随附消毒合格证明。消毒后的餐具、饮具应当在独立包装上标注单位名称、地址、联系方式、消毒日期以及使用期限等内容。

### 第三节　标签、说明书和广告

第六十七条　预包装食品的包装上应当有标签。标签应当标明下列事项：

（一）名称、规格、净含量、生产日期；

（二）成分或者配料表；

（三）生产者的名称、地址、联系方式；

（四）保质期；

（五）产品标准代号；

（六）贮存条件；

（七）所使用的食品添加剂在国家标准中的通用名称；

（八）生产许可证编号；

（九）法律、法规或者食品安全标准规定应当标明的其他事项。

专供婴幼儿和其他特定人群的主辅食品，其标签还应当标明主要营养成分及其含量。

食品安全国家标准对标签标注事项另有规定的，从其规定。

第六十八条　食品经营者销售散装食品，应当在散装食品的容器、外包装上标明食品的名称、生产日期或者生产批号、保质期以及生产经营者名称、地址、联系方式等内容。

第六十九条　生产经营转基因食品应当按照规定显著标示。



第七十条　食品添加剂应当有标签、说明书和包装。标签、说明书应当载明本法第六十七条第一款第一项至第六项、第八项、第九项规定的事项，以及食品添加剂的使用范围、用量、使用方法，并在标签上载明“食品添加剂”字样。

第七十一条　食品和食品添加剂的标签、说明书，不得含有虚假内容，不得涉及疾病预防、治疗功能。生产经营者对其提供的标签、说明书的内容负责。

## 第七章　食品安全事故处置

第一百零二条　国务院组织制定国家食品安全事故应急预案。

县级以上地方人民政府应当根据有关法律、法规的规定和上级人民政府的食品安全事故应急预案以及本行政区域的实际情况，制定本行政区域的食品安全事故应急预案，并报上一级人民政府备案。

食品安全事故应急预案应当对食品安全事故分级、事故处置组织指挥体系与职责、预防预警机制、处置程序、应急保障措施等作出规定。

食品生产经营企业应当制定食品安全事故处置方案，定期检查本企业各项食品安全防范措施的落实情况，及时消除事故隐患。

第一百零三条　发生食品安全事故的单位应当立即采取措施，防止事故扩大。事故单位和接收病人进行治疗的单位应当及时向事故发生地县级人民政府食品安全监督管理、卫生行政部门报告。

县级以上人民政府农业行政等部门在日常监督管理中发现食品安全事故或者接到事故

举报,应当立即向同级食品安全监督管理部门通报。

发生食品安全事故,接到报告的县级人民政府食品安全监督管理部门应当按照应急预案的规定向本级人民政府和上级人民政府食品安全监督管理部门报告。县级人民政府和上级人民政府食品安全监督管理部门应当按照应急预案的规定上报。

任何单位和个人不得对食品安全事故隐瞒、谎报、缓报,不得隐匿、伪造、毁灭有关证据。

第一百零四条　医疗机构发现其接收的病人属于食源性疾病病人或者疑似病人的,应当按照规定及时将相关信息向所在地县级人民政府卫生行政部门报告。县级人民政府卫生行政部门认为与食品安全有关的,应当及时通报同级食品安全监督管理部门。

县级以上人民政府卫生行政部门在调查处理传染病或者其他突发公共卫生事件中发现与食品安全相关的信息,应当及时通报同级食品安全监督管理部门。

第一百零五条　县级以上人民政府食品安全监督管理部门接到食品安全事故的报告后,应当立即会同同级卫生行政、农业行政等部门进行调查处理,并采取下列措施,防止或者减轻社会危害:

(一)开展应急救援工作,组织救治因食品安全事故导致人身伤害的人员;

(二)封存可能导致食品安全事故的食品及其原料,并立即进行检验;对确认属于被污染的食品及其原料,责令食品生产经营者依照本法第六十三条的规定召回或者停止经营;

(三)封存被污染的食品相关产品,并责令进行清洗消毒;

(四)做好信息发布工作,依法对食品安全事故及其处理情况进行发布,并对可能产生的危害加以解释、说明。



发生食品安全事故需要启动应急预案的,县级以上人民政府应当立即成立事故处置指挥机构,启动应急预案,依照前款和应急预案的规定进行处置。

发生食品安全事故,县级以上疾病预防控制机构应当对事故现场进行卫生处理,并对与事故有关的因素开展流行病学调查,有关部门应当予以协助。县级以上疾病预防控制机构应当向同级食品安全监督管理、卫生行政部门提交流行病学调查报告。

第一百零六条　发生食品安全事故,设区的市级以上人民政府食品安全监督管理部门应当立即会同有关部门进行事故责任调查,督促有关部门履行职责,向本级人民政府和上一级人民政府食品安全监督管理部门提出事故责任调查处理报告。

涉及两个以上省、自治区、直辖市的重大食品安全事故由国务院食品安全监督管理部门依照前款规定组织事故责任调查。

第一百零七条　调查食品安全事故,应当坚持实事求是、尊重科学的原则,及时、准确查清事故性质和原因,认定事故责任,提出整改措施。

调查食品安全事故,除了查明事故单位的责任,还应当查明有关监督管理部门、食品检验机构、认证机构及其工作人员的责任。

第一百零八条　食品安全事故调查部门有权向有关单位和个人了解与事故有关的情况,并要求提供相关资料和样品。有关单位和个人应当予以配合,按照要求提供相关资料和样品,不得拒绝。

任何单位和个人不得阻挠、干涉食品安全事故的调查处理。

# 附录 G

## 中华人民共和国民法典(节选)

## 第一编　总　　则

### 第一章　基本规定

第一条　为了保护民事主体的合法权益,调整民事关系,维护社会和经济秩序,适应中国特色社会主义发展要求,弘扬社会主义核心价值观,根据宪法,制定本法。

第二条　民法调整平等主体的自然人、法人和非法人组织之间的人身关系和财产关系。

第三条　民事主体的人身权利、财产权利以及其他合法权益受法律保护,任何组织或者个人不得侵犯。

第四条　民事主体在民事活动中的法律地位一律平等。

第五条　民事主体从事民事活动,应当遵循自愿原则,按照自己的意思设立、变更、终止民事法律关系。

第六条　民事主体从事民事活动,应当遵循公平原则,合理确定各方的权利和义务。

第七条　民事主体从事民事活动,应当遵循诚信原则,秉持诚实,恪守承诺。

第八条　民事主体从事民事活动,不得违反法律,不得违背公序良俗。

第九条　民事主体从事民事活动,应当有利于节约资源、保护生态环境。

第十条　处理民事纠纷,应当依照法律;法律没有规定的,可以适用习惯,但是不得违背公序良俗。

第十一条　其他法律对民事关系有特别规定的,依照其规定。

第十二条　中华人民共和国领域内的民事活动,适用中华人民共和国法律。法律另有规定的,依照其规定。

### 第二章　自　然　人

#### 第一节　民事权利能力和民事行为能力

第十三条　自然人从出生时起到死亡时止,具有民事权利能力,依法享有民事权利,承担民事义务。

第十四条　自然人的民事权利能力一律平等。

第十五条　自然人的出生时间和死亡时间，以出生证明、死亡证明记载的时间为准；没有出生证明、死亡证明的，以户籍登记或者其他有效身份登记记载的时间为准。有其他证据足以推翻以上记载时间的，以该证据证明的时间为准。

第十六条　涉及遗产继承、接受赠与等胎儿利益保护的，胎儿视为具有民事权利能力。但是，胎儿娩出时为死体的，其民事权利能力自始不存在。

第十七条　十八周岁以上的自然人为成年人。不满十八周岁的自然人为未成年人。

第十八条　成年人为完全民事行为能力人，可以独立实施民事法律行为。

十六周岁以上的未成年人，以自己的劳动收入为主要生活来源的，视为完全民事行为能力人。

第十九条　八周岁以上的未成年人为限制民事行为能力人，实施民事法律行为由其法定代理人代理或者经其法定代理人同意、追认；但是，可以独立实施纯获利益的民事法律行为或者与其年龄、智力相适应的民事法律行为。

第二十条　不满八周岁的未成年人为无民事行为能力人，由其法定代理人代理实施民事法律行为。

第二十一条　不能辨认自己行为的成年人为无民事行为能力人，由其法定代理人代理实施民事法律行为。

八周岁以上的未成年人不能辨认自己行为的，适用前款规定。

第二十二条　不能完全辨认自己行为的成年人为限制民事行为能力人，实施民事法律行为由其法定代理人代理或者经其法定代理人同意、追认；但是，可以独立实施纯获利益的民事法律行为或者与其智力、精神健康状况相适应的民事法律行为。

第二十三条　无民事行为能力人、限制民事行为能力人的监护人是其法定代理人。

第二十四条　不能辨认或者不能完全辨认自己行为的成年人，其利害关系人或者有关组织，可以向人民法院申请认定该成年人为无民事行为能力人或者限制民事行为能力人。

被人民法院认定为无民事行为能力人或者限制民事行为能力人的，经本人、利害关系人或者有关组织申请，人民法院可以根据其智力、精神健康恢复的状况，认定该成年人恢复为限制民事行为能力人或者完全民事行为能力人。

本条规定的有关组织包括：居民委员会、村民委员会、学校、医疗机构、妇女联合会、残疾人联合会、依法设立的老年人组织、民政部门等。

第二十五条　自然人以户籍登记或者其他有效身份登记记载的居所为住所；经常居所与住所不一致的，经常居所视为住所。

### 第三节　宣告失踪和宣告死亡

第四十条　自然人下落不明满二年的，利害关系人可以向人民法院申请宣告该自然人为失踪人。

第四十一条　自然人下落不明的时间自其失去音讯之日起计算。战争期间下落不明的，下落不明的时间自战争结束之日或者有关机关确定的下落不明之日起计算。

第四十二条　失踪人的财产由其配偶、成年子女、父母或者其他愿意担任财产代管人的人代管。

代管有争议，没有前款规定的人，或者前款规定的人无代管能力的，由人民法院指定的人代管。

第四十三条　财产代管人应当妥善管理失踪人的财产，维护其财产权益。

失踪人所欠税款、债务和应付的其他费用，由财产代管人从失踪人的财产中支付。

财产代管人因故意或者重大过失造成失踪人财产损失的，应当承担赔偿责任。

第四十四条　财产代管人不履行代管职责、侵害失踪人财产权益或者丧失代管能力的，失踪人的利害关系人可以向人民法院申请变更财产代管人。

财产代管人有正当理由的，可以向人民法院申请变更财产代管人。

人民法院变更财产代管人的，变更后的财产代管人有权请求原财产代管人及时移交有关财产并报告财产代管情况。

第四十五条　失踪人重新出现，经本人或者利害关系人申请，人民法院应当撤销失踪宣告。

失踪人重新出现，有权请求财产代管人及时移交有关财产并报告财产代管情况。

第四十六条　自然人有下列情形之一的，利害关系人可以向人民法院申请宣告该自然人死亡：

（一）下落不明满四年；

（二）因意外事件，下落不明满二年。



因意外事件下落不明，经有关机关证明该自然人不可能生存的，申请宣告死亡不受二年时间的限制。

第四十七条　对同一自然人，有的利害关系人申请宣告死亡，有的利害关系人申请宣告失踪，符合本法规定的宣告死亡条件的，人民法院应当宣告死亡。

第四十八条　被宣告死亡的人，人民法院宣告死亡的判决作出之日视为其死亡的日期；因意外事件下落不明宣告死亡的，意外事件发生之日视为其死亡的日期。

第四十九条　自然人被宣告死亡但是并未死亡的，不影响该自然人在被宣告死亡期间实施的民事法律行为的效力。

第五十条　被宣告死亡的人重新出现，经本人或者利害关系人申请，人民法院应当撤销死亡宣告。

第五十一条　被宣告死亡的人的婚姻关系，自死亡宣告之日起消除。死亡宣告被撤销的，婚姻关系自撤销死亡宣告之日起自行恢复。但是，其配偶再婚或者向婚姻登记机关书面声明不愿意恢复的除外。

第五十二条　被宣告死亡的人在被宣告死亡期间，其子女被他人依法收养的，在死亡宣告被撤销后，不得以未经本人同意为由主张收养行为无效。

第五十三条　被撤销死亡宣告的人有权请求依照本法第六编取得其财产的民事主体返还财产；无法返还的，应当给予适当补偿。

利害关系人隐瞒真实情况，致使他人被宣告死亡而取得其财产的，除应当返还财产外，还应当对由此造成的损失承担赔偿责任。

### 第四节　个体工商户

第五十四条　自然人从事工商业经营,经依法登记,为个体工商户。个体工商户可以起字号。

第五十六条　个体工商户的债务,个人经营的,以个人财产承担;家庭经营的,以家庭财产承担;无法区分的,以家庭财产承担。

## 第三章　法　　人

### 第一节　一般规定

第五十七条　法人是具有民事权利能力和民事行为能力,依法独立享有民事权利和承担民事义务的组织。

第五十八条　法人应当依法成立。

法人应当有自己的名称、组织机构、住所、财产或者经费。法人成立的具体条件和程序,依照法律、行政法规的规定。

设立法人,法律、行政法规规定须经有关机关批准的,依照其规定。

第五十九条　法人的民事权利能力和民事行为能力,从法人成立时产生,到法人终止时消灭。

第六十条　法人以其全部财产独立承担民事责任。

第六十一条　依照法律或者法人章程的规定,代表法人从事民事活动的负责人,为法人的法定代表人。

法定代表人以法人名义从事的民事活动,其法律后果由法人承受。

法人章程或者法人权力机构对法定代表人代表权的限制,不得对抗善意相对人。

第六十二条　法定代表人因执行职务造成他人损害的,由法人承担民事责任。

法人承担民事责任后,依照法律或者法人章程的规定,可以向有过错的法定代表人追偿。

第六十三条　法人以其主要办事机构所在地为住所。依法需要办理法人登记的,应当将主要办事机构所在地登记为住所。

第六十四条　法人存续期间登记事项发生变化的,应当依法向登记机关申请变更登记。

第六十五条　法人的实际情况与登记的事项不一致的,不得对抗善意相对人。

第六十六条　登记机关应当依法及时公示法人登记的有关信息。

第六十七条　法人合并的,其权利和义务由合并后的法人享有和承担。

法人分立的,其权利和义务由分立后的法人享有连带债权,承担连带债务,但是债权人和债务人另有约定的除外。

第六十八条　有下列原因之一并依法完成清算、注销登记的,法人终止:

(一)法人解散;

(二)法人被宣告破产;

(三)法律规定的其他原因。

法人终止,法律、行政法规规定须经有关机关批准的,依照其规定。

第六十九条　有下列情形之一的，法人解散：

（一）法人章程规定的存续期间届满或者法人章程规定的其他解散事由出现；

（二）法人的权力机构决议解散；

（三）因法人合并或者分立需要解散；

（四）法人依法被吊销营业执照、登记证书，被责令关闭或者被撤销；

（五）法律规定的其他情形。

第七十条　法人解散的，除合并或者分立的情形外，清算义务人应当及时组成清算组进行清算。

法人的董事、理事等执行机构或者决策机构的成员为清算义务人。法律、行政法规另有规定的，依照其规定。

清算义务人未及时履行清算义务，造成损害的，应当承担民事责任；主管机关或者利害关系人可以申请人民法院指定有关人员组成清算组进行清算。

第七十一条　法人的清算程序和清算组职权，依照有关法律的规定；没有规定的，参照适用公司法律的有关规定。

第七十二条　清算期间法人存续，但是不得从事与清算无关的活动。

法人清算后的剩余财产，按照法人章程的规定或者法人权力机构的决议处理。法律另有规定的，依照其规定。

清算结束并完成法人注销登记时，法人终止；依法不需要办理法人登记的，清算结束时，法人终止。



第七十三条　法人被宣告破产的，依法进行破产清算并完成法人注销登记时，法人终止。

第七十四条　法人可以依法设立分支机构。法律、行政法规规定分支机构应当登记的，依照其规定。

分支机构以自己的名义从事民事活动，产生的民事责任由法人承担；也可以先以该分支机构管理的财产承担，不足以承担的，由法人承担。

第七十五条　设立人为设立法人从事的民事活动，其法律后果由法人承受；法人未成立的，其法律后果由设立人承受，设立人为二人以上的，享有连带债权，承担连带债务。

设立人为设立法人以自己的名义从事民事活动产生的民事责任，第三人有权选择请求法人或者设立人承担。

### 第二节　营利法人

第七十六条　以取得利润并分配给股东等出资人为目的成立的法人，为营利法人。

营利法人包括有限责任公司、股份有限公司和其他企业法人等。

第七十七条　营利法人经依法登记成立。

第七十八条　依法设立的营利法人，由登记机关发给营利法人营业执照。营业执照签发日期为营利法人的成立日期。

第七十九条　设立营利法人应当依法制定法人章程。

第八十条　营利法人应当设权力机构。

权力机构行使修改法人章程，选举或者更换执行机构、监督机构成员，以及法人章程规定的其他职权。

第八十一条　营利法人应当设执行机构。

执行机构行使召集权力机构会议,决定法人的经营计划和投资方案,决定法人内部管理机构的设置,以及法人章程规定的其他职权。

执行机构为董事会或者执行董事的,董事长、执行董事或者经理按照法人章程的规定担任法定代表人;未设董事会或者执行董事的,法人章程规定的主要负责人为其执行机构和法定代表人。

第八十二条　营利法人设监事会或者监事等监督机构的,监督机构依法行使检查法人财务,监督执行机构成员、高级管理人员执行法人职务的行为,以及法人章程规定的其他职权。

第八十三条　营利法人的出资人不得滥用出资人权利损害法人或者其他出资人的利益;滥用出资人权利造成法人或者其他出资人损失的,应当依法承担民事责任。

营利法人的出资人不得滥用法人独立地位和出资人有限责任损害法人债权人的利益;滥用法人独立地位和出资人有限责任,逃避债务,严重损害法人债权人的利益的,应当对法人债务承担连带责任。

第八十四条　营利法人的控股出资人、实际控制人、董事、监事、高级管理人员不得利用其关联关系损害法人的利益;利用关联关系造成法人损失的,应当承担赔偿责任。

第八十五条　营利法人的权力机构、执行机构作出决议的会议召集程序、表决方式违反法律、行政法规、法人章程,或者决议内容违反法人章程的,营利法人的出资人可以请求人民法院撤销该决议。但是,营利法人依据该决议与善意相对人形成的民事法律关系不受影响。

第八十六条　营利法人从事经营活动,应当遵守商业道德,维护交易安全,接受政府和社会的监督,承担社会责任。

### 第三节　非营利法人

第八十七条　为公益目的或者其他非营利目的成立,不向出资人、设立人或者会员分配所取得利润的法人,为非营利法人。

非营利法人包括事业单位、社会团体、基金会、社会服务机构等。

### 第四节　特别法人

第九十六条　本节规定的机关法人、农村集体经济组织法人、城镇农村的合作经济组织法人、基层群众性自治组织法人,为特别法人。

## 第四章　非法人组织

第一百零二条　非法人组织是不具有法人资格,但是能够依法以自己的名义从事民事活动的组织。

非法人组织包括个人独资企业、合伙企业、不具有法人资格的专业服务机构等。

第一百零三条　非法人组织应当依照法律的规定登记。

设立非法人组织,法律、行政法规规定须经有关机关批准的,依照其规定。

第一百零四条　非法人组织的财产不足以清偿债务的,其出资人或者设立人承担无限责任。法律另有规定的，依照其规定。

第一百零五条　非法人组织可以确定一人或者数人代表该组织从事民事活动。

第一百零六条　有下列情形之一的，非法人组织解散：

（一）章程规定的存续期间届满或者章程规定的其他解散事由出现；

（二）出资人或者设立人决定解散；

（三）法律规定的其他情形。

第一百零七条　非法人组织解散的，应当依法进行清算。

第一百零八条　非法人组织除适用本章规定外，参照适用本编第三章第一节的有关规定。

## 第五章　民事权利

第一百零九条　自然人的人身自由、人格尊严受法律保护。

第一百一十条　自然人享有生命权、身体权、健康权、姓名权、肖像权、名誉权、荣誉权、隐私权、婚姻自主权等权利。

法人、非法人组织享有名称权、名誉权和荣誉权。

第一百一十一条　自然人的个人信息受法律保护。任何组织或者个人需要获取他人个人信息的，应当依法取得并确保信息安全，不得非法收集、使用、加工、传输他人个人信息，不得非法买卖、提供或者公开他人个人信息。



第一百一十二条　自然人因婚姻家庭关系等产生的人身权利受法律保护。

第一百一十三条　民事主体的财产权利受法律平等保护。

第一百一十四条　民事主体依法享有物权。

物权是权利人依法对特定的物享有直接支配和排他的权利，包括所有权、用益物权和担保物权。

第一百一十五条　物包括不动产和动产。法律规定权利作为物权客体的，依照其规定。

第一百一十六条　物权的种类和内容，由法律规定。

第一百一十七条　为了公共利益的需要，依照法律规定的权限和程序征收、征用不动产或者动产的，应当给予公平、合理的补偿。

第一百一十八条　民事主体依法享有债权。

债权是因合同、侵权行为、无因管理、不当得利以及法律的其他规定，权利人请求特定义务人为或者不为一定行为的权利。

第一百一十九条　依法成立的合同，对当事人具有法律约束力。

第一百二十条　民事权益受到侵害的，被侵权人有权请求侵权人承担侵权责任。

第一百二十一条　没有法定的或者约定的义务，为避免他人利益受损失而进行管理的人，有权请求受益人偿还由此支出的必要费用。

第一百二十二条　因他人没有法律根据，取得不当利益，受损失的人有权请求其返还不当利益。

第一百二十三条　民事主体依法享有知识产权。

知识产权是权利人依法就下列客体享有的专有的权利：

(一)作品;

(二)发明、实用新型、外观设计;

(三)商标;

(四)地理标志;

(五)商业秘密;

(六)集成电路布图设计;

(七)植物新品种;

(八)法律规定的其他客体。

第一百二十四条　自然人依法享有继承权。

自然人合法的私有财产,可以依法继承。

第一百二十五条　民事主体依法享有股权和其他投资性权利。

第一百二十六条　民事主体享有法律规定的其他民事权利和利益。

第一百二十七条　法律对数据、网络虚拟财产的保护有规定的,依照其规定。

第一百二十八条　法律对未成年人、老年人、残疾人、妇女、消费者等的民事权利保护有特别规定的,依照其规定。

第一百二十九条　民事权利可以依据民事法律行为、事实行为、法律规定的事件或者法律规定的其他方式取得。

第一百三十条　民事主体按照自己的意愿依法行使民事权利,不受干涉。

第一百三十一条　民事主体行使权利时,应当履行法律规定的和当事人约定的义务。



第一百三十二条　民事主体不得滥用民事权利损害国家利益、社会公共利益或者他人合法权益。

## 第六章　民事法律行为

### 第一节　一般规定

第一百三十三条　民事法律行为是民事主体通过意思表示设立、变更、终止民事法律关系的行为。

第一百三十四条　民事法律行为可以基于双方或者多方的意思表示一致成立,也可以基于单方的意思表示成立。

法人、非法人组织依照法律或者章程规定的议事方式和表决程序作出决议的,该决议行为成立。

第一百三十五条　民事法律行为可以采用书面形式、口头形式或者其他形式;法律、行政法规规定或者当事人约定采用特定形式的,应当采用特定形式。

第一百三十六条　民事法律行为自成立时生效,但是法律另有规定或者当事人另有约定的除外。

行为人非依法律规定或者未经对方同意,不得擅自变更或者解除民事法律行为。

### 第三节　民事法律行为的效力

第一百四十三条　具备下列条件的民事法律行为有效:

（一）行为人具有相应的民事行为能力；

（二）意思表示真实；

（三）不违反法律、行政法规的强制性规定，不违背公序良俗。

第一百四十四条　无民事行为能力人实施的民事法律行为无效。

第一百四十五条　限制民事行为能力人实施的纯获利益的民事法律行为或者与其年龄、智力、精神健康状况相适应的民事法律行为有效；实施的其他民事法律行为经法定代理人同意或者追认后有效。

相对人可以催告法定代理人自收到通知之日起三十日内予以追认。法定代理人未作表示的，视为拒绝追认。民事法律行为被追认前，善意相对人有撤销的权利。撤销应当以通知的方式作出。

第一百四十六条　行为人与相对人以虚假的意思表示实施的民事法律行为无效。

以虚假的意思表示隐藏的民事法律行为的效力，依照有关法律规定处理。

第一百四十七条　基于重大误解实施的民事法律行为，行为人有权请求人民法院或者仲裁机构予以撤销。

第一百四十八条　一方以欺诈手段，使对方在违背真实意思的情况下实施的民事法律行为，受欺诈方有权请求人民法院或者仲裁机构予以撤销。

第一百四十九条　第三人实施欺诈行为，使一方在违背真实意思的情况下实施的民事法律行为，对方知道或者应当知道该欺诈行为的，受欺诈方有权请求人民法院或者仲裁机构予以撤销。



第一百五十条　一方或者第三人以胁迫手段，使对方在违背真实意思的情况下实施的民事法律行为，受胁迫方有权请求人民法院或者仲裁机构予以撤销。

第一百五十一条　一方利用对方处于危困状态、缺乏判断能力等情形，致使民事法律行为成立时显失公平的，受损害方有权请求人民法院或者仲裁机构予以撤销。

第一百五十二条　有下列情形之一的，撤销权消灭：

（一）当事人自知道或者应当知道撤销事由之日起一年内、重大误解的当事人自知道或者应当知道撤销事由之日起九十日内没有行使撤销权；

（二）当事人受胁迫，自胁迫行为终止之日起一年内没有行使撤销权；

（三）当事人知道撤销事由后明确表示或者以自己的行为表明放弃撤销权。

当事人自民事法律行为发生之日起五年内没有行使撤销权的，撤销权消灭。

第一百五十三条　违反法律、行政法规的强制性规定的民事法律行为无效。但是，该强制性规定不导致该民事法律行为无效的除外。

违背公序良俗的民事法律行为无效。

第一百五十四条　行为人与相对人恶意串通，损害他人合法权益的民事法律行为无效。

第一百五十五条　无效的或者被撤销的民事法律行为自始没有法律约束力。

第一百五十六条　民事法律行为部分无效，不影响其他部分效力的，其他部分仍然有效。

第一百五十七条　民事法律行为无效、被撤销或者确定不发生效力后，行为人因该行为取得的财产，应当予以返还；不能返还或者没有必要返还的，应当折价补偿。有过错的一方应当赔偿对方由此所受到的损失;各方都有过错的,应当各自承担相应的责任。法律另有规定的,依照其规定。

## 第八章　民事责任

第一百七十六条　民事主体依照法律规定或者按照当事人约定,履行民事义务,承担民事责任。

第一百七十七条　二人以上依法承担按份责任,能够确定责任大小的,各自承担相应的责任;难以确定责任大小的,平均承担责任。

第一百七十八条　二人以上依法承担连带责任的,权利人有权请求部分或者全部连带责任人承担责任。

连带责任人的责任份额根据各自责任大小确定;难以确定责任大小的,平均承担责任。实际承担责任超过自己责任份额的连带责任人,有权向其他连带责任人追偿。

连带责任,由法律规定或者当事人约定。

第一百七十九条　承担民事责任的方式主要有:

(一)停止侵害;

(二)排除妨碍;

(三)消除危险;

(四)返还财产;

(五)恢复原状;

(六)修理、重作、更换;

(七)继续履行;

(八)赔偿损失;

(九)支付违约金;

(十)消除影响、恢复名誉;

(十一)赔礼道歉。

法律规定惩罚性赔偿的,依照其规定。

本条规定的承担民事责任的方式,可以单独适用,也可以合并适用。

第一百八十条　因不可抗力不能履行民事义务的,不承担民事责任。法律另有规定的,依照其规定。

不可抗力是不能预见、不能避免且不能克服的客观情况。

第一百八十一条　因正当防卫造成损害的,不承担民事责任。

正当防卫超过必要的限度,造成不应有的损害的,正当防卫人应当承担适当的民事责任。

第一百八十二条　因紧急避险造成损害的,由引起险情发生的人承担民事责任。

危险由自然原因引起的,紧急避险人不承担民事责任,可以给予适当补偿。

紧急避险采取措施不当或者超过必要的限度,造成不应有的损害的,紧急避险人应当承担适当的民事责任。

第一百八十三条　因保护他人民事权益使自己受到损害的,由侵权人承担民事责任,受益人可以给予适当补偿。没有侵权人、侵权人逃逸或者无力承担民事责任，受害人请求补偿的，受益人应当给予适当补偿。

第一百八十四条　因自愿实施紧急救助行为造成受助人损害的，救助人不承担民事责任。

第一百八十五条　侵害英雄烈士等的姓名、肖像、名誉、荣誉，损害社会公共利益的，应当承担民事责任。

第一百八十六条　因当事人一方的违约行为，损害对方人身权益、财产权益的，受损害方有权选择请求其承担违约责任或者侵权责任。

第一百八十七条　民事主体因同一行为应当承担民事责任、行政责任和刑事责任的，承担行政责任或者刑事责任不影响承担民事责任；民事主体的财产不足以支付的，优先用于承担民事责任。

## 第九章　诉讼时效

第一百八十八条　向人民法院请求保护民事权利的诉讼时效期间为三年。法律另有规定的，依照其规定。

诉讼时效期间自权利人知道或者应当知道权利受到损害以及义务人之日起计算。法律另有规定的，依照其规定。但是，自权利受到损害之日起超过二十年的，人民法院不予保护，有特殊情况的，人民法院可以根据权利人的申请决定延长。



第一百八十九条　当事人约定同一债务分期履行的，诉讼时效期间自最后一期履行期限届满之日起计算。

第一百九十条　无民事行为能力人或者限制民事行为能力人对其法定代理人的请求权的诉讼时效期间，自该法定代理终止之日起计算。

第一百九十一条　未成年人遭受性侵害的损害赔偿请求权的诉讼时效期间，自受害人年满十八周岁之日起计算。

第一百九十二条　诉讼时效期间届满的，义务人可以提出不履行义务的抗辩。

诉讼时效期间届满后，义务人同意履行的，不得以诉讼时效期间届满为由抗辩；义务人已经自愿履行的，不得请求返还。

第一百九十三条　人民法院不得主动适用诉讼时效的规定。

第一百九十四条　在诉讼时效期间的最后六个月内，因下列障碍，不能行使请求权的，诉讼时效中止：

（一）不可抗力；

（二）无民事行为能力人或者限制民事行为能力人没有法定代理人，或者法定代理人死亡、丧失民事行为能力、丧失代理权；

（三）继承开始后未确定继承人或者遗产管理人；

（四）权利人被义务人或者其他人控制；

（五）其他导致权利人不能行使请求权的障碍。

自中止时效的原因消除之日起满六个月，诉讼时效期间届满。

第一百九十五条　有下列情形之一的，诉讼时效中断，从中断、有关程序终结时起，诉讼时效期间重新计算：

(一)权利人向义务人提出履行请求；

(二)义务人同意履行义务；

(三)权利人提起诉讼或者申请仲裁；

(四)与提起诉讼或者申请仲裁具有同等效力的其他情形。

第一百九十六条　下列请求权不适用诉讼时效的规定：

(一)请求停止侵害、排除妨碍、消除危险；

(二)不动产物权和登记的动产物权的权利人请求返还财产；

(三)请求支付抚养费、赡养费或者扶养费；

(四)依法不适用诉讼时效的其他请求权。

第一百九十七条　诉讼时效的期间、计算方法以及中止、中断的事由由法律规定，当事人约定无效。

当事人对诉讼时效利益的预先放弃无效。

第一百九十八条　法律对仲裁时效有规定的，依照其规定；没有规定的，适用诉讼时效的规定。

第一百九十九条　法律规定或者当事人约定的撤销权、解除权等权利的存续期间，除法律另有规定外，自权利人知道或者应当知道权利产生之日起计算，不适用有关诉讼时效中止、中断和延长的规定。存续期间届满，撤销权、解除权等权利消灭。



# 第三编　合　　同

## 第一分编　通　　则

### 第一章　一般规定

第四百六十三条　本编调整因合同产生的民事关系。

第四百六十四条　合同是民事主体之间设立、变更、终止民事法律关系的协议。

婚姻、收养、监护等有关身份关系的协议，适用有关该身份关系的法律规定；没有规定的，可以根据其性质参照适用本编规定。

第四百六十五条　依法成立的合同，受法律保护。

依法成立的合同，仅对当事人具有法律约束力，但是法律另有规定的除外。

第四百六十六条　当事人对合同条款的理解有争议的，应当依据本法第一百四十二条第一款的规定，确定争议条款的含义。

合同文本采用两种以上文字订立并约定具有同等效力的，对各文本使用的词句推定具有相同含义。各文本使用的词句不一致的，应当根据合同的相关条款、性质、目的以及诚信原则等予以解释。

第四百六十七条　本法或者其他法律没有明文规定的合同，适用本编通则的规定，并可以参照适用本编或者其他法律最相类似合同的规定。

在中华人民共和国境内履行的中外合资经营企业合同、中外合作经营企业合同、中外合作勘探开发自然资源合同，适用中华人民共和国法律。

第四百六十八条　非因合同产生的债权债务关系，适用有关该债权债务关系的法律规定；没有规定的，适用本编通则的有关规定，但是根据其性质不能适用的除外。

## 第二章　合同的订立

第四百六十九条　当事人订立合同，可以采用书面形式、口头形式或者其他形式。

书面形式是合同书、信件、电报、电传、传真等可以有形地表现所载内容的形式。

以电子数据交换、电子邮件等方式能够有形地表现所载内容，并可以随时调取查用的数据电文，视为书面形式。

第四百七十条　合同的内容由当事人约定，一般包括下列条款：

（一）当事人的姓名或者名称和住所；

（二）标的；

（三）数量；

（四）质量；

（五）价款或者报酬；



（六）履行期限、地点和方式；

（七）违约责任；

（八）解决争议的方法。

当事人可以参照各类合同的示范文本订立合同。

第四百七十一条　当事人订立合同，可以采取要约、承诺方式或者其他方式。

第四百七十二条　要约是希望与他人订立合同的意思表示，该意思表示应当符合下列条件：

（一）内容具体确定；

（二）表明经受要约人承诺，要约人即受该意思表示约束。

第四百七十三条　要约邀请是希望他人向自己发出要约的表示。拍卖公告、招标公告、招股说明书、债券募集办法、基金招募说明书、商业广告和宣传、寄送的价目表等为要约邀请。

商业广告和宣传的内容符合要约条件的，构成要约。

第四百七十四条　要约生效的时间适用本法第一百三十七条的规定。

第四百七十五条　要约可以撤回。要约的撤回适用本法第一百四十一条的规定。

第四百七十六条　要约可以撤销，但是有下列情形之一的除外：

（一）要约人以确定承诺期限或者其他形式明示要约不可撤销；

（二）受要约人有理由认为要约是不可撤销的，并已经为履行合同做了合理准备工作。

第四百七十七条　撤销要约的意思表示以对话方式作出的，该意思表示的内容应当在受要约人作出承诺之前为受要约人所知道；撤销要约的意思表示以非对话方式作出的，应当在受要约人作出承诺之前到达受要约人。

第四百七十八条　有下列情形之一的,要约失效:

(一)要约被拒绝;

(二)要约被依法撤销;

(三)承诺期限届满,受要约人未作出承诺;

(四)受要约人对要约的内容作出实质性变更。

第四百七十九条　承诺是受要约人同意要约的意思表示。

第四百八十条　承诺应当以通知的方式作出;但是,根据交易习惯或者要约表明可以通过行为作出承诺的除外。

第四百八十一条　承诺应当在要约确定的期限内到达要约人。

要约没有确定承诺期限的,承诺应当依照下列规定到达:

(一)要约以对话方式作出的,应当即时作出承诺;

(二)要约以非对话方式作出的,承诺应当在合理期限内到达。

第四百八十二条　要约以信件或者电报作出的,承诺期限自信件载明的日期或者电报交发之日开始计算。信件未载明日期的,自投寄该信件的邮戳日期开始计算。要约以电话、传真、电子邮件等快速通讯方式作出的,承诺期限自要约到达受要约人时开始计算。

第四百八十三条　承诺生效时合同成立,但是法律另有规定或者当事人另有约定的除外。

第四百八十四条　以通知方式作出的承诺,生效的时间适用本法第一百三十七条的规定。



承诺不需要通知的,根据交易习惯或者要约的要求作出承诺的行为时生效。

第四百八十五条　承诺可以撤回。承诺的撤回适用本法第一百四十一条的规定。

第四百八十六条　受要约人超过承诺期限发出承诺,或者在承诺期限内发出承诺,按照通常情形不能及时到达要约人的,为新要约;但是,要约人及时通知受要约人该承诺有效的除外。

第四百八十七条　受要约人在承诺期限内发出承诺,按照通常情形能够及时到达要约人,但是因其他原因致使承诺到达要约人时超过承诺期限的,除要约人及时通知受要约人因承诺超过期限不接受该承诺外,该承诺有效。

第四百八十八条　承诺的内容应当与要约的内容一致。受要约人对要约的内容作出实质性变更的,为新要约。有关合同标的、数量、质量、价款或者报酬、履行期限、履行地点和方式、违约责任和解决争议方法等的变更,是对要约内容的实质性变更。

第四百八十九条　承诺对要约的内容作出非实质性变更的,除要约人及时表示反对或者要约表明承诺不得对要约的内容作出任何变更外,该承诺有效,合同的内容以承诺的内容为准。

第四百九十条　当事人采用合同书形式订立合同的,自当事人均签名、盖章或者按指印时合同成立。在签名、盖章或者按指印之前,当事人一方已经履行主要义务,对方接受时,该合同成立。

法律、行政法规规定或者当事人约定合同应当采用书面形式订立,当事人未采用书面形式但是一方已经履行主要义务，对方接受时，该合同成立。

第四百九十一条　当事人采用信件、数据电文等形式订立合同要求签订确认书的，签订确认书时合同成立。

当事人一方通过互联网等信息网络发布的商品或者服务信息符合要约条件的，对方选择该商品或者服务并提交订单成功时合同成立，但是当事人另有约定的除外。

第四百九十二条　承诺生效的地点为合同成立的地点。

采用数据电文形式订立合同的，收件人的主营业地为合同成立的地点；没有主营业地的，其住所地为合同成立的地点。当事人另有约定的，按照其约定。

第四百九十三条　当事人采用合同书形式订立合同的，最后签名、盖章或者按指印的地点为合同成立的地点，但是当事人另有约定的除外。

第四百九十四条　国家根据抢险救灾、疫情防控或者其他需要下达国家订货任务、指令性任务的，有关民事主体之间应当依照有关法律、行政法规规定的权利和义务订立合同。

依照法律、行政法规的规定负有发出要约义务的当事人，应当及时发出合理的要约。

依照法律、行政法规的规定负有作出承诺义务的当事人，不得拒绝对方合理的订立合同要求。

第四百九十五条　当事人约定在将来一定期限内订立合同的认购书、订购书、预订书等，构成预约合同。

当事人一方不履行预约合同约定的订立合同义务的，对方可以请求其承担预约合同的违约责任。



第四百九十六条　格式条款是当事人为了重复使用而预先拟定，并在订立合同时未与对方协商的条款。

采用格式条款订立合同的，提供格式条款的一方应当遵循公平原则确定当事人之间的权利和义务，并采取合理的方式提示对方注意免除或者减轻其责任等与对方有重大利害关系的条款，按照对方的要求，对该条款予以说明。提供格式条款的一方未履行提示或者说明义务，致使对方没有注意或者理解与其有重大利害关系的条款的，对方可以主张该条款不成为合同的内容。

第四百九十七条　有下列情形之一的，该格式条款无效：

（一）具有本法第一编第六章第三节和本法第五百零六条规定的无效情形；

（二）提供格式条款一方不合理地免除或者减轻其责任、加重对方责任、限制对方主要权利；

（三）提供格式条款一方排除对方主要权利。

第四百九十八条　对格式条款的理解发生争议的，应当按照通常理解予以解释。对格式条款有两种以上解释的，应当作出不利于提供格式条款一方的解释。格式条款和非格式条款不一致的，应当采用非格式条款。

第四百九十九条　悬赏人以公开方式声明对完成特定行为的人支付报酬的，完成该行为的人可以请求其支付。

第五百条　当事人在订立合同过程中有下列情形之一，造成对方损失的，应当承担赔偿责任：

(一)假借订立合同,恶意进行磋商;

(二)故意隐瞒与订立合同有关的重要事实或者提供虚假情况;

(三)有其他违背诚信原则的行为。

第五百零一条　当事人在订立合同过程中知悉的商业秘密或者其他应当保密的信息,无论合同是否成立,不得泄露或者不正当地使用;泄露、不正当地使用该商业秘密或者信息,造成对方损失的,应当承担赔偿责任。

## 第三章　合同的效力

第五百零二条　依法成立的合同,自成立时生效,但是法律另有规定或者当事人另有约定的除外。

依照法律、行政法规的规定,合同应当办理批准等手续的,依照其规定。未办理批准等手续影响合同生效的,不影响合同中履行报批等义务条款以及相关条款的效力。应当办理申请批准等手续的当事人未履行义务的,对方可以请求其承担违反该义务的责任。

依照法律、行政法规的规定,合同的变更、转让、解除等情形应当办理批准等手续的,适用前款规定。

第五百零三条　无权代理人以被代理人的名义订立合同,被代理人已经开始履行合同义务或者接受相对人履行的,视为对合同的追认。

第五百零四条　法人的法定代表人或者非法人组织的负责人超越权限订立的合同,除相对人知道或者应当知道其超越权限外,该代表行为有效,订立的合同对法人或者非法人组织发生效力。



第五百零五条　当事人超越经营范围订立的合同的效力,应当依照本法第一编第六章第三节和本编的有关规定确定,不得仅以超越经营范围确认合同无效。

第五百零六条　合同中的下列免责条款无效:

(一)造成对方人身损害的;

(二)因故意或者重大过失造成对方财产损失的。

第五百零七条　合同不生效、无效、被撤销或者终止的,不影响合同中有关解决争议方法的条款的效力。

第五百零八条　本编对合同的效力没有规定的,适用本法第一编第六章的有关规定。

## 第四章　合同的履行

第五百零九条　当事人应当按照约定全面履行自己的义务。

当事人应当遵循诚信原则,根据合同的性质、目的和交易习惯履行通知、协助、保密等义务。

当事人在履行合同过程中,应当避免浪费资源、污染环境和破坏生态。

第五百一十条　合同生效后,当事人就质量、价款或者报酬、履行地点等内容没有约定或者约定不明确的,可以协议补充;不能达成补充协议的,按照合同相关条款或者交易习惯确定。

第五百一十一条　当事人就有关合同内容约定不明确，依据前条规定仍不能确定的，适用下列规定：

（一）质量要求不明确的，按照强制性国家标准履行；没有强制性国家标准的，按照推荐性国家标准履行；没有推荐性国家标准的，按照行业标准履行；没有国家标准、行业标准的，按照通常标准或者符合合同目的的特定标准履行。

（二）价款或者报酬不明确的，按照订立合同时履行地的市场价格履行；依法应当执行政府定价或者政府指导价的，依照规定履行。

（三）履行地点不明确，给付货币的，在接受货币一方所在地履行；交付不动产的，在不动产所在地履行；其他标的，在履行义务一方所在地履行。

（四）履行期限不明确的，债务人可以随时履行，债权人也可以随时请求履行，但是应当给对方必要的准备时间。

（五）履行方式不明确的，按照有利于实现合同目的的方式履行。

（六）履行费用的负担不明确的，由履行义务一方负担；因债权人原因增加的履行费用，由债权人负担。

第五百一十二条　通过互联网等信息网络订立的电子合同的标的为交付商品并采用快递物流方式交付的，收货人的签收时间为交付时间。电子合同的标的为提供服务的，生成的电子凭证或者实物凭证中载明的时间为提供服务时间；前述凭证没有载明时间或者载明时间与实际提供服务时间不一致的，以实际提供服务的时间为准。



电子合同的标的物为采用在线传输方式交付的，合同标的物进入对方当事人指定的特定系统且能够检索识别的时间为交付时间。

电子合同当事人对交付商品或者提供服务的方式、时间另有约定的，按照其约定。

第五百一十三条　执行政府定价或者政府指导价的，在合同约定的交付期限内政府价格调整时，按照交付时的价格计价。逾期交付标的物的，遇价格上涨时，按照原价格执行；价格下降时，按照新价格执行。逾期提取标的物或者逾期付款的，遇价格上涨时，按照新价格执行；价格下降时，按照原价格执行。

第五百一十四条　以支付金钱为内容的债，除法律另有规定或者当事人另有约定外，债权人可以请求债务人以实际履行地的法定货币履行。

第五百一十五条　标的有多项而债务人只需履行其中一项的，债务人享有选择权；但是，法律另有规定、当事人另有约定或者另有交易习惯的除外。

享有选择权的当事人在约定期限内或者履行期限届满未作选择，经催告后在合理期限内仍未选择的，选择权转移至对方。

第五百一十六条　当事人行使选择权应当及时通知对方，通知到达对方时，标的确定。标的确定后不得变更，但是经对方同意的除外。

可选择的标的发生不能履行情形的，享有选择权的当事人不得选择不能履行的标的，但是该不能履行的情形是由对方造成的除外。

第五百一十七条　债权人为二人以上，标的可分，按照份额各自享有债权的，为按份债权；债务人为二人以上，标的可分，按照份额各自负担债务的，为按份债务。

按份债权人或者按份债务人的份额难以确定的，视为份额相同。

第五百一十八条　债权人为二人以上，部分或者全部债权人均可以请求债务人履行债务的，为连带债权；债务人为二人以上，债权人可以请求部分或者全部债务人履行全部债务的，为连带债务。

连带债权或者连带债务，由法律规定或者当事人约定。

第五百一十九条　连带债务人之间的份额难以确定的，视为份额相同。

实际承担债务超过自己份额的连带债务人，有权就超出部分在其他连带债务人未履行的份额范围内向其追偿，并相应地享有债权人的权利，但是不得损害债权人的利益。其他连带债务人对债权人的抗辩，可以向该债务人主张。

被追偿的连带债务人不能履行其应分担份额的，其他连带债务人应当在相应范围内按比例分担。

第五百二十条　部分连带债务人履行、抵销债务或者提存标的物的，其他债务人对债权人的债务在相应范围内消灭；该债务人可以依据前条规定向其他债务人追偿。

部分连带债务人的债务被债权人免除的，在该连带债务人应当承担的份额范围内，其他债务人对债权人的债务消灭。

部分连带债务人的债务与债权人的债权同归于一人的，在扣除该债务人应当承担的份额后，债权人对其他债务人的债权继续存在。

债权人对部分连带债务人的给付受领迟延的，对其他连带债务人发生效力。

第五百二十一条　连带债权人之间的份额难以确定的，视为份额相同。

实际受领债权的连带债权人，应当按比例向其他连带债权人返还。

连带债权参照适用本章连带债务的有关规定。

第五百二十二条　当事人约定由债务人向第三人履行债务，债务人未向第三人履行债务或者履行债务不符合约定的，应当向债权人承担违约责任。

法律规定或者当事人约定第三人可以直接请求债务人向其履行债务，第三人未在合理期限内明确拒绝，债务人未向第三人履行债务或者履行债务不符合约定的，第三人可以请求债务人承担违约责任；债务人对债权人的抗辩，可以向第三人主张。

第五百二十三条　当事人约定由第三人向债权人履行债务，第三人不履行债务或者履行债务不符合约定的，债务人应当向债权人承担违约责任。

第五百二十四条　债务人不履行债务，第三人对履行该债务具有合法利益的，第三人有权向债权人代为履行；但是，根据债务性质、按照当事人约定或者依照法律规定只能由债务人履行的除外。

债权人接受第三人履行后，其对债务人的债权转让给第三人，但是债务人和第三人另有约定的除外。

第五百二十五条　当事人互负债务，没有先后履行顺序的，应当同时履行。一方在对方履行之前有权拒绝其履行请求。一方在对方履行债务不符合约定时，有权拒绝其相应的履行请求。

第五百二十六条　当事人互负债务，有先后履行顺序，应当先履行债务一方未履行的，后履行一方有权拒绝其履行请求。先履行一方履行债务不符合约定的，后履行一方有权拒绝其相应的履行请求。

第五百二十七条　应当先履行债务的当事人，有确切证据证明对方有下列情形之一的，可以中止履行：

（一）经营状况严重恶化；

（二）转移财产、抽逃资金，以逃避债务；

（三）丧失商业信誉；

（四）有丧失或者可能丧失履行债务能力的其他情形。

当事人没有确切证据中止履行的，应当承担违约责任。

第五百二十八条　当事人依据前条规定中止履行的，应当及时通知对方。对方提供适当担保的，应当恢复履行。中止履行后，对方在合理期限内未恢复履行能力且未提供适当担保的，视为以自己的行为表明不履行主要债务，中止履行的一方可以解除合同并可以请求对方承担违约责任。

第五百二十九条　债权人分立、合并或者变更住所没有通知债务人，致使履行债务发生困难的，债务人可以中止履行或者将标的物提存。

第五百三十条　债权人可以拒绝债务人提前履行债务，但是提前履行不损害债权人利益的除外。

债务人提前履行债务给债权人增加的费用，由债务人负担。

第五百三十一条　债权人可以拒绝债务人部分履行债务，但是部分履行不损害债权人利益的除外。



债务人部分履行债务给债权人增加的费用，由债务人负担。

第五百三十二条　合同生效后，当事人不得因姓名、名称的变更或者法定代表人、负责人、承办人的变动而不履行合同义务。

第五百三十三条　合同成立后，合同的基础条件发生了当事人在订立合同时无法预见的、不属于商业风险的重大变化，继续履行合同对于当事人一方明显不公平的，受不利影响的当事人可以与对方重新协商；在合理期限内协商不成的，当事人可以请求人民法院或者仲裁机构变更或者解除合同。

人民法院或者仲裁机构应当结合案件的实际情况，根据公平原则变更或者解除合同。

第五百三十四条　对当事人利用合同实施危害国家利益、社会公共利益行为的，市场监督管理和其他有关行政主管部门依照法律、行政法规的规定负责监督处理。

## 第六章　合同的变更和转让

第五百四十三条　当事人协商一致，可以变更合同。

第五百四十四条　当事人对合同变更的内容约定不明确的，推定为未变更。

第五百四十五条　债权人可以将债权的全部或者部分转让给第三人，但是有下列情形之一的除外：

（一）根据债权性质不得转让；

（二）按照当事人约定不得转让；

（三）依照法律规定不得转让。

当事人约定非金钱债权不得转让的，不得对抗善意第三人。当事人约定金钱债权不得转让的,不得对抗第三人。

第五百四十六条　债权人转让债权,未通知债务人的,该转让对债务人不发生效力。

债权转让的通知不得撤销,但是经受让人同意的除外。

第五百四十七条　债权人转让债权的,受让人取得与债权有关的从权利,但是该从权利专属于债权人自身的除外。

受让人取得从权利不应该从权利未办理转移登记手续或者未转移占有而受到影响。

第五百四十八条　债务人接到债权转让通知后,债务人对让与人的抗辩,可以向受让人主张。

第五百四十九条　有下列情形之一的,债务人可以向受让人主张抵销:

(一)债务人接到债权转让通知时,债务人对让与人享有债权,且债务人的债权先于转让的债权到期或者同时到期;

(二)债务人的债权与转让的债权是基于同一合同产生。

第五百五十条　因债权转让增加的履行费用,由让与人负担。

第五百五十一条　债务人将债务的全部或者部分转移给第三人的,应当经债权人同意。

债务人或者第三人可以催告债权人在合理期限内予以同意,债权人未作表示的,视为不同意。

第五百五十二条　第三人与债务人约定加入债务并通知债权人,或者第三人向债权人表示愿意加入债务,债权人未在合理期限内明确拒绝的,债权人可以请求第三人在其愿意承担的债务范围内和债务人承担连带债务。



第五百五十三条　债务人转移债务的,新债务人可以主张原债务人对债权人的抗辩;原债务人对债权人享有债权的,新债务人不得向债权人主张抵销。

第五百五十四条　债务人转移债务的,新债务人应当承担与主债务有关的从债务,但是该从债务专属于原债务人自身的除外。

第五百五十五条　当事人一方经对方同意,可以将自己在合同中的权利和义务一并转让给第三人。

第五百五十六条　合同的权利和义务一并转让的,适用债权转让、债务转移的有关规定。

## 第七章　合同的权利义务终止

第五百五十七条　有下列情形之一的,债权债务终止:

(一)债务已经履行;

(二)债务相互抵销;

(三)债务人依法将标的物提存;

(四)债权人免除债务;

(五)债权债务同归于一人;

(六)法律规定或者当事人约定终止的其他情形。

合同解除的,该合同的权利义务关系终止。

第五百五十八条　债权债务终止后,当事人应当遵循诚信等原则,根据交易习惯履行通知、协助、保密、旧物回收等义务。

第五百五十九条　债权债务终止时，债权的从权利同时消灭，但是法律另有规定或者当事人另有约定的除外。

第五百六十条　债务人对同一债权人负担的数项债务种类相同，债务人的给付不足以清偿全部债务的，除当事人另有约定外，由债务人在清偿时指定其履行的债务。

债务人未作指定的，应当优先履行已经到期的债务；数项债务均到期的，优先履行对债权人缺乏担保或者担保最少的债务；均无担保或者担保相等的，优先履行债务人负担较重的债务；负担相同的，按照债务到期的先后顺序履行；到期时间相同的，按照债务比例履行。

第五百六十一条　债务人在履行主债务外还应当支付利息和实现债权的有关费用，其给付不足以清偿全部债务的，除当事人另有约定外，应当按照下列顺序履行：

（一）实现债权的有关费用；

（二）利息；

（三）主债务。

第五百六十二条　当事人协商一致，可以解除合同。

当事人可以约定一方解除合同的事由。解除合同的事由发生时，解除权人可以解除合同。

第五百六十三条　有下列情形之一的，当事人可以解除合同：

（一）因不可抗力致使不能实现合同目的；

（二）在履行期限届满前，当事人一方明确表示或者以自己的行为表明不履行主要债务；

（三）当事人一方迟延履行主要债务，经催告后在合理期限内仍未履行；

（四）当事人一方迟延履行债务或者有其他违约行为致使不能实现合同目的；

（五）法律规定的其他情形。

以持续履行的债务为内容的不定期合同，当事人可以随时解除合同，但是应当在合理期限之前通知对方。

第五百六十四条　法律规定或者当事人约定解除权行使期限，期限届满当事人不行使的，该权利消灭。

法律没有规定或者当事人没有约定解除权行使期限，自解除权人知道或者应当知道解除事由之日起一年内不行使，或者经对方催告后在合理期限内不行使的，该权利消灭。

第五百六十五条　当事人一方依法主张解除合同的，应当通知对方。合同自通知到达对方时解除；通知载明债务人在一定期限内不履行债务则合同自动解除，债务人在该期限内未履行债务的，合同自通知载明的期限届满时解除。对方对解除合同有异议的，任何一方当事人均可以请求人民法院或者仲裁机构确认解除行为的效力。

当事人一方未通知对方，直接以提起诉讼或者申请仲裁的方式依法主张解除合同，人民法院或者仲裁机构确认该主张的，合同自起诉状副本或者仲裁申请书副本送达对方时解除。

第五百六十六条　合同解除后，尚未履行的，终止履行；已经履行的，根据履行情况和合同性质，当事人可以请求恢复原状或者采取其他补救措施，并有权请求赔偿损失。

合同因违约解除的，解除权人可以请求违约方承担违约责任，但是当事人另有约定的除外。

主合同解除后,担保人对债务人应当承担的民事责任仍应当承担担保责任,但是担保合同另有约定的除外。

第五百六十七条　合同的权利义务关系终止,不影响合同中结算和清理条款的效力。

第五百六十八条　当事人互负债务,该债务的标的物种类、品质相同的,任何一方可以将自己的债务与对方的到期债务抵销;但是,根据债务性质、按照当事人约定或者依照法律规定不得抵销的除外。

当事人主张抵销的,应当通知对方。通知自到达对方时生效。抵销不得附条件或者附期限。

第五百六十九条　当事人互负债务,标的物种类、品质不相同的,经协商一致,也可以抵销。

第五百七十条　有下列情形之一,难以履行债务的,债务人可以将标的物提存:

(一)债权人无正当理由拒绝受领;

(二)债权人下落不明;

(三)债权人死亡未确定继承人、遗产管理人,或者丧失民事行为能力未确定监护人;

(四)法律规定的其他情形。

标的物不适于提存或者提存费用过高的,债务人依法可以拍卖或者变卖标的物,提存所得的价款。

第五百七十一条　债务人将标的物或者将标的物依法拍卖、变卖所得价款交付提存部门时,提存成立。

提存成立的,视为债务人在其提存范围内已经交付标的物。

第五百七十二条　标的物提存后,债务人应当及时通知债权人或者债权人的继承人、遗产管理人、监护人、财产代管人。

第五百七十三条　标的物提存后,毁损、灭失的风险由债权人承担。提存期间,标的物的孳息归债权人所有。提存费用由债权人负担。

第五百七十四条　债权人可以随时领取提存物。但是,债权人对债务人负有到期债务的,在债权人未履行债务或者提供担保之前,提存部门根据债务人的要求应当拒绝其领取提存物。

债权人领取提存物的权利,自提存之日起五年内不行使而消灭,提存物扣除提存费用后归国家所有。但是,债权人未履行对债务人的到期债务,或者债权人向提存部门书面表示放弃领取提存物权利的,债务人负担提存费用后有权取回提存物。

第五百七十五条　债权人免除债务人部分或者全部债务的,债权债务部分或者全部终止,但是债务人在合理期限内拒绝的除外。

第五百七十六条　债权和债务同归于一人的,债权债务终止,但是损害第三人利益的除外。

## 第八章　违约责任

第五百七十七条　当事人一方不履行合同义务或者履行合同义务不符合约定的,应当承担继续履行、采取补救措施或者赔偿损失等违约责任。

第五百七十八条　当事人一方明确表示或者以自己的行为表明不履行合同义务的，对方可以在履行期限届满前请求其承担违约责任。

第五百七十九条　当事人一方未支付价款、报酬、租金、利息，或者不履行其他金钱债务的，对方可以请求其支付。

第五百八十条　当事人一方不履行非金钱债务或者履行非金钱债务不符合约定的，对方可以请求履行，但是有下列情形之一的除外：

（一）法律上或者事实上不能履行；

（二）债务的标的不适于强制履行或者履行费用过高；

（三）债权人在合理期限内未请求履行。

有前款规定的除外情形之一，致使不能实现合同目的的，人民法院或者仲裁机构可以根据当事人的请求终止合同权利义务关系，但是不影响违约责任的承担。

第五百八十一条　当事人一方不履行债务或者履行债务不符合约定，根据债务的性质不得强制履行的，对方可以请求其负担由第三人替代履行的费用。

第五百八十二条　履行不符合约定的，应当按照当事人的约定承担违约责任。对违约责任没有约定或者约定不明确，依据本法第五百一十条的规定仍不能确定的，受损害方根据标的的性质以及损失的大小，可以合理选择请求对方承担修理、重作、更换、退货、减少价款或者报酬等违约责任。

第五百八十三条　当事人一方不履行合同义务或者履行合同义务不符合约定的，在履行义务或者采取补救措施后，对方还有其他损失的，应当赔偿损失。



第五百八十四条　当事人一方不履行合同义务或者履行合同义务不符合约定，造成对方损失的，损失赔偿额应当相当于因违约所造成的损失，包括合同履行后可以获得的利益；但是，不得超过违约一方订立合同时预见到或者应当预见到的因违约可能造成的损失。

第五百八十五条　当事人可以约定一方违约时应当根据违约情况向对方支付一定数额的违约金，也可以约定因违约产生的损失赔偿额的计算方法。

约定的违约金低于造成的损失的，人民法院或者仲裁机构可以根据当事人的请求予以增加；约定的违约金过分高于造成的损失的，人民法院或者仲裁机构可以根据当事人的请求予以适当减少。

当事人就迟延履行约定违约金的，违约方支付违约金后，还应当履行债务。

第五百八十六条　当事人可以约定一方向对方给付定金作为债权的担保。定金合同自实际交付定金时成立。

定金的数额由当事人约定；但是，不得超过主合同标的额的百分之二十，超过部分不产生定金的效力。实际交付的定金数额多于或者少于约定数额的，视为变更约定的定金数额。

第五百八十七条　债务人履行债务的，定金应当抵作价款或者收回。给付定金的一方不履行债务或者履行债务不符合约定，致使不能实现合同目的的，无权请求返还定金；收受定金的一方不履行债务或者履行债务不符合约定，致使不能实现合同目的的，应当双倍返还定金。

第五百八十八条　当事人既约定违约金，又约定定金的，一方违约时，对方可以选择适用违约金或者定金条款。

定金不足以弥补一方违约造成的损失的,对方可以请求赔偿超过定金数额的损失。

第五百八十九条　债务人按照约定履行债务,债权人无正当理由拒绝受领的,债务人可以请求债权人赔偿增加的费用。

在债权人受领迟延期间,债务人无须支付利息。

第五百九十条　当事人一方因不可抗力不能履行合同的,根据不可抗力的影响,部分或者全部免除责任,但是法律另有规定的除外。因不可抗力不能履行合同的,应当及时通知对方,以减轻可能给对方造成的损失,并应当在合理期限内提供证明。

当事人迟延履行后发生不可抗力的,不免除其违约责任。

第五百九十一条　当事人一方违约后,对方应当采取适当措施防止损失的扩大;没有采取适当措施致使损失扩大的,不得就扩大的损失请求赔偿。

当事人因防止损失扩大而支出的合理费用,由违约方负担。

第五百九十二条　当事人都违反合同的,应当各自承担相应的责任。

当事人一方违约造成对方损失,对方对损失的发生有过错的,可以减少相应的损失赔偿额。

第五百九十三条　当事人一方因第三人的原因造成违约的,应当依法向对方承担违约责任。当事人一方和第三人之间的纠纷,依照法律规定或者按照约定处理。

第五百九十四条　因国际货物买卖合同和技术进出口合同争议提起诉讼或者申请仲裁的时效期间为四年。

# 附录 H

## 《旅游民宿基本要求与评价》

(LB/T 065—2019)

### 1 范围

本标准规定了旅游民宿的等级和标志、基本要求、等级划分条件、等级划分方法。

本标准适用于正式营业的小型旅游住宿设施，包括但不限于客栈、庄园、宅院、驿站、山庄等。

### 2 规范性引用文件

下列文件中的内容通过文中的规范性引用而构成本文件必不可少的条款。不注日期的引用文件，其最新版本(包括所有的修改单)适用于本文件。

GB 5749 生活饮用水卫生标准

GB 50222 建筑内部装修设计防火规范

### 3 术语和定义

下列术语和定义适应于本文件。

3.1 旅游民宿 homestay inn

利用当地民居等相关闲置资源，经营用客房不超过 4 层、建筑面积不超过 800 ㎡，主人参与接待为游客提供体验当地自然、文化与生产生活方式的小型住宿设施。

注：根据所处地域的不同可分为城镇民宿和乡村民宿。

3.2 民宿主人 owner；investor

民宿业主或经营管理者。

### 4 等级和标志

4.1 旅游民宿等级分为 3 个级别，由低到高分别为丙级、乙级和甲级。

4.2 等级旅游民宿标志由民居图案与相应文字构成。

4.3 旅游民宿等级的标牌、证书由等级评定机构统一制作。

## 5　基本要求

5.1　规范经营

5.1.1　应符合治安、消防、卫生、环境保护、安全等有关规定与要求，取得当地政府要求的相关证照。

5.1.2　经营场地应符合本市县国土空间总体规划（包括现行城镇总体规划、土地利用总体规划）、所在地民宿发展有关规划。

5.1.3　服务项目应通过文字、图形方式公示，并标明营业时间，收费项目应明码标价。

5.1.4　经营者应定期向文化和旅游行政部门报送统计调查数据，及时向相关部门上报突发事件等信息。

5.2　安全卫生

5.2.1　经营场地无地质灾害和其他影响公共安全的隐患。

5.2.2　易发生危险的区域和设施应设置安全警示标志，安全警示标志应清晰、醒目；易燃、易爆物品的储存和管理应采取必要的防护措施，符合相关法律法规。

5.2.3　应配备必要的防盗、应急、逃生安全设施，确保游客和从业人员人身和财产安全。

5.2.4　应建立各类相关安全管理制度和突发事件应急预案，落实安全责任，定期演练。

5.2.5　食品来源、加工、销售应符合相关食品安全国家标准要求。

5.2.6　从业人员应按照要求持健康证上岗。

5.3　生态环保

5.3.1　生活用水（包括自备水源和二次供水）应符合GB 5719要求。

5.3.2　室内外装修与用材应符合环保规定，达到GB 50222的要求。

5.3.3　建设、运营应因地制宜，采取节能减排措施，污水统一截污纳管或自行有效处理达标排放。

5.3.4　提供餐饮服务时应制定并严格执行制止餐饮浪费行为的相应措施。

5.4　其他

5.4.1　旅游民宿开业一年后可自愿申报星级评定，近一年应未发生相关违法违规事件，同一地点、同一投资经营主体只能以一个整体申报。

5.4.2　经评定合格可使用星级标志，有效期为三年，三年期满后应进行复核。

5.4.3　旅游民宿评定实行退出机制，经营过程中出现以下情况的将取消星级：

a)发生相关违法违规事件；

b)出现卫生、消防、安全等责任事故；

c)发生重大有效投诉；

d)发生私自设置摄像头侵犯游客隐私等造成社会恶劣影响的其他事件；

e)日常运营管理达不到或不符合相应星级标准要求。

取消星级后满三年，可重新申请星级评定。

## 6　等级划分条件

6.1　丙级

6.1.1　环境和建筑

6.1.1.1　周边环境应整洁干净。

6.1.1.2　建筑外观应与周边环境相协调。

6.1.2 设施和设备

6.1.2.1　客房应配备必要的家具。

6.1.2.2　客房应有舒适的床垫和床上棉织品(被套、被芯、床单、枕芯、枕套等)及毛巾。

6.1.2.3　客房应有水壶、茶杯。

6.1.2.4　客房应有充足的照明,有窗帘。

6.1.2.5　应有方便使用的卫生间,提供冷、热水。照明和排风应效果良好,排水通畅,有防滑防溅措施。

6.1.2.6　各区域应有方便使用的开关和电源插座。

6.1.2.7　厨房应有消毒设施,有效使用。

6.1.2.8　厨房应有冷冻、冷藏设施,生、熟食品及半成食品分柜置放。

6.1.2.9　应有适应所在地区气候的采暖、制冷设施,各区域通风良好。

6.1.3　服务和接待



6.1.3.1　各区域应整洁、卫生,相关设施应安全有效。

6.1.3.2　客房床单、被套、枕套、毛巾等应做到每客必换,并能应游客要求提供相应服务。

6.1.3.3　拖鞋、杯具等公用物品应一客一消毒。

6.1.3.4　卫生间应每天清理不少于一次,无异味、无积水、无污渍。

6.1.3.5　应有有效的防虫、防蛇、防鼠等措施。

6.1.3.6　民宿主人应参与接待,邻里关系融洽。

6.1.3.7　接待人员应热情好客,穿着整齐清洁,礼仪礼节得当。

6.1.3.8　接待人员应能用普通话提供服务。

6.1.3.9　接待人员应掌握并应用相应的服务技能。

6.1.3.10　接待人员应保护游客隐私,尊重游客的宗教信仰与风俗习惯,保护游客的合法权益。

6.1.3.11　夜间应有值班人员或值班电话。

6.1.4　特色和其他

应为所在乡村(社区)人员提供就业或发展机会。

6.2　乙级

6.2.1　环境和建筑

6.2.1.1　周边环境应整洁干净,绿植维护较好,宜有良好的空气质量和地表水质。

6.2.1.2　周边宜有医院或医疗点。

6.2.1.3　周边宜有停车场,方便出入。

6.2.1.4　周边宜有地方特色餐饮。

6.2.1.5　周边宜有地方生产生活方式活动体验点。

6.2.1.6　建筑外观应与周边环境相协调,宜体现当地特色。

6.2.2　设施和设备

6.2.2.1　客房应配备必要的家具,摆放合理、方便使用、舒适美观。

6.2.2.2　客房应有舒适的床垫和柔软舒适的床上棉织品(被套、被芯、床单、枕芯、枕套及床衬垫等)及毛巾。

6.2.2.3　客房应有水壶、茶杯和饮用水。

6.2.2.4　客房应有充足的照明,有窗帘,隔音效果较好。

6.2.2.5　应有方便使用的卫生间,21h 供应冷水,定时供应热水。照明和排风应效果良好,排水通畅,有防滑防溅措施。客房卫生间盥洗、洗浴、厕位宜布局合理。

6.2.2.6　各区域应有满足游客需求、方便使用的开关和电源插座。

6.2.2.7　宜有满足游客需求、方便使用的餐饮区。

6.2.2.8 厨房应有消毒设施,有效使用。

6.2.2.9　厨房应有与接待规模相匹配的冷冻、冷藏设施,生、熟食品及半成食品分柜置放。

6.2.2.10　应有清洗、消毒场所,位置合理,整洁卫生,方便使用。

6.2.2.11　应有布局合理、方便使用的公共卫生间。

6.2.2.12　应有适应所在地区气候的采暖、制冷设施,效果较好,各区域通风良好。

6.2.2.13　宜有与接待规模相匹配的公共区域,配置必要的休闲设施。

6.2.2.14　室内外装修宜体现文化特色。

6.2.3　服务和接待

6.2.3.1　各区域应整洁、卫生,相关设施应安全有效。

6.2.3.2　客房床单、被套、枕套、毛巾等应做到每客必换,并能应游客要求提供相应服务。

6.2.3.3　拖鞋、杯具等公用物品应一客一消毒。

6.2.3.4　卫生间应每天清理不少于一次,无异味、无积水、无污渍。

6.2.3.5　应有有效的防虫、防蛇、防鼠等措施。

6.2.3.6　应提供或推荐多种特色餐饮产品。

6.2.3.7　接待人员应热情好客,穿着整齐清洁,礼仪礼节得当。

6.2.3.8　接待人员应熟悉当地文化旅游资源和特色产品,用普通话提供服务。

6.2.3.9　接待人员应掌握并熟练应用相应的服务技能。

6.2.3.10　接待人员应满足游客合理需求,提供相应服务。

6.2.3.11　接待人员应保护游客隐私,尊重游客的宗教信仰与风俗习惯,保护游客的合法权益。

6.2.3.12　夜间应有值班人员或值班电话。

6.2.4　特色和其他

6.2.4.1　宜建立有关规章制度,定期开展员工培训。

6.2.4.2　宜建立水电气管理制度，有设施设备维保记录。

6.2.4.3　宜提供线上预定、支付服务，利用互联网技术宣传、营销。

6.2.4.4　宜购买公众责任险以及相关保险。

6.2.4.5　应为所在乡村(社区)人员提供就业或发展机会。

6.3　甲级

6.3.1　环境和建筑

6.3.1.1　周边环境应整洁干净、环境优美，宜有良好的空气质量和地表水质。

6.3.1.2　周边宜有医院或医疗点。

6.3.1.3　宜设有民宿导向系统，标志牌位置合理、易于识别。

6.3.1.4　周边宜有停车场，方便出入。

6.3.1.5 周边宜有较多地方特色餐饮。

6.3.1.6　周边宜有地方非遗、风俗、生产生活方式等活动体验点。

6.3.1.7　建筑外观应与周边环境相协调，宜就地取材，突出当地特色。

6.3.2　设施和设备

6.3.2.1　客房、餐厅、公共活动等区域应布局合理。

6.3.2.2　客房应配备必要的家具，品质优良，摆放合理、方便使用、舒适美观。

6.3.2.3　客房应有品质优良的床垫和床上棉织品(被套、被芯、床单、枕芯、枕套及床衬垫等)及毛巾。



6.3.2.4　客房应有水壶、茶具和饮用水，品质优良。

6.3.2.5　客房应有充足的照明，有窗帘，遮光和隔音效果较好。

6.3.2.6　客房应有方便舒适的独立卫生间，21h 供应冷、热水，客用品品质优良。照明和通风应效果良好，排水通畅，有防滑防溅措施。盥洗、洗浴、厕位布局合理。

6.3.2.7　餐厅宜氛围浓郁、方便舒适，满足游客需求。

6.3.2.8　各区域应有满足游客需求、方便使用的开关和电源插座。

6.3.2.9　应有专门的布草存放场所，位置合理，整洁卫生。

6.3.2.10　宜提供方便游客使用的消毒设施。

6.3.2.11　厨房应有消毒设施，有效使用。

6.3.2.12　厨房应有与接待规模相匹配的冷冻、冷藏设施，生、熟食品及半成食品分柜置放。

6.3.2.13　应有清洗、消毒场所，位置合理，整洁卫生，方便使用。

6.3.2.14　应有布局合理、整洁卫生、方便使用的公共卫生间。

6.3.2.15　应有适应所在地区气候的采暖、制冷设施，效果较好，各区域通风良好，宜采用节能降噪产品。

6.3.2.16　应有主题突出、氛围浓郁、与接待规模相匹配的公共活动区域，配置必要的休闲设施。

6.3.2.17　室内外装修应材质优良，宜体现地方文化特色，有主题。

6.3.2.18　宜提供方便有效的音响、充电、调控等智能化设施。

6.3.3　服务和接待

6.3.3.1 各区域应整洁、卫生，相关设施应安全有效。

6.3.3.2 客房床单、被套、枕套、毛巾等应做到每客必换，并能应游客要求提供相应服务。

6.3.3.3 拖鞋、杯具等公用物品应一客一消毒。

6.3.3.4 卫生间应每天清理不少于一次，无异味、无积水、无污渍。

6.3.3.5 应有有效的防虫、防蛇、防鼠等措施。

6.3.3.6 应提供或推荐多种特色餐饮产品。

6.3.3.7 接待人员应热情好客，穿着整齐清洁，礼仪礼节得当。

6.3.3.8 接待人员应熟悉当地文化旅游资源和特色产品，用普通话提供服务。

6.3.3.9 接待人员应掌握并熟练应用相应的服务技能。

6.3.3.10 接待人员应满足游客合理需求，提供相应服务。

6.3.3.11 接待人员应保护游客隐私，尊重游客的宗教信仰与风俗习惯，保护游客的合法权益。

6.3.3.12 夜间应有值班人员或值班电话。

6.3.3.13 宜提供接送服务，方便游客抵达和离开。

6.3.4 特色和其他

6.3.4.1 民宿主人宜有亲和力，游客评价高。

6.3.4.2 应提供不同类型的特色客房。

6.3.4.3 宜建立健全有关规章制度，定期开展员工培训，效果良好。

6.3.4.4 宜建立食品留样制度。

6.3.4.5 宜建立设施设备维护保养、烟道清洗、水箱清洗等管理制度，定期维保、有效运行。

6.3.4.6 宜建立健全水电气管理制度，有台账记录。

6.3.4.7 宜提供线上预定、支付服务，利用互联网技术宣传、营销，效果良好。

6.3.4.8 宜购买公众责任险以及相关保险，方便理赔。

6.3.4.9 应有倡导绿色消费、保护生态环境的措施。

6.3.4.10 应为所在乡村（社区）人员提供就业或发展机会，参与地方或社区公益事业活动。

6.3.4.11 宜参与地方优秀文化传承、保护和推广活动，定期为游客组织相关活动，有引导游客体验地方

文化活动的措施。

6.3.4.12 宜利用地方资源开发旅游商品和文创产品，与当地居民或村民有良好互动。

## 7 等级划分方法

7.1 根据旅游民宿等级划分条件，按照必备项目检查表和一般要求评分表的评价得分确定旅游民宿等级。

7.2 必备项目检查表、一般要求评分表及等级划分具体办法由等级评定机构制定。

# 参考文献

Bibliography

[1] 王健.旅游法原理与实务[M].天津:南开大学出版社,1998.

[2] 高海生,史广峰,赖启福.我国旅馆服务法律法规研究综述[J].河北工程大学学报(社科版),2006(2).

[3] 张志坡,李飞,张露.偷拍与隐私权保护——以宾馆偷拍为侧重点[J].华东理工大学学报(社会科学版),2011(4).

[4] 袁义.酒店法规与法律实务[M].南京:东南大学出版社,2011.

[5] 杜亚敏,李安祥.酒店法律事务理论与实务[M].北京:化学工业出版社,2010.

[6] 李力.试论酒店法律关系的特殊性——兼论酒店立法的必要性[J].旅游学刊,1996(5).

[7] 钱丽玲.酒店经济法律理论与实务[M].北京:北京大学出版社,2012.

[8] 王丽华.酒店管理合同(从履行到争议解决)[M].北京:旅游教育出版社,2013.

[9] 韩玉灵,王蕊.再谈"谢绝自带酒水"问题[J].北京第二外国语学院学报,2006(1).

[10] 董鸿安.酒店婚宴预订之法律风险防范探讨——从W先生与宁波FH酒店的婚宴预订纠纷案说起[J].法制博览,2015(7).

[11] 吴艳,罗小燕.《旅游法》对酒店经营行为的法律规制及其不足[J].人民论坛,2016(5).

[12] 郑赤建,童小蕾,龚平.论人本管理下的酒店劳动用工制度[J].武汉商学院学报,2015(2).

[13] 杜一鸣.酒店人力资源管理中的常见法律风险研究[J].中国商贸,2012(3).

[14] 胡夏冰.饭店餐饮经营管理法律案例解析[M].北京:旅游教育出版社,2007.

[15] 高志宏."开瓶费"现象的法律思考[J].广西政法管理干部学院学报,2010(1).

[16] 王淑萍,张卫兵.一起酒店健康伤害案件的法律探讨[J].中国食品卫生杂志,2005(1).

[17] 王瑛,戴双喜.国家制定法与民事习惯之秩序——以酒店12时退房法律问题为个案[J].贵州警官职业学院学报,2009(6).

[18] 吴洛夫.旅游法规[M].北京:高等教育出版社出版,2009.

[19] 罗结珍.住店客人人身伤害法律责任辨析[J].北京第二外国语学院学报,2002(6).

[20] 汤卫松.酒店法律与法规[M].杭州:浙江大学出版社,2014.

[21] 张元奎.旅游饭店法规实务[M].北京:旅游教育出版社出版,2015.

# 教学支持说明

高等院校应用型人才培养“十四五”规划旅游管理类系列教材系华中科技大学出版社“十四五”期间重点教材。

为了改善教学效果，提高教材的使用效率，满足高校授课教师的教学需求，本套教材备有与纸质教材配套的教学课件（PPT 电子教案）和拓展资源（案例库、习题库视频等）。

为保证本教学课件及相关教学资料仅为教材使用者所得，我们将向使用本套教材的高校授课教师免费赠送教学课件或者相关教学资料，烦请授课教师通过电话、邮件或加入旅游专家俱乐部 QQ 群等方式与我们联系，获取“教学课件资源申请表”文档并认真准确填写后发给我们，我们的联系方式如下：

地址：湖北省武汉市东湖新技术开发区华工科技园华工园六路

邮编：430223

电话：027-81321911

传真：027-81321917

E-mail：lyzjjlb@163.com

旅游专家俱乐部 QQ 群号：758712998

旅游专家俱乐部 QQ 群二维码：

群名称:旅游专家俱乐部5群
群　号:758712998

# 教学课件资源申请表

填表时间：________年____月____日

1. 以下内容请教师按实际情况写，★为必填项。
2. 根据个人情况如实填写，相关内容可以酌情调整提交。

| | | | | | | | |
|---|---|---|---|---|---|---|---|
| ★姓名 | | ★性别 | □男 □女 | 出生年月 | | ★ 职务 | |
| | | | | | | ★ 职称 | □教授 □副教授<br>□讲师 □助教 |
| ★学校 | | | | ★院/系 | | | |
| ★教研室 | | | | ★专业 | | | |
| ★办公电话 | | 家庭电话 | | | | ★移动电话 | |
| ★E-mail<br>（请填写清晰） | | | | | | ★QQ 号/微信号 | |
| ★联系地址 | | | | | | ★邮编 | |

| ★现在主授课程情况 | | 学生人数 | 教材所属出版社 | 教材满意度 |
|---|---|---|---|---|
| 课程一 | | | | □满意 □一般 □不满意 |
| 课程二 | | | | □满意 □一般 □不满意 |
| 课程三 | | | | □满意 □一般 □不满意 |
| 其　他 | | | | □满意 □一般 □不满意 |

| 教 材 出 版 信 息 | | |
|---|---|---|
| 方向一 | | □准备写 □写作中 □已成稿 □已出版待修订 □有讲义 |
| 方向二 | | □准备写 □写作中 □已成稿 □已出版待修订 □有讲义 |
| 方向三 | | □准备写 □写作中 □已成稿 □已出版待修订 □有讲义 |

请教师认真填写表格下列内容，提供索取课件配套教材的相关信息，我社根据每位教师填表信息的完整性、授课情况与索取课件的相关性，以及教材使用的情况赠送教材的配套课件及相关教学资源。

| ISBN(书号) | 书名 | 作者 | 索取课件简要说明 | 学生人数<br>（如选作教材） |
|---|---|---|---|---|
| | | | □教学 □参考 | |
| | | | □教学 □参考 | |

★您对与课件配套的纸质教材的意见和建议，希望提供哪些配套教学资源：